EL ZOHAR

EL ZOHAR

Traducido, explicado
y comentado
Vol. XXIII

EDICIONES OBELISCO

Si este libro le ha interesado y desea que le mantengamos informado de nuestras publicaciones, escríbanos indicándonos qué temas son de su interés (Astrología, Autoayuda, Ciencias Ocultas, Artes Marciales, Naturismo, Espiritualidad, Tradición...) y gustosamente le complaceremos.

Puede consultar nuestro catálogo en www.edicionesobelisco.com

Colección Cábala y Judaísmo
El Zohar
Vol. XXIII

1.ª edición: noviembre de 2017

Título original: *Sefer ha Zohar*

Traducción: *Equipo editorial*
Maquetación: *Natàlia Campillo*
Diseño de cubierta: *Enrique Iborra*

Edita: Ediciones Obelisco, S. L.
Collita, 23-25. Pol. Ind. Molí de la Bastida
08191 Rubí - Barcelona - España
Tel. 93 309 85 25 - Fax 93 309 85 23
E-mail: info@edicionesobelisco.com

ISBN: 978-84-9111-244-0
Depósito Legal: B-22.667-2017

Printed in Spain

Impreso en España en los talleres gráficos de Romanyà/Valls S. A.
Verdaguer, 1 - 08786 Capellades (Barcelona)

DEDICATORIA DE EL ZOHAR

A Jana Miriam, que llegó a leer parte de estos textos y los amó con toda su alma. Para ella, que develó el misterioso modo de estudiar la Torah desde las profundidades de su ser y de entregarse a Dios sin reservas, y que se fue de este mundo en dirección a su amada Jerusalén Celestial con la paz interior y el sosiego que caracterizan a aquellos que tienen la certeza de haber cumplido su misión en su paso por la vida.

Aquellos que tuvimos el mérito y la suerte de conocerla sabemos que su luz espiritual y su sonrisa pura nos acompañarán e iluminarán hasta el reencuentro final.

ZIJRONÁ LIBRAJÁ

¡Que su recuerdo sea una bendición!

PALABRAS INTRODUCTORIAS

He aquí que vendrán días, dice El Eterno, Dios, en que enviaré hambre a la Tierra, pero no hambre de pan, ni sed de agua, sino de la palabra de El Eterno.

Amós 8:11

Los motivos que nos llevan a traducir esta edición de El Zohar son los siguientes:

1. Todo lo relacionado con la Cábala se encuentra tan popularizado y divulgado que prácticamente se halla al alcance de cualquiera.
2. Las traducciones parciales que normalmente suelen encontrarse en el mercado son incompletas, inexactas y confusas, y en la mayoría de los casos no se basan en el idioma original de El Zohar.
3. Existen personas que, sin saber hebreo ni arameo, e incluso sin vivir de acuerdo con las normas de la Torah, se dedican a la enseñanza de estos textos sagrados motivados por intereses exclusivamente personales y comerciales.

Por consiguiente, y tras consultar a grandes e importantes cabalistas en Israel, nos propusimos presentar una traducción absolutamente fiel al texto sagrado original, incluyendo comentarios breves y aclaraciones con la intención de facilitar una comprensión mínima de aquellos pasajes que se consideran de carácter más abierto y revelado. Estas aclaraciones escritas en letra más fina, no son nunca opiniones personales de los traductores, sino una síntesis de las enseñanzas de los sabios que han comentado El Zohar. Con todo, el lector atento notará que muchos pasajes han sido traducidos de modo literal y sin explicación alguna, ya que debido a su misterio y hermetismo simplemente no pueden ser revelados al inexperto aprendiz.

Las características técnicas de la presente obra son las siguientes:

1. La letra enfatizada en negrita es la traducción palabra por palabra de El Zohar.
2. La letra intercalada en redonda son los comentarios y agregados.
3. Se han añadido fuentes bíblicas y talmúdicas.
4. Se acompaña un glosario al final de cada volumen.

Por último, queremos aclarar que todas las personas que participan en la traducción de esta obra excepcional viven de acuerdo con las enseñanzas clásicas de la Torah y se esfuerzan por complacer y cumplir la Voluntad del Creador.

Quiera el Dios de Abraham, Itzjak y Jacob hacer cumplir nuestra voluntad: que las almas sedientas de espiritualidad beban de la Luz de Su Torah.

Y como dice la Mishná de Pirkei Avot (2:6):
En un lugar donde no hay hombres, esfuérzate en ser un hombre.

Los traductores

NASÓ

(121a) **«Y habló el Eterno a Moisés diciendo: toma también la cuenta de los hijos de Gersón** por las casas de sus padres, por sus familias» (Números 4:21 y 22). **Rabbí Abba abrió** el versículo, **diciendo: «Bienaventurado el hombre a quien no contará el Eterno la iniquidad, y en cuyo espíritu no** ***hay*** **engaño»** (Salmos 32:2). **El principio y al final de este versículo no se corresponden** (están en desacuerdo), **y debemos penetrar en él** y sus enseñanzas ocultas, **y esto ya ha sido enseñado** (*Véase* Zohar II-24b).

Ven y **ve: durante la hora de** la plegaria de **Minjá,** la oración de la tarde, **el rigor domina sobre el mundo e Isaac instituyó la** oración de **Minjá. La Guevurah de Arriba domina sobre el mundo hasta el principio de la noche, porque la Guevurah es quien recibe a la noche. Cuando comienza** la oración de **Minjá es despertada la izquierda** o sea el lado del rigor (*Véase* Zohar I-25b y I-132b), **para recibir a la noche**, que también corresponde con el rigor.

Después de que sea despertada la noche, o sea el rigor y los juicios, **son despertados todos los guardianes de las puertas exteriores en el mundo y se diversifican y todos los habitantes del mundo tienen un pregusto de la muerte,** porque el sueño es una sexagésima parte de la muerte (*Véase* Talmud Berajoth 57b).

Como ha sido dicho, en el momento preciso de la medianoche es despertada la izquierda, el rigor, **como antes.** Entonces, **la Rosa**

sagrada, o sea la Shekinah, **exhala un perfume suave y pronuncia alabanzas en voz alta** para dulcificar el rigor. **Entonces asciende y posa su cabeza Arriba a la izquierda, y la izquierda** (121b) **la recibe.**

Entonces se escucha en el mundo una voz poderosa **que anuncia que ha llegado el tiempo para despertarse y cantar alabanzas al Rey. Entonces se despiertan las alabanzas con un perfume** delicioso **que lo impregna todo. ¡Dichosa la parte de aquel que despierta entonces para efectuar esta unión! El Rey, cuando se acerca la mañana y el aspecto de la derecha,** o sea Hessed, la misericordia, **se despierta y la abraza, entonces hay unión como uno y entonces todos disfrutan de esta unión.**

Ven y **ve: cuando los hombres están durmiendo y experimentan un pregusto de la muerte, su alma se eleva y llega a cierto lugar donde es examinada en lo concerniente a sus actividades de todo el día, que son registradas en un trozo de papel. ¿Por qué se hace esto? Porque el alma se eleva y testifica acerca de las actividades de la persona y acerca de cualquier palabra que salió de su boca** (*Véase* Zohar I-83 a). **Cuando la palabra que salió de su boca es apropiada** (literalmente «merecedora»), o sea **una palabra sagrada** procedente **del estudio de la Torah o de oración, se eleva y se une a Arriba, donde permanecerá hasta que caiga la noche, cuando el alma se eleva y toma esta palabra y la presenta ante el Rey. Cuando** se trata de una **palabra inadecuada, maliciosa o de *Lashon haRa*** (maledicencia), **se eleva hasta el lugar de Arriba asignado para ser registrada como un pecado de la persona. Es el sentido de:** «No creáis en amigo, ni confiéis en príncipe; **de la que duerme a tu lado, guarda, no abras tu boca»** (Miqueas 7:5). **Por esta razón: «Bienaventurado el hombre a quien no contará el Eterno la iniquidad,** y en cuyo espíritu no *hay* engaño» **(Salmos 32:2). ¿Cuándo? Cuando en el espíritu no hay engaño.**

RAIA MEHEMNA

«Desde el de edad de treinta años arriba hasta el de edad de cincuenta años, todos los que entraban para servir en el servicio, y *tener* cargo de obra en el tabernáculo del testimonio» (Números 4:47). **Ésta es la mitzvah que los levitas tenían que cantar en el templo. Esto ya ha sido explicado. Es necesario decir algo nuevo ya que era el sacerdote el que acercaba las ofrendas y él es Mijael. El levita es Gabriel y ha de tocar** (música). **El secreto de estas palabras** es **«De día mandará el Eterno su misericordia**, y de noche su canción *será* conmigo, oración al Dios de mi vida» (Salmos 42:8). **Esta misericordia es el sumo sacerdote pues Mijael es un sacerdote ordinario frente a su Eterno. Sin embargo, es un sacerdote ordinario aunque un rey frente a las criaturas vivientes. Pero no dejes que la bendición de un sacerdote ordinario deslumbre tus ojos. Es lo que está dicho en «De día mandará el Eterno su misericordia».** «**Y de noche su canción *será* conmigo, oración al Dios de mi vida»** (Salmos 42:8). **Es Guevurah**, que corresponde al rigor. **Esto se parece a «Él es hermoso como el primogénito de su toro,** y sus cuernos, cuernos de unicornio; con ellos acorneará *a* los pueblos juntos *hasta* los fines de la tierra; y éstos *son* los diez millares de Efraín, y estos los millares de Manasés» (Deuteronomio 33:17) **y** «Y la figura de sus rostros *era* rostros de hombre; y rostros de león a la parte derecha en los cuatro; y **a la izquierda rostros de toro** en los cuatro; asimismo había en los cuatro rostros de águila» (Ezequiel 1:10). Nos hallamos ante un juego de palabras entre *Shir*, «canción» y *Shor* «toro». **El mensajero es Gabriel. Él debe cantar y tocar música con alegría con el vino de la Torah, estudiar Torah y hacer: «Levántate, da voces en la noche, en el principio de las velas;** derrama como agua tu corazón ante la presencia del Eterno; alza tus manos a él por la vida de tus pequeñitos, que desfallecen de hambre en las entradas de todas las calles» (Lamentaciones 2:19). **Al amanecer él ha de pronunciar diversas *Slijot*** (oraciones de penitencia), **súplicas y peticiones acompañadas de todo tipo de cantos gozosos en su cuello que es como un violín que produce su voz**

121b

con las seis partes de los pulmones, con el lóbulo color de rosa y los seis anillos de la tráquea, la letra *Vav*, **que sale del corazón que es Binah** (entendimiento). **Como han explicado** en el Talmud **los autores de la Mishnah, «el corazón tiene entendimiento»** (literalmente «el corazón entiende»). **De Binah sale un hijo** (*Ben*), **el hijo de** *Iod He* **que es** la letra *Vav*. **Es como un pollito con seis alas que elevará por medio de los seis anillos de la tráquea, los seis escalones del trono. Se trata de dos tronos: «El trono de gloria, altura desde el principio**, *es* el lugar de nuestra santificación» (Jeremías 17:12). **Son el corazón y la boca. El corazón porque** «y dijo: **por cuanto** *Amalek levantó* **la mano sobre el trono del Eterno**, el Eterno tendrá guerra con Amalek de generación en generación» (Éxodo 17:16) **y «el Eterno tendrá guerra con Amalek», que es el hígado, Samael. La boca es la silla, el trono de** la letra *He*, que se asocia con las respiración. Un juego de palabras entre *Kes*, «trono» y *He*, y *Kise*, «silla». **Por lo que ha sido dicho: «Tocad la trompeta en la nueva luna, en el tiempo señalado**, en el día de nuestra fiesta solemne» (Salmos 81:4). **El tiempo señalado** (*Kese*).

¿Qué significa «la trompeta», la tráquea? Es la letra *Vav*, una letra cuya forma recuerda a la de una trompeta, **la voz que sube de la tráquea hasta la boca, que es** la letra *He*, o sea **los cinco puntos de la pronunciación: los labios, los dientes y el paladar.** Tenemos **dos labios. Dientes y muelas,** o sea **dos tipos de dientes. Un paladar. Cinco en total. Cuando** las muelas **muelen** se parecen **a un río, hacen ruido como las piedras del río. Sale la voz de la Binah del corazón en el pensamiento.**

Porque éste es el nombre pronunciado en diez alabanzas. Cuando se hace sonar el Shofar, la trompeta, **no se hace menos de diez veces. En lo referente a la Torah, suyas son el habla, la voz y Binah, como ha sido explicado: «el sabio conoce** (*hamevin*)» **una cosa a partir de la otra** (es capaz de hacer deducciones) y aprende de las demás personas (*Véase* Talmud Avot 4:1). **Tiene la facultad de reflexionar. Más importante ante el Santo, bendito sea, que todas las ofrendas y los sacrificios es «Ésta** *es* **la ley del holocausto, del presente,** de la expiación por el pecado, y *de la* *expiación* de la culpa, y de las consagraciones, y del sacrificio de la paz;» (Levítico 7:37).

Fin del Raia Mehemna

«Habla a los hijos de Israel: **el hombre o la mujer que cometiere** ***alguno*** **de todos los pecados de los hombres,** haciendo prevaricación contra el Eterno, y pecare aquella persona» (Números 5:6). **Ven** y **ve. Está escrito: «Y Heber el cineo, de los hijos de Hobab suegro de Moisés**, se había apartado de los cineos, y puesto su tienda hasta el valle de Zaanaim, que *está* junto a Cedes» (Jueces 4:11). **Heber el cineo era biznieto de de Itró, según está escrito: «Y dijo Saúl al cineo**: idos, apartaos, y salid de entre los de Amalek, para que por ventura no te destruya juntamente con él; porque tú hiciste misericordia con todos los hijos de Israel, cuando subían de Egipto. Y el cineo se apartó de entre los de Amalek» (I Samuel 15:6). **Ya hemos explicado por qué fue llamado cineo** (*Véase* Zohar I-28b). **Otro versículo dice: «al cineo** (*Keini*), **y al cenezeo,** y al cadmoneo» (Génesis 15:19). Es **para decir que construyó un nido** (*Kina*) **como el de un pájaro en el desierto a fin de esforzarse en la Torah** (*Véase* Zohar III-9a). **Abandonó la ciudad, se separó de Caín y de esa nación a la que originariamente pertenecía y se apegó al Santo, bendito sea y se separó de Caín.**

Dichosos los hombres que merecen la Torah para ir y apegarse a sus caminos. Cuando alguien va (122a) **por los caminos de la Torah, se atrae un espíritu de santidad de Arriba, según está escrito: «hasta que sobre nosotros sea derramado espíritu de lo alto**, y el desierto se torne en campo labrado; y el campo labrado sea estimado por bosque» (Isaías 32:15). **Cuando una persona se aparta de los caminos de la Torah se atrae un espíritu del otro lado, que es el lado de la impureza que reside en las profundidades del gran abismo donde se hayan espíritus malvados que hacen daño a la gente y son llamados «los destructores del mundo»** (*Mazikei Almah*), **y son del lado de Caín, el primero** de los destructores.

122a

E Itró era al principio un sacerdote de *Avodah Zara* (idolatría) **y servía al otro lado. Atrajo sobre sí mismo un espíritu del otro lugar. Por esta razón, más tarde fue llamado «cineo** (*Keini*)**».** Pero más tarde **se separó de Caín** (*Kain*) **y se apegó al Santo, bendito sea y cumplió las mitzvot de la Torah, como si sostuviera los mundos, el mundo de Arriba y el mundo de abajo. Pero esto ya ha sido explicado, según está escrito:** «Si anduviereis en mis decretos, y guardareis mis mandamientos, **y los pusiereis por obra**» (Levítico 26:3), **ciertamente. Porque cualquiera que no cumpla las mitzvot de la Torah como hizo él, provoca una imperfección Arriba y una imperfección abajo. Se vuelve a sí mismo imperfecto y perjudica a todos los mundos.** La cosa se parece a **los marineros de un barco. Cuando uno de ellos,** que está loco, **hace un agujero** en él provocando que se hunda. **Por lo tanto,** «Habla a los hijos de Israel: **el hombre o la mujer que cometiere *alguno* de todos los pecados de los hombres**, haciendo prevaricación contra el Eterno, y pecare aquella persona;» (Números 5:6) **y «Mas ellos, traspasaron el pacto como de hombre;** allí se rebelaron contra mí» (Oseas 6:7)**. Adán, que transgredió una Mitzvah de la Torah, se causó la muerte a sí mismo y causó al mundo entero una mancha Arriba y abajo. Y este pecado sigue firme hasta que el Santo, bendito sea, deje el mundo como al principio y entonces esta tacha desaparecerá del mundo. Esto es según está escrito: «Destruirá a la muerte para siempre; y limpiará el Eterno toda lágrima de todos los rostros;** y quitará la afrenta de su pueblo de toda la tierra; porque el Eterno *lo* ha determinado» (Isaías 25:8)**. Por esta razón, «quien cometiere *alguno* de todos los pecados de los hombres» se relaciona con** el **Adán** original**, el primer hombre.**

«Habla a los hijos de Israel: el hombre o la mujer que cometiere *alguno* de todos los pecados de los hombres, **haciendo prevaricación contra el Eterno,** y pecare aquella persona» (Números 5:6)**. Porque aquel que abandona la misericordia y actúa desde el rigor provoca una mancha. Por esta razón, el misericordioso nos librará de los malvados de este mundo y de su mancha cuando los justos perezcan por su culpa, por lo que** ellos **provocaron Arriba y abajo.**

Rabbí Isaac y Rabbí Iehuda iban juntos por el camino que lleva **de Usha** en la baja Galilea **a Lod,** en la planicie costera. **Rabbí Iehuda dijo** a Rabbí Isaac: **hablemos palabras de Torah y caminemos. Rabbí Iehuda abrió y dijo: «Y si alguno abriere *alguna* cisterna, o cavare cisterna,** y no la cubriere, y cayere allí buey o asno,» (Éxodo 21:33). **El versículo que le sigue dice: «el dueño de la cisterna pagará el dinero,** restituyendo a su dueño, y lo que fue muerto será suyo» (Éxodo 21:34). **Por esta razón, aquel que con sus pecados produce daño en el mundo, ha de pagar por ello. Pero yo me pregunto cómo, habiendo causado perjuicio al mundo, un hombre puede hacer penitencia** (*Teshuvah,* que corresponde a la sefirah de Binah), **según está dicho: «el hombre o la mujer que cometiere *alguno* de todos los pecados de los hombres... confesarán su pecado que cometieron, y restituirán** su culpa enteramente, y añadirán sobre ello la quinta parte, y lo darán a aquel contra quien es culpable» (Números 5:6 y 7). Nos encontramos con un juego de palabras entre *veHeshiv* «restituirá» y *Teshuvah,* «arrepentimiento» pero también «penitencia». **Ciertamente esto ayuda, pues por medio del arrepentimiento es como si lo corrigiera. Corrigió el daño que provocó Arriba por medio del arrepentimiento** abajo, **según está escrito: «el hombre o la mujer que cometiere *alguno* de todos los pecados de los hombres... confesarán su pecado que cometieron, y restituirán** su culpa enteramente, y añadirán sobre ello la quinta parte, y lo darán a aquel contra quien es culpable» (Números 5:6 y 7). **El arrepentimiento lo rectifica todo: corrige Arriba y corrige abajo, corrigiéndose a sí mismo y corrigiendo todo el mundo.**

Rabbí Isaac abrió el versículo: **«Cuando estuviereis en angustia, y te alcanzaren todas estas cosas,** *si* en los postreros días te volvieres al Eterno tu Dios, y oyeres su voz;» (Deuteronomio 4:30). **«Cuando estuviereis en angustia» a partir de aquí se deduce que el arrepentimiento es más efectivo antes de que el juicio prevalezca en el mundo ya que cuando está establecido, su poder se incrusta. ¿Quién será capaz de eliminarlo** (122b) **o de obligarle a irse? Cuando el juicio ha comenzado, no desaparece hasta que es consumado. El arrepentimiento restaura el mundo, según está**

122b

escrito: «Cuando estuviereis en angustia, **y te alcanzaren todas estas cosas, *si* en los postreros días te volvieres al Eterno tu Dios,** y oyeres su voz **porque Dios misericordioso *es* el Eterno tu Dios;** no te dejará, ni te destruirá, ni se olvidará del pacto de tus padres que les juró» (Deuteronomio 4:30 y 31). **«En los postreros días». ¿Qué tiene que ver este versículo con esto? Es para incluir a la asamblea de Israel que se halla en el exilio, y compartir su estrechez y su aflicción. Aunque el Santo, bendito sea, ha enviado juicio al mundo, desea que** los hijos **de Israel se arrepientan** (literalmente «regrese en Teshuvah») **a fin de poderles hacer bien en este mundo y en el mundo venidero. Porque no hay nada que se resista al arrepentimiento** (*Véase* Talmud *Peah* 16b).

Ven y **ve: aunque la asamblea de Israel es llamada «arrepentimiento»** (*Teshuvah*) y corresponde a la sefirah de Binah (*Véase* Zohar II-106b), **si decís que el** grado **más elevado de arrepentimiento no se encuentra en cualquier lugar, éste se llama arrepentimiento cuando la misericordia se vuelve hacia él y él se vuelve hacia todas las multitudes y las alimenta. El mejor arrepentimiento es el del malvado que arriesga su vida** (literalmente «su alma») **en él. Entonces todo es corregido Arriba y abajo y se corrigen él y el mundo. Un** solo **malvado provoca en el mundo la destrucción de muchos. ¡Ay del malvado y ay de su vecino!** (*Véase* Talmud Sukkah 36b) **Ven** y **ve:** esto lo podemos ver en el caso de **Jonás que no quiso cumplir la misión que** le encomendó **su Eterno. ¡Cuánta gente hubiera sido destruida en el mar por culpa suya! De este modo, todos se dirigieron a él para juzgarlo y acusarlo** y echarlo al **mar. Entonces, todos fueron salvados y el Santo, bendito sea, fue compasivo con él. Más tarde, él salvó a muchos. ¿Cuándo? Cuando en medio de su aflicción se arrepintió ante su Eterno. Esto es lo que quiere decir: «Clamé de mi tribulación al Eterno, Y él me oyó;** del vientre del infierno clamé, Y mi voz oíste» (Jonás 2:3), **y «Desde la angustia invoqué al Eterno; y me respondió el Eterno, poniéndome en anchura»** (Salmos 118:5).

RAIA MEHEMNA

Esta mitzvah es la mitzvah del arrepentimiento (*Teshuvah*), **y es** la sefirah de **Binah. Cuando el templo fue destruido a causa de nuestros pecados, no se dejó nada para nosotros excepto el *Vidui*** (la confesión), **y éste es** la Sefirah de **Maljut. ¿Y qué es Binah? Es el hijo** (*ben*) **de *Iod-He*, y ese hijo es** la letra ***Vav*. Y todo aquel que se arrepiente es como se devolviera** la letra ***He* a** la letra ***Vav*, que es el hijo** (*ben*) **de *Iod-He*. De ese modo es completado el Tetragrama y ésta es la *Teshuvah*** (arrepentimiento) **que devuelve** (*tashuv*) la letra ***He* a** la letra ***Vav*. La** letra ***He* es realmente el *Vidui*** (la confesión) **y el secreto de:** «Tomad con vosotros palabras, y convertíos (*VeShuvu*) al Eterno, y decidle: quita toda iniquidad, y acéptanos con gracia, **y daremos los becerros de nuestros labios**» (Oseas 14:2). **Cuando alguien comete un pecado provoca que la** letra ***He* se aleje de** la letra ***Vav*, dado que es el hijo de *Iod-He*, y entonces a *Iod-He-Vav* se le quita la *He*. El templo fue destruido por culpa de esto y** los hijos **de Israel fueron expulsados y dispersados entre los pueblos. Y por esta razón, aquel que se arrepiente provoca el retorno de** la letra ***He* a** la letra ***Vav*. Y de él depende la redención. Por esta razón, todo depende del arrepentimiento** (*Véase* Zohar Jaddash, parashat Noaj). **Es lo que dijeron los primeros sabios. Todo depende del arrepentimiento que es la completitud de su nombre. Así, pues, «Pero obré a causa de mi Nombre** para que no se infamase a la vista de los gentiles, delante de cuyos ojos los saqué» (Ezequiel 20:14) **y también «Por mí, por mí, lo haré.** ¿De otra manera cómo sería profanado? Y mi honra no la daré a otro» (Isaías 48:11) **Si no se arrepienten les impondré decretos aún más terribles que los del faraón. Entonces, a pesar suyo, se arrepentirán.** (122b) **Éste es el sentido de** «Cuando estuviereis en angustia, y te alcanzaren todas estas cosas, *si* en los postreros días **te volvieres al Eterno tu Dios**, y oyeres su voz;» (Deuteronomio 4:30), **o sea a *Iod-He-Vav-He*, etc...**

Y el arrepentimiento es llamado «vida» ya que «Sobre toda cosa guardada, guarda tu corazón; **porque de él mana la vida»** (Proverbios 4:23) y el arrepentimiento se realiza con el corazón, el órgano de la vida. **Y éstas son las almas de Israel, el soplo que una persona saca y entra por la boca sin hacer ningún esfuerzo.** Es la letra ***He* de *Behibaram*,** («cuando fueron creados»), **a propósito de la que está escrito** «Y te afligió, y te hizo tener hambre, y te sustentó con maná, *comida* que no conocías tú, ni tus padres la habían conocido; para hacerte saber que el hombre no vivirá sólo de pan, **mas de toda *palabra* que sale de la boca del Eterno vivirá el hombre»** (Deuteronomio 8:3), **que está en la cabeza del hombre. Por lo que se ha dicho:** «Boca a boca hablaré con él, y de vista; **él no verá al Eterno por figuras o semejanza**; ¿por qué, pues, no tuvisteis temor de hablar contra mi siervo Moisés?» (Números 12:8) **y** «Y ahora, Eterno, ¿qué esperaré? Mi esperanza en ti está» (Salmos 39:7). **Y como está sobre su cabeza, al hombre le está prohibido caminar la distancia de cuatro *Amot*** (cuatro codos) **con la cabeza sin cubrir, porque si se aparta de la cabeza del hombre, en ese momento se le va la vida. Pero podréis decir que ésta es la manera en que mora en los pueblos del mundo a pesar de que tanto el cielo como la tierra y sus habitantes no fueron creados por medio de ellas. Y ella no mora en ellos dado que Moisés imploró al Santo, bendito sea, que la Shekinah no morara entre los pueblos del mundo y** el Santo bendito sea **se lo dio** (se lo concedió). **¿Y de dónde procede el soplo que hay entre los pueblos del mundo, entre los malvados, entre el *Erev Rav*** (la multitud mezclada) **y entre los de Israel? No todos son iguales. Así como entre los de Israel no todos son iguales, lo mismo sucede con los demás.**

Finalmente hablamos de la forma de la letra *He*. Tengo un buen regalo en mi tesoro y su nombre es Shabbat (*Véase* Talmud *Beitzah* 16 a). **Y cuando domina sobre** los hijos **de Israel, estos no tienen cansancio ni esclavitud. Y a propósito del alma cansada** «Señal *es* para siempre entre mí y los hijos de Israel; porque en seis días hizo el Eterno los cielos y la tierra, y en el séptimo día **cesó, y reposó»** (Éxodo 31:17). **Existe otra alma** (*nefesh*) **encima de la cabeza del hombre llamada *Eber*** (literalmente siervo). (123a) **Y ésta es como un retrato de la cabeza del hombre** (se le parece). **Es el siervo del rey que mueve todos los miembros del hombre para seguir**

los buenos caminos y observar los 248 preceptos para que la letra ***He* de *Behibaram* permanezca encima de él pues la guematria de *Hibaram* es doscientos cuarenta y ocho** y coincide con la de Abraham, que representa a la bondad. **Existe** también **otro retrato en la cabeza** del hombre **que se llama «temor», que es la** letra ***Iod*** del Tetragrama. **Y a propósito de estos** dos retratos **está escrito: «Y creó Dios al hombre a su imagen, a imagen de Dios** lo creó; macho y hembra los creó» (Génesis 1:27)**; son dos imágenes** (retratos) **buenas, macho y hembra. Macho del lado de la** letra ***Iod* y hembra del lado de la** letra ***He*. Y las dos letras despiertan al hombre a la Torah y al precepto. La** letra ***Iod* es el temor que se halla encima de la cabeza del hombre, donde el temor penetra en el corazón para temer al Santo, bendito sea, y guardarse de no desobedecer los preceptos negativos. La** letra ***He* es el amor que se halla encima de la cabeza del hombre y a partir de ella el amor del Santo, bendito sea, es introducido en las doscientos cuarenta y ocho partes de su cuerpo con las que realiza los doscientos cuarenta y ocho preceptos positivos. La** letra ***Vav* está encima de la cabeza del hombre y a partir de ella entran en su boca las palabras con las que aprende en la Torah.**

«Tomad con vosotros palabras, y convertíos al Eterno, y decidle: quita toda iniquidad, y acéptanos con gracia, y daremos los becerros de nuestros labios» (Oseas 14:2)**. A través de esto obtendréis el temor, el amor y la Torah. *Iod He*** y ***Vav* que es Binah, la *Teshuvah*** (arrepentimiento)**. La** letra ***Vav* regresará a la primera** letra ***He*, que es Maasé Bereshit** (la obra de la creación)**, y las treinta y dos ocasiones** en las que la palabra Elohim aparece en el relato de la creación, **y de este modo el Tetragrama estará completo**. Y así habrá descanso para vosotros en todo y «cesó y reposó». Cuando a la guematria del Tetragrama, veintiseis, se le suma el valor de la letra *Vav* que es seis, se obtiene treinta y dos que se escribe *Lamed Beth*, palabra que significa «corazón». Y se completó el *Iod He Vav* y «**Y fueron acabados los cielos y la tierra**, y todo su ornamento» (Génesis 2:1), **lo cual es la perfección total. A través de ella,** (*BaHe*, o sea la letra *He*)**, fue creado el mundo entero y sobre ella se apoyan los cielos**

123a

y la tierra, los mares y todas las criaturas del mundo fueron creadas según está escrito: «Estos *son* los orígenes de los cielos y de la tierra cuando fueron creados, el día que el Eterno Dios hizo la tierra y los cielos» (Génesis 2:4). **No** leas ***Behibaram*** (fueron creados) **sino *BeHe Baram*,** fueron creados por la letra *He*. **Si ella** (la letra *He*) **se hubiera apartado un solo instante del mundo, todo se habría disuelto y el mundo no se mantendría. Esta** letra ***He*** **no se irá del cuerpo** (del hombre), **y allí permanecerá** ya que corresponde al espíritu que mantiene en vida al cuerpo. **Y cuando se va de él aparece el elixir de la muerte y descansa sobre él, lo que se conoce como impurificación, cadáver, ángel de la muerte, oscuridad, tinieblas y permanece en el cuerpo** muerto **del hombre. Ese es el momento en el que se dice que el hombre está muerto. Y éste es el secreto de las palabras «Que no quiero la muerte del que muere**, dijo el Eterno, **convertíos pues, y viviréis»** (Ezequiel 18:32).

Todos los preceptos positivos, que eran para que penetrara en las doscientas cuarenta y ocho partes del cuerpo, se apiadan de él. Y éste es el secreto de las palabras «Miré sus caminos, y le sanaré, y le pastorearé, y le daré consolaciones, *a él* y a sus enlutados» (Isaías 57:18). **¿Quiénes son los enlutados? Son las doscientas cuarenta y ocho partes de su cuerpo que se apiadan de él. Y éste es el retrato** (imagen) **de Arriba que está encima de la cabeza, donde reposa el Tetragrama. Y así como hay un buen retrato encima la cabeza del justo que lo conduce a realizar buenas acciones, y** también **le hace merecer el mundo venidero, hay un mal retrato encima de la cabeza de los malvados que los conduce a realizar malas acciones y a merecer el** fuego del **Gehenom** (el infierno). **Por esta razón hay dos tipos de aliento en la gente. Existe un buen aliento acerca del cual está escrito:** «Y te afligió, y te hizo tener hambre, y te sustentó con maná, *comida* que no conocías tú, ni tus padres la habían conocido; para hacerte saber que el hombre no vivirá sólo de pan, **mas de toda *palabra* que sale de la boca del Eterno vivirá el hombre»** (Deuteronomio 8:3) **y hay un mal aliento acerca del cual está escrito:** «Porque al hombre que *es* bueno delante de Dios, él le da sabiduría y ciencia y alegría, mas al pecador *le* dio *la* ocupación *de* que allegue y amontone, para que dé al bueno delante de él. **También esto *es* vanidad y aflicción de espíritu»** (Eclesiastés 2:26).

Ven y **ve: a través de las acciones de un hombre se reconoce el *Partzuf*** (forma espiritual) **que flota sobre él, y así es su apariencia. Éste es el sentido de «La prueba del rostro de ellos los convence**; que como Sodoma predican su pecado, no *lo* disimulan. ¡Ay del alma de ellos! Porque allegaron mal para sí» (Isaías 3:9). **En la apariencia** (literalmente «prueba») **se encuentra el rostro de la *Jaia*** (criatura viviente) **que reside sobre él, un león, un toro, un águila o un hombre, de la Carroza del Santo, bendito sea, y su Shekinah, o de la Carroza del ángel príncipe de los rostros, o de la carroza malvada de Samael o de la carroza de los cuatro fundamentos** (*Iesodot*) **del mundo, y no hay en ellos Mala inclinación o Buena inclinación, mas son como bestias del mundo. Así, hay muchos tipos de alientos entre los hijos de los hombres, cada uno según su naturaleza, y éste es el secreto de «Y dijo Dios: produzca la tierra alma viviente según su naturaleza**, bestias y serpientes, y animales de la tierra según su naturaleza; y fue así» (Génesis 1:24). De eso **se deduce que las personas son tratadas del mismo modo en que tratan a los demás. Y encima de cada *Partzuf*** (forma espiritual) **se encuentra un ángel encargado de él.**

Ven y **ve: cada uno de los seis días de la creación tiene su propio *Partzuf*** (forma espiritual) **para guiarlo. No hay día que no tenga algo bueno para él. A pesar de que** la expresión **«era bueno» no es mencionada en el segundo día** de la creación, **aparece en el tercer día, donde es mencionada dos veces. Y cada día tiene su cerco desde el exterior por lo que no todos los hombres son capaces de entrar en él con bondad. Hay oscuridad que cubre la luz por lo que se puede encontrar luz en el primer día y también oscuridad. De este modo existen cercos que protegen como si fueran espinas de una viña. También hay otro tipo de guardianes como son las víboras, los escorpiones y áspides que protegen al bien para que aquellos que no lo merecen no puedan entrar. Si no existieran estos cercos, todos los malvados podrían penetrar en**

los secretos de la Torah. Y por esta razón los malvados no llegan a conocer los secretos de la Torah. Los ángeles destructores denominados negrura y oscuridad, serpientes y escorpiones llamados criaturas diabólicas que confunden las mentes de los malvados para que no entren en este lugar (los secretos de la Torah)**. Pero para aquel que es bueno, todos estos guardianes lo ayudan y el** ángel **acusador se convierte en su defensor. Lo conducen ante la bondad oculta** (*Ganuz,* literalmente «reservada», alusión a *Or haGanuz,* «la luz reservada») **y dicen: Eterno nuestro, he aquí a un hombre bueno y justo, temeroso del cielo que desea entrar ante ti y nos dice: «Abridme las puertas de la justicia, entraré por ellas, alabaré a Yah»** (Salmos 118:19)**. Entonces la bondad oculta les contestará para abrirles la puerta que es amor o la puerta que es arrepentimiento. Todos los justos entrarán según su grado, que es lo que significa: «Abrid las puertas, y entrará la gente justa**, guardadora de verdades» (Isaías 26:2).

Ahora hemos de volver a la puerta del arrepentimiento (*Teshuvah*)**. El arrepentimiento** (*Teshuvah*) **puede ser de varios tipos. No todos son iguales, pero todos son buenos. Hay un hombre que fue un malvado completo todos los días de su vida y transgredió muchos preceptos negativos pero se arrepiente y los confiesa.** (123b) **Entonces no hace bien ni mal. No será merecedor del más alto** grado de **arrepentimiento, pero el Santo, bendito sea, lo perdonará. Hay** también **un hombre que se ha arrepentido y ha limpiado sus transgresiones. Transita por el camino de los preceptos y los cumple con toda su fuerza, con temor y amor por el Santo, bendito sea, y este hombre alcanzará el arrepentimiento menor, que es un grado menor de arrepentimiento. Y hay un hombre que después de arrepentirse estudia la Torah con temor y amor por el Santo, bendito sea, y este hombre no va a recibir recompensa después de arrepentirse de sus pecados. Éste adquiere la letra** ***Vav*** del Tetragrama **y es hijo de** ***Iod-He,*** **y por medio de su nombre es dicha** ***Binah*****. Y esto provoca el retorno de la letra** ***Vav*** **a la letra** ***He*****. El arrepentimiento** (*Teshuvah*) **es cuando** la letra ***Vav*** **retorna a** la letra ***He,*** **y la palabra** *Teshuvah* **es el retorno de** la letra ***Vav*** **a**

la letra *He*. **Y nunca permanecerán la** letra *He* **o la** letra *Vav* **en un hombre que no tiene temor o amor, que corresponden a las** letras *Iod* y *He*, **que nosotros llamamos «temor»** y **«amor». Y cuando fueron entregadas la Torah y las mitzvot** se dijo que **eran el hijo y la hija. Pero dado que Israel observa la Torah y los preceptos se les llama «hijos» del Santo, bendito sea, según está escrito «Hijos sois del Eterno vuestro Dios:** no os sajaréis, ni pondréis calva sobre vuestros ojos por muerto;» (Deuteronomio 14:1).

«Las cosas secretas pertenecen al Eterno nuestro Dios, pero las cosas reveladas nos pertenecen a nosotros y a nuestros hijos para siempre, a fin de que guardemos todas las palabras de esta ley» (Deuteronomio 29:28). **Estas** cosas secretas **son el temor y el amor que se encuentran en el cerebro y en el corazón que están en las cavidades del cuerpo y en la cabeza. «Las cosas reveladas» son la Torah y las mitzvot, que se encuentran en el exterior del cuerpo y de la cabeza. Y el secreto de todo esto es que cuando una persona** (literalmente «hijo de hombre») **siente temor por el Santo, bendito sea, o lo ama, los demás no lo saben ya que se trata de algo que únicamente conocen él mismo y su Eterno. Pero cuando una persona estudia Torah y cumple mitzvot, esto está desvelado ante todos porque el Santo, bendito sea lo formó con una boca visible para** que pudiera **estudiar Torah, ojos para** poder **contemplarla y oídos para escucharla. El Santo, bendito sea, también hizo al hombre con piernas y un cuerpo para que** pudiera **cumplir las mitzvot positivas. Si esto es así, ¿para qué** existe **la nariz?** «Formó, pues, El Eterno Dios al hombre *del* polvo de la tierra, **y sopló en su nariz** ***el*** **aliento de vida**; y fue el hombre un alma viviente» (Génesis 2:7). **Ésta es la imagen que está encima de la persona a propósito de la cual se ha dicho «Y soñó, y he aquí una escalera** que estaba *apoyada* en tierra, y su cabeza tocaba en el cielo; y he aquí ángeles de Dios que subían y descendían por ella» (Génesis 28:12). **Y «una escalera» es en verdad aliento de vida y el trono del Nombre** ***Iod He Vav He***, el Tetragrama, **que es temor y amor, la Torah y las mitzvot y en éste mora. Y es el trono del que son sacadas todas las almas de Israel. Y ésta es la imagen que está encima de la cabeza de las**

123b

personas. «Y he aquí ángeles de Dios que subían y descendían por ella» (Génesis 28:12). **La cosa se refiere a aquellos soplos que ascienden y abandonan el cuerpo** subiendo **por esta escalera. Ésta es una, la séptima de todas. Y es la** «que estaba *apoyada* en tierra» **y también «y su cabeza tocaba en el cielo y he aquí ángeles de Dios que subían y descendían por ella»** (Génesis 28:12). **Son dos,** pues la palabra ángeles está escrita en plural y el mínimo para un plural son dos, **«y descendían por ella», o sea dos** más. **Corresponden a los cuatro vientos, los cielos y la tierra y este es el sentido de las palabras** «Vanidad de vanidades, dijo el Predicador; **vanidad de vanidades, todo *es* vanidad»** (Eclesiastés 1:2). **Estos son los siete alientos, o sea las siete vanidades, que corresponden al trono. Son la escalera, los cielos, la tierra y los cuatro elementos del universo, lo cual arroja un total de siete en relación con los siete días de la creación donde se hallan las criaturas de los cielos el mar y la tierra. O sea, los animales, las aves, las bestias, los peces y las generaciones que vienen de ellos. Y dado que todo fue creado en esa imagen que está en todo Israel que es el Tzadik**, el «justo», que corresponde a la sefirah de Iesod, **está dicho acerca de ellos: «y vuestro temor y vuestro pavor será sobre todo animal de la tierra, y sobre toda ave de los cielos,** en todo lo que se moverá en la tierra, y en todos los peces del mar; en vuestra mano son entregados» (Génesis 9:2). **Y estas palabras se refieren a los hombres que se comparan con los animales del campo, las bestias, los pájaros y los peces del mar. Hay hombres cuyo signo astrológico** (*Mazal*) **es el toro,** otros **el león,** otros **el águila y** otros **el hombre** (en referencia a la visión de Ezequiel). **¿Y por qué sienten temor por esta imagen si fueron creados a partir de ella? Es únicamente porque el nombre *Iod He Vav He*** (el Tetragrama) **está en él. Es el secreto de las palabras** «Y verán todos los pueblos de la tierra que el nombre del Eterno es llamado sobre ti, y te temerán» (Deuteronomio 28:10). **Aquel que deteriora sus acciones** (actúa mal) **ve deteriorada su imagen, y nombre *Iod He Vav He*** (el Tetragrama) **no puede permanecer en un lugar deteriorado. En este deterioro prevalece la oscuridad, como cuando la luna se oscurece que la oscuridad prevale-**

ce. Cuando un hombre ha deteriorado su imagen queda deteriorado abajo y se vuelve o mudo o sordo, o ciego o cojo ya que está señalado Arriba y abajo. Y esa oscuridad está en su imperfección y los grados santos lo ven. Son los ejércitos del Santo, bendito sea, y se apartan de él pues saben que el Rey no habita en esa imperfección. Por eso los ejércitos del rey se alejan de él pues únicamente residen cerca de donde reside el rey, al que siguen como los miembros siguen al cuerpo. Y en aquel lugar en el que prevalece la oscuridad diversos ángeles de la destrucción denominados serpientes y alacranes se le acercan y lo atacan (literalmente «besan») **muchas veces provocando** lo que conocemos como **sufrimientos** (*Isurim*). **Si posee dinero** (Mamón) procedente **de las buenas acciones** realizadas, **estos sufrimientos disminuyen. ¿Y cómo disminuyen? Cada mérito** provocado por sus buenas acciones **que desciende desde Arriba sobre él es entregado** a modo de pago **a los ángeles de la destrucción. Como contrapartida, estos detienen sus sufrimientos. Si no tiene méritos ni pecados Arriba, y lo tiene todo abajo, se acercan a él las naciones del mundo en vez de los ángeles destructores y él se ve obligado a entregarles su dinero para salvarse. Ésta es la razón por la cual Israel tenía la costumbre de ofrecer sacrificios a Azazel, que es la oscuridad. Eran setenta toros correspondientes a las setenta naciones como está establecido en las palabras: «Si el que te aborrece tuviere hambre, dale de comer pan; y si tuviere sed, dale de beber agua»** (Proverbios 25:21). **Cuando** el hombre **se arrepiente, esa oscuridad es eliminada y alcanza la perfección. Éste es el sentido de «el Eterno ha remitido tu pecado, no morirás»** (II Samuel 12:13). **Entonces el nombre *Iod He Vav He*** (el Tetragrama) **vuelve a él curándolo de las heridas del sufrimiento según está escrito: «y se convierta y sea sanado»** (Isaías 6:10). **¿Y cómo sabemos que el Santo, bendito sea vuelve a él cuando se arrepiente y es removida la imperfección?** Porque **está escrito:** «Desde los días de vuestros padres os habéis apartado de mis leyes, y nunca las guardasteis. **Tornaos a mí, y *yo* me tornaré a vosotros,** dijo el Eterno de los ejércitos. Y diréis: ¿En qué hemos de tornar?» (Malaquías 3:7). **Y esto** ocurre **con el arre-**

pentimiento completo. Éste produce el regreso de Binah, que es *Iod He Vav*, a la *He*, que es Maljut (124a) **que abandonó su nido. Y ella es la imagen a la que se conectan las mitzvot y con la que están anudadas las diez sefirot. Y si una persona hace una sola mitzvah, pero la hace con temor y con amor al Santo, bendito sea, las diez sefirot descansan sobre ella. Y todo aquel que cumple con una sola mitzvah de un modo apropiado es como si cumpliera las doscientas cuarenta y ocho mitzvot positivas pues no hay ninguna mitzvah que no contenga** como en un holograma **todas** las otras. Esta mitzvah bien podría ser el "Amarás a tu prójimo, como a ti mismo" de Levítico (19:18) que según Rabbí Akiva es «una regla general de la Torah».

Fin del Raia Mehemna

«Habla a los hijos de Israel, y diles: **cuando la mujer de alguno errare**, e hiciere traición contra él» (Números 5:12). **¿Cuál es la relación entre estos dos versículos** (literalmente: entre éste y éste)**? Es según está escrito:** «El hombre o la mujer que cometiere *alguno* de todos los pecados de los hombres, **haciendo prevaricación contra el Eterno**, y pecare aquella persona» (Números 5:6)**, y también está escrito** «Cuando la mujer de alguno errare, **e hiciere traición contra él»** (Números 5:6). **Rabbí Eleazar dijo: «un hombre, un hombre»** (*Ish ish*). **¿Qué significa «un hombre, un hombre»? ¿Porque está** escrito **dos veces** (*Véase* Talmud *Sotah* 24 a). **Con una hubiera sido suficiente. Esto ya ha sido explicado, pero «un hombre, un hombre» quiere decir que se trata de un hombre** que es un hombre**, o sea que cumple con las palabras «Bebe el agua de tu propia cisterna,** y las corrientes de tu propio pozo» (Proverbios 5:15)**,** o sea, no desees a la mujer de tu prójimo. **Y así es un hombre corriente, un hombre para su mujer,** en referencia a un hombre que se ha comportado como un hombre débil. «Cuando la mujer de alguno errare, **e hiciere traición contra él»** (Números 5:6). **¿Por qué dos veces? Porque hay traición Arriba y hay traición abajo, una contra la asamblea de**

Israel y otra contra su esposo. Por esta razón, «entonces el marido traerá su mujer al sacerdote, y traerá su ofrenda con ella, la décima de un efa de harina de cebada; no echará sobre ella aceite, ni pondrá sobre ella incienso, porque es presente de celos, presente de recordación, que trae en memoria iniquidad» (Números 5:15). **¿Por qué ante el sacerdote** y no, por ejemplo, ante el juez**? El secreto de esta palabra es que el sacerdote es el protector** (literalmente «padrino») **de la matronita. Debemos escudriñar este versículo que dice: «**Entonces **él degollará el becerro** en la presencia del Eterno; y los sacerdotes, hijos de Aarón, ofrecerán la sangre, y la rociarán alrededor sobre el altar, el cual *está* a la puerta del tabernáculo del testimonio» (Levítico 1:5) **ya que «él» se refiere a alguien que no es el sacerdote, aunque respecto a cualquier sacrificio leemos: que no se contamine y afecte a la fuente a la que está ligado. Sin embargo se dice que el hombre traerá a su mujer al sacerdote. Porque únicamente el sacerdote es apropiado para esta tarea, ya que es el protector de la matronita y todas las mujeres del mundo son bendecidas por mediación de la asamblea de Israel. Por esta razón, la mujer es bendecida abajo con siete bendiciones** en el día de su boda**, pues está unida a la asamblea de Israel. Y el sacerdote únicamente ha de ordenar todo el servicio de la matronita y asistir cuidadosamente por todas sus necesidades. Por esa razón solamente el sacerdote, y no otro, es adecuado para esto. Y si dijeras que él** (el sacerdote) **está haciendo un juicio, no es así,** ya que el sacerdote corresponde a la sefirah de Hessed. **Lo hace únicamente para incrementar la paz en el mundo y aumentar el Hessed que se esfuerza en hacer. Si la mujer fuera encontrada inocente, el sacerdote incrementa la paz entre ellos y, no sólo eso, sino que ella concebiría un hijo varón, lo cual también es un medio para traer paz. Pero si ella no fuese encontrada inocente, él** (el sacerdote) **no habría dictado condena, sino que lo haría el Nombre Santo al que ella invocó en falso, quien la procesaría y condenaría.**

Ven y **ve: el sacerdote no se inmiscuye en el asunto excepto en el momento en que ella se presenta ante él, para aclarar su situación. Él le pregunta una y dos veces si desea aclarar su inocencia**

124b
(124b); **únicamente entonces efectúa la ceremonia para promover la paz** entre ellos. **El sacerdote escribe una vez el Nombre Divino en línea recta y después de forma inversa. Las letras que fueron trazadas por luces de Arriba, juicio con juicio, misericordia con misericordia, misericordia con juicio, juicio con misericordia. Si se prueba que es inocente, las letras de misericordia permanecen y las de juicio desaparecen. Pero si es hallada culpable, las letras de misericordia se van y las de juicio permanecen. Entonces se ejecuta el juicio** (*Véase* Talmud Berajoth 15 b).

Rabbí Eleazar abrió el versículo **y dijo: «Y llegaron a Mara, y no pudieron beber las aguas de Mara, porque eran amargas**; por eso le pusieron el nombre de Mara» (Éxodo 15:23). **Esto ya fue explicado** (*Véase* Zohar II-125 b)**, pero me sorprende que la gente** (literalmente los «hijos del mundo») **no observa ni estudia las palabras de la *Torah*. Aquí es necesaria una observación pues está escrito: «**Y Moisés clamó al Eterno; y el Eterno le mostró un árbol, el cual cuando *lo* metió dentro de las aguas, las aguas se endulzaron. **Allí les dio estatutos y derechos, y allí los probó»** (Éxodo 15:25). **Pero el secreto de esto es que ocurrió en el agua, pues los egipcios pretendían ser los padres de los niños de Israel y muchos de entre los hombres de Israel sospechaban de sus mujeres**, que podrían haberles sido infieles. **Por esta razón, el Santo, bendito sea, los llevó hasta ese lugar para ponerlos a prueba. Es lo que está escrito: «Y llegaron a Mara» y «Y Moisés clamó al Eterno...».**

Dijo el Santo, bendito sea, a Moisés: ¿qué es lo que quieres? Hay una multitud de escuadrones de ángeles acusadores **que desean denunciaros aquí, y yo quiero examinar a las mujeres de** los de **Israel.** Entonces se le dijo: **escribe el Nombre Santo, arrójalo al agua y que todos ellos sean sometidos a prueba, hombres y mujeres, a fin de que no quede ningún informe malo de mis hijos. Pero hasta que todos ellos sean probados, no permitiré que Mi Nombre more en ellos. E inmediatamente: «**Y Moisés clamó al Eterno; **y el Eterno le mostró un árbol, el cual cuando *lo* metió dentro de las aguas,** las aguas se endulzaron» (Éxodo 15:25). **Se refiere al Nombre Santo que el sacerdote ha de escribir para la prue-**

ba de las mujeres de los hijos **de Israel. Por lo tanto «Allí les dio estatutos y derechos, y allí los probó»** (Éxodo 15:25). Estatutos asociados con lo femenino y derechos asociados con lo masculino inferior. **Y si te preguntaras si es** lo **apropiado para las mujeres de los de Israel, ¿por qué se incluyen** también a **los hombres? Pues en verdad también los hombres hubieron de ser probados para ver si estaban contaminados por las mujeres de Egipto. Y las mujeres de Israel no fueron contaminadas por hombres egipcios durante todo el tiempo que estuvieron entre ellos. Los dos, mujeres y hombres, resultaron inocentes, resultaron ser una semilla santa y pura. Y únicamente entonces el nombre del Santo, bendito sea, moró entre ellos. Y ello seguramente fue por las aguas, «Allí les dio estatutos y derechos, y allí los probó»** (Éxodo 15:25). **Y aquí también el sacerdote prueba a la mujer con agua y con el Nombre Santo.**

RAIA MEHEMNA

(124a) **Levántate, Elías, y comienza a hablar conmigo acerca de las mitzvot pues tú eres mi ayuda en todo. A propósito de ti fue dicho al principio: «Pinjas, hijo de Eleazar, hijo de Aarón sacerdote,** ha hecho apartar mi furor de los hijos de Israel, llevado de celo entre ellos; por lo cual yo no he consumido en mi celo a los hijos de Israel» (Números 25:11) **y** «En todo tiempo ama el amigo; **mas el hermano para la angustia es nacido»** (Proverbios 17:17).

Es una mitzvah debatir sobre los juicios de una **Sotah** (mujer adúltera)**, según está escrito:** «si viniere sobre él espíritu de celo, y tuviere celos de su mujer, habiéndose ella contaminado**; o viniere sobre él espíritu de celo, y tuviere celos de su mujer,** no habiéndose ella contaminado;» (Números 5:14). **Ciertamente hay un espíritu de celo en ambos lados, uno de falsedad y otro de verdad. Así, en el espíritu de falsedad «viniere sobre él espíritu de celo, y tuviere celos de su mujer, no habiéndose ella contaminado»** (Números 5:14) **y también «si viniere sobre él espíritu de celo, y tuviere**

celos de su mujer, habiéndose ella contaminado (Números 5:14). **¿Hay algo de verdad en un espíritu de impureza** (*ruaj tumah*)**? Un hombre** que es **del lado del árbol del bien y del mal, tiene la Mala Inclinación, la serpiente. Y cuando un hombre tiene una esposa que es hermosa,** o sea su alma**, en todas sus acciones, a propósito de él está dicho: «La mujer virtuosa es corona de su marido;** mas la mala, como carcoma en sus huesos» (Proverbios 12:4)**. La Mala Inclinación es celosa, como se deduce del hecho de que estaba celosa de Adán a causa de su esposa y por esa razón la sedujo y causó la muerte** en el mundo**. En algunas ocasiones, la mala inclinación domina a través de sus pecados y la contamina, y ella se vuelve cadáver. Y la mala inclinación en su lado derecho, que es el nivel de Ismael, es llamada «serpiente». En su lado izquierdo, que es el nivel de Esaú, que es Samael, es llamada «perro», que está designado sobre el infierno, que ladra, según está escrito: «La sanguijuela tiene dos hijas *que se llaman* , dame, dame.** Tres cosas hay que nunca se sacian; aun la cuarta nunca dice, basta» (Proverbios 30:15)**.** Un juego de palabras entre *Hav, Hav,* «dame, dame» y el ladrido de un perro, así como de su condición de insaciable. **Su deseo es hacer arder el alma que fue hecha impura en el fuego del infierno. Esto es lo que significa: «o viniere sobre él espíritu de celo, y tuviere celos de su mujer» y «habiéndose ella contaminado»** (Números 5:14)**. Y fue dicho a propósito de ella: «Y la hija de algún hombre** que sea **sacerdote», se trata de**l ángel **Mijael, cuando** «Y la hija del varón sacerdote, **si comenzare a fornicar, a su padre contamina; quemada será en fuego**» (Levítico 21:9)**. Entonces es destruida la inmundicia y ella se purifica de ésta, como se purifica la plata en el fuego y el plomo, o sea la escoria, se quema y desaparece. Lo mismo ocurre con Israel cuando** sus hijos **profanan la Torah. El Santo, bendito sea, los saca** (los envía) **al exilio entre los hijos de Esaú y los hijos de Ismael como siervos, como si fueran perros o serpientes y allí reciben castigo. Y de esta manera son purificados y clarificados y refinados como ocurre con la plata y con el oro, según está dicho:** «Y meteré en el fuego la tercera parte, **y los fundiré como se funde la plata, y los proba-**

ré como se prueba el oro» (Zacarías 13:9)**; hasta que «si vuestros pecados fueren como la grana, como la nieve serán emblanquecidos»** (Isaías 1:18)**. Y está escrito acerca** del árbol **del bien y del mal: «**Y Moisés clamó al Eterno; **y el Eterno le mostró un árbol, el cual cuando *lo* metió dentro de las aguas, las aguas se endulzaron**. Allí les dio estatutos y derechos, y allí los probó» (Éxodo 15:25)**. Ya que Israel estaba mezclado con el *Erev Rav*** (la multitud mezclada), (124b) **todos ellos pertenecían al árbol del bien y del mal y por lo tanto son medio dulces por la derecha y medio amargos por la izquierda. Y en el momento en que el *Erev Rav*** (la multitud mezclada) **provocó que Israel pecara, fue como si se encontraran en el lado del mal.** Y entonces **el agua volvió a su estado amargo como aquel árbol que fue metido «dentro de las aguas». Éste es el significado de «Y llegaron a Mara, y no pudieron beber las aguas de Mara, porque eran amargas;** por eso le pusieron el nombre de Mara» (Éxodo 15:23)**. Y este árbol amargo es como la prueba de la Sotah** (mujer adúltera)**. Si ésta se apartó de su marido,** cayendo en el adulterio**, las aguas que tenía que beber se vuelven amargas y a causa de ellas «**Le dará, pues, a beber las aguas; y será, que si fuere inmunda y hubiere hecho traición contra su marido, las aguas que obran maldición entrarán en ella en amargura, **y su vientre se hinchará, y caerá su muslo**; y la tal mujer será por maldición en medio de su pueblo» (Números 5:27)**. Pero si no se apartó** y le fue fiel, «Mas si la mujer no fuere inmunda, **sino que estuviere limpia, ella será libre, y será fecunda»** (Números 5:28)**. También aquí el agua se volvió dulce. Del mismo modo, Israel será probado en la redención final. Esto es lo que está escrito en «Muchos serán limpios, y emblanquecidos,** y purgados. Y *los* impíos se empeorarán, y ninguno de los impíos entenderá, pero entenderán los entendidos» (Daniel 12:10)**, o sea aquellos que son del lado del bien y que pasarán la prueba. Pero «*los* impíos se empeorarán» ya que pertenecen al lado del mal y a través de ellos se cumplirá «**Y será mi mano contra los profetas que ven vanidad, y adivinan mentira, no estarán en la congregación de mi pueblo, ni serán escritos en el libro de la Casa de Israel, **ni a la tierra de Israel volverán**; y sabréis que yo *soy* el

124b
Eterno Dios» (Ezequiel 13:9). **Y él los matará.** «Muchos serán limpios, y emblanquecidos, y purgados. Y *los* impíos se empeorarán, y ninguno de los impíos entenderá, **pero entenderán los entendidos»** (Daniel 12:10), en hebreo «*Iabinu*», **pues son del lado de *Binah*, que es al árbol de la vida. A propósito de ellos ha sido dicho «Y los entendidos resplandecerán como el resplandor del firmamento;** y los que enseñan la justicia *a* la multitud, como las estrellas a perpetua eternidad» (Daniel 12:3)**; con su obra que es el libro del Zohar, del esplendor** (*Zohar*) **de la madre de Arriba denominada *Teshuvah*** (arrepentimiento)**. Ellos no necesitan ser probados y como en el futuro Israel saboreará el árbol de la vida, que es este libro del Zohar, abandonarán el exilio con misericordia. Y esto será así con ellos ya que «el Eterno solo le guió, que no hubo con él dios ajeno»** (Deuteronomio 32:12)**. Y el árbol del bien y del mal que es la prohibición y la autorización, la impureza y la pureza, ya no se aplicará a Israel, pues su *parnasah*** (subsistencia) **será únicamente del árbol de la vida, donde no hay trampas del lado del mal ni hay conflicto** procedente **del espíritu de impureza, según está escrito:** «Y será en aquel día, dice el Eterno de los ejércitos, que talaré de la tierra los nombres de las imágenes, y nunca más vendrán en memoria; **y también haré talar** de la tierra *a* los profetas, y ***al* espíritu de inmundicia**» (Zacarías 13:2).

Los *Talmidim Jajamim* (literalmente los «estudiosos sabios», expresión que se refiere a los estudiantes de Torah)**, ya no necesitarán ser alimentados por los hombres rústicos, sino que comerán lo limpio, lo adecuado** (*Kasher*) **y lo permitido del lado del bien. No necesitarán obtenerlo del lado del *Erev Rav*** (la multitud mezclada)**, que comen lo impuro, lo inadecuado y lo prohibido, y que se impurificaron a sí mismos con una mujer durante su menstruación** (*nidah*)**, con una sierva, una mujer de las naciones** (*goiah*) **o una prostituta. Porque ellos son los hijos de Lilit que es una mujer durante su menstruación** (*nidah*)**, una sierva, una mujer de las naciones** (*goiah*) **y una prostituta. De este modo regresan a sus raíces según está escrito:** «no te alegres tú, toda Filistea, por haberse quebrado la vara del que te hería. **Porque de la**

raíz de la culebra saldrá basilisco, y su fruto, serpiente voladora» (Isaías 14:29).

(125a) **Y en el tiempo en el que domine el árbol de la vida, o sea la pureza y la impureza de las cosas del mundo estos sabios, que se comparan con los Shabbatot y los días festivos en los que únicamente tienen lo que les da la gente, son como el Shabbat que no tiene nada excepto lo que fue preparado durante los días profanos** (los seis días de la semana). **Y en el tiempo en el que domine el árbol de la vida, el árbol del bien y del mal será subyugado. Los ignorantes únicamente tendrán lo que reciban de los** ***Talmidim Jajamim*** (literalmente los «estudiosos sabios», expresión que se refiere a los estudiantes de Torah)**, y serán dominados como si no existieran en el mundo. Y de este modo lo prohibido y lo autorizado, lo puro y lo impuro no se separarán de los hombres rústicos** (los iletrados que no estudian la Torah), **y no habrá gran diferencia entre los días del exilio y los días del Mesías salvo por la liberación de Israel de** manos de **los imperios** extranjeros **que no los saborearán del árbol de la vida,** que es la Torah. **Y necesitarán estudiar para distinguir entre lo puro y lo impuro. Se sentirán avergonzados ante los** ***Talmidim Jajamim*** (literalmente los «estudiosos sabios»)**, como la oscuridad delante de la luz. Pues el** ***Erev Rav*** (la multitud mezclada) **son como bestias ignorantes,** como **oscuridad y ni siquiera fueron llamados Israel, sino que eran esclavos vendidos a Israel, como ya ha sido explicado. E Israel es denominado «Adam»** (literalmente «hombre»). **Pero, ¿cómo sabemos que hay en ellos bestia y hombre? Esto es según está escrito «Y vosotras, ovejas mías, ovejas de mi pasto, hombres sois,** y yo vuestro Dios» (Ezequiel 34:31). **Unos son aquellos que son ignorantes pero** también **son buenos y proceden del lado del bien.** Y otros, **«Hombres sois» se refiere a los** ***Talmidim Jajamim*** (literalmente los «estudiosos sabios»). **Y en este versículo también se alude a ellos:** «¡Oh, si mi pueblo me oyera, si Israel anduviera en mis caminos!» (Salmos 81:14). **Después de decir «mi pueblo», ¿por qué se dice «Israel»? «Mi pueblo» se refiere a la gente ignorante e «Israel» a los** ***Talmidim Jajamim*** (literalmente los «estudiosos sabios») **y «los hijos de Israel ya habían salido con gran poder»** (Éxodo 14:8). **Y del mismo modo que el Santo, bendito sea, los dividió en el monte Sinaí, así** también **los dividirá en la redención final pues acerca de Israel ha sido dicho:** «mas hizo Dios al pueblo que rodease por el camino del desierto del mar Bermejo. **Y subieron los hijos de Israel de Egipto armados»** (Éxodo 13:18), **del lado del árbol de la vida que son los cincuenta años del jubileo** (Juego de palabras entre *jamushim,* «armados» y *jamishim* «cincuenta»). **A propósito de esto está dicho:** «En habiendo sonado *largamente* la trompeta, **subirán al monte»** (Éxodo 19:13) **y también «Y el ángel de Dios que iba delante del campamento de Israel, se apartó,** e iba en pos de ellos; y asimismo la columna de nube que iba delante de ellos, se apartó, y se puso a sus espaldas» (Éxodo 14:19). **Y a ellos les ha dicho** «Vosotros visteis lo que hice a los egipcios, y *cómo* **os tomé sobre alas de águilas,** y os he traído a mí» (Éxodo 19:4). Estas alas de águila **son las nubes de gloria que están «ante Mí». E Israel «salió con la mano en alto», y así sacará a los *Talmidim Jajamim*** (literalmente los «estudiosos sabios») **con todo este honor. Y esto es lo que se dice de los hombres rústicos** (que no estudian la Torah) **del lado del bien** «Y Moisés sacó del real al pueblo a recibir a Dios; **y se pusieron a lo bajo del monte»** (Éxodo 19:17). **Así se encontrarán en última salida** (la redención final) **respecto a los *Talmidim Jajamim*** (literalmente los «estudiosos sabios»), **como un siervo que sigue las huellas del caballo de su amo. Tal como se les dijo al pie del monte «Si aceptáis** (literalmente «recibís») **la Torah, bien, pero si no la aceptáis la montaña os aplastará». Lo mismo ocurrirá al final de los tiempos:** (125b) **«si aceptáis a un *Talmid Jajam*** (literalmente «estudioso sabio») **durante la salida del exilio como jinete, bien, si no es así, el exilio será vuestra tumba».**

Y el *Erev Rav* (la multitud mezclada) **es como se ha dicho a propósito de él:** «Todo el pueblo consideraba las voces, y las llamas, y el sonido de la trompeta, y el monte que humeaba; **y viéndolo el pueblo, temblaron, y se pusieron de lejos»** (Éxodo 20:18). **Y estarán lejos de la redención y verán a los *Talmidim Jajamim*** (literalmente los «estudiosos sabios») **y al pueblo santo en toda su gloria y esta-**

rán lejos de ellos. Y si desearan unirse a ellos, esto es lo que está escrito: «No le tocará mano, porque será apedreado o asaeteado; sea animal o sea hombre, no vivirá. En habiendo sonado *largamente* la trompeta, subirán al monte» (Éxodo 19:13). **Y en ese tiempo será cierto para Israel que** «el Eterno solo le guió, que no hubo con él dios ajeno» (Deuteronomio 32:12). **Ya ha sido explicado que ninguno de los *Guerim*** (literalmente «forasteros», se suele aplicar a los conversos) **será aceptado durante los días del Mesías.** «El guarda los pies de sus santos, **mas los impíos perecen en tinieblas**; porque nadie será valiente por *su propia* fuerza» (I Samuel 2:9). **Estos son el *Erev Rav*** (la multitud mezclada) **a propósito del cual dijo el profeta:** «no estarán en la congregación de mi pueblo, ni serán escritos en el libro de la Casa de Israel, **ni a la tierra de Israel volverán**...» (Ezequiel 13:9).

Dijo Elías, pastor Fiel, ha llegado la hora de levantarse. Te juro que es gracias a tu mérito que deseo levantarme, ya que el Santo, bendito sea, me autorizó a manifestarme a ti en tu prisión, en el lugar de tu entierro y hacerte el bien pues a través de los pecados de los hombres tú eres profanado. Éste es el sentido de «Mas él herido *fue* por nuestras rebeliones, molido por nuestros pecados. El castigo de nuestra paz *fue* sobre él; y por su llaga hubo cura para nosotros» (Isaías 53:5). **El pastor fiel le contestó: te conjuro por el nombre *Iod He Vav He*** (el Tetragrama) **a que os esforcéis en acelerarlo ya que me encuentro afligido. «Y miró a todas partes, y viendo que no parecía *haber* nadie**, mató al egipcio, y lo escondió en la arena» (Éxodo 2:12) **para ayudarme, para librarme de esta aflicción, de esta tumba, según está dicho: «Y puso con los impíos su sepultura,** y su muerte con los ricos; aunque nunca hizo él maldad, ni *hubo* engaño en su boca» (Isaías 53:9). **No he sido reconocido y me han considerado como alguien del *Erev Rav*** (la multitud mezclada) **malvado, como un perro muerto que ha provocado la peste. La sabiduría de los *Sofrim*** (los escribas) **se volverá apestosa entre ellos, en todas las ciudades y reinos donde Israel ha sido dispersado. El *Erev Rav*** (la multitud mezclada)**, se convertirá en el pastor de Israel, que es el rebaño del Santo, bendito sea,**

según está escrito: «Y vosotras, ovejas mías, ovejas de mi pasto, hombres sois, y yo vuestro Dios, dijo el Eterno Dios» (Ezequiel 34:31). **Y no pueden hacer el bien con los *Talmidim Jajamim*** (literalmente los «estudiosos sabios»). **Los hombres valientes** (*Jail*) **y temerosos del pecado van errando de ciudad en ciudad sin hallar gracia y el *Erev Rav*** (la multitud mezclada) **los expulsarán de entre ellos. En muchos lugares sólo cobrarán una cantidad irrisoria que no les permitirá levantar cabeza, incluso por un tiempo. Y todos los sabios, los hombres valientes y los temerosos del pecado se hallarán en el abatimiento y la aflicción y serán tratados como si fueran perros. «Los hijos de Sión, preciados y estimados más que el oro puro. ¡Cómo son tenidos por vasos de barro,** obra de manos de alfarero!» (Lamentaciones 4:2), **por las calles y no hallarán hospitalidad entre ellos. Y entonces** los d**el *Erev Rav*** (la multitud mezclada) **serán ricos, vivirán en paz, felices, sin dolor ni aflicción alguna. Ladrones, buscavidas, son los jueces y la élite de ellos «...porque la tierra está llena de violencia delante de ellos;** y he aquí que yo los destruyo a ellos con la tierra» (Génesis 6:13). **A propósito de ellos ha sido escrito: «Sus enemigos han sido hechos cabeza,** sus aborrecedores fueron prosperados; porque el Eterno la afligió por la multitud de sus rebeliones; sus niños fueron en cautividad delante del enemigo» (Lamentaciones 1:5). (126a) **Y juro solemnemente sobre ti por segunda vez, en nombre del Eterno Tzevaot, el Dios de Israel, que se sienta sobre los Querubines, que todas estas palabras no se perderán de tu boca. Con toda la capacidad de tus palabras, dilas ante el Santo, bendito sea para mostrarle tu aflicción.**

Fin del Raia Mehemna

«*Luego* tomará el sacerdote del agua santa en vaso de barro; tomará también el sacerdote **del polvo que hubiere en el suelo del tabernáculo,** y lo echará en el agua» (Números 5:17). **¿Cuál es la función de ese polvo? Hemos aprendido que está escrito:** «Todo va a un lugar; **todo es hecho del polvo, y todo volverá al mismo polvo»** (Eclesiastés 3:20) y según el midrash incluso el sol fue creado a partir de este polvo. **Incluso la esfera del sol es de polvo y ciertamente más los hijos de los hombres.**

Dijo Rabbí Iosi: si únicamente estuviera escrito: «Y del polvo» (Isaías 41:2) **y nada más, de acuerdo, pero ya que dice: «el polvo que está en el suelo del tabernáculo», se deduce que es otro tipo de polvo. Sin duda se refiere a** «¿Quién despertó del oriente la justicia, y lo llamó para que le siguiese? Entregó delante de él gentiles, y le hizo enseñorear de reyes; **como polvo los entregó a su espada**, y como hojarasca arrebatada a su arco» (Isaías 41:2). **Estos son los hombres que venden armas, los arqueros y los abogados del juicio riguroso, como aprendemos de: «en el suelo del tabernáculo»** (Números 5:17). **Por lo tanto:** «*Luego* tomará el sacerdote del agua santa en *un* vaso de barro; **tomará también el sacerdote del polvo que hubiere en el suelo del tabernáculo, y lo echará en el agua**» (Números 5:17). «Y hará el sacerdote estar en pie a la mujer delante del Eterno, y descubrirá la cabeza de la mujer, y pondrá sobre sus manos el presente de la recordación, *que* es el presente de celos; y el sacerdote tendrá en la mano **las aguas amargas que acarrean maldición**»(Números 5:18). **Esto se refiere al agua del mar, que es un agua amarga. ¿De qué estamos hablando? Del Nombre Santo cuando está en rigor. Entonces es llamado «el agua amarga de las maldiciones». Por esta razón, el agua del mar de abajo es toda ella amarga.**

Ven y **ve: este mar santo es como «¡Cuántos ríos dulces entran en él!». Pero dado que es el rigor del mundo, sus aguas son amargas pues la muerte del mundo entero está en ellas. Pero incluso si son amargas, cuando se extienden afuera son dulces. A veces, el agua del mar es amarga, otras veces, envuelven a todas las otras aguas. Se llama entonces «el mar plegado» y engulle a todas las otras** aguas **y las aspira para que no goteen afuera. A veces, el agua fluye libremente hacia las criaturas de abajo. Ese mar toma variedad de colores. Cuando la serpiente inyecta en él su veneno, entonces es agua de maldición.**

126a

Ven y **ve: si la mujer es absuelta, esa agua entró en** el cuerpo de **ella y se tornaron dulces. Fue purificada** (literalmente «limpiada») **y permaneció allí hasta que concibió. En cuanto quedó embarazada, el embrión fue embellecido por el agua y tuvo un hijo bueno** (un varón, en el sentido de bello y sin tara), **limpio y perfecto. Si no, el agua entraría en ella y** ella **olería de un modo repulsivo y esa agua se convertiría en una serpiente dentro de ella. El daño que hizo volvió a ella** (su castigo es de la misma naturaleza que su pecado). **Y todos** pueden **ver su vergüenza. Y esto ya lo han dicho** (explicado) **los compañeros** cabalistas (*Véase* Talmud *Sotah* 9 b).

Ven y **ve: todas las mujeres del mundo, dondequiera que se hallen, son juzgadas. Por esta razón, son juzgadas a partir del lugar del que parten. Dichosa la porción de Israel en quien se deleita el Santo, bendito sea, y a quien desea purificar.**

Rabbí Izquia abrió el versículo diciendo: «**Tu mujer será como parra fructífera en las partes más interiores de tu casa...**» (Salmos 128:3). **Así como una parra no puede injertarse con otras especies que no sean la suya, así una mujer Israelita permanece en ese camino y no aceptará** (literalmente recibirá) **a otro más que a su marido, como la paloma únicamente acepta a su pareja. Por esta razón «como parra fructífera en las partes más interiores de tu casa...»** (Salmos 128:3). **¿Qué significa «fructífera»** (*Poriah*)? **Es como si dijeras *Poreh Rosh*** («fruto venenoso»), **como en «por ventura habrá en vosotros raíz que eche veneno** (*Poreh Rosh*) **y ajenjo»** (Deuteronomio 29:17). **«Fructífera» significa que florece y echa ramas en todas las direcciones. ¿Dónde? «En las partes más interiores de tu casa» y no afuera, en la plaza del mercado, para no ser infiel al pacto supremo. Y dijo** el rey **Salomón a propósito de esta mujer: «que desampara al príncipe de su juventud y se olvida del pacto de su Dios»** (Proverbios 2:17). **¿Cuál es** el pacto de su Dios? **Es el lugar del pacto al que estaba unida, por eso está escrito «en las partes más interiores** (literalmente «los muslos») **de tu casa».**

Rabbí Izquia dijo a continuación, **que cualquier hombre que permita que su mujer muestre sus cabellos será desterrado, ya**

que ésta es una de las reglas de recato de la casa. Una mujer que exhibe su cabello afuera de la casa **para mostrar su belleza atrae la pobreza** porque atrae malos espíritus (*Véase* Talmud *Berajoth* 24 a). **Provoca que sus hijos no sean distinguidos en esa generación** (sean unos fracasados) **y atrae la enfermedad a su casa. ¿Cuál es el origen de todo esto? Sus cabellos fueron vistos fuera de su casa. Esto si ocurre dentro de la casa y mucho más si lo hace en el camino abierto** (fuera de su casa)**. Por esta razón, está escrito: «como parra fructífera en las partes más interiores de tu casa...»** (Salmos 128:3).

Dijo Rabbí Iehuda: los cabellos de la cabeza de una mujer, si son expuestos (126a)**, provocan que sea expuesto otro cabello** (las fuerzas malignas del otro lado)**. Por esta razón una mujer ha de cuidar que su cabello no sea visto ni** siquiera **por las vigas de su casa**,como en el caso de la piadosa Kimhit que aparece en *Pesiktah deRav Kahana,* **y mucho menos fuera de ella.**

Ven y **ve: del mismo modo que a través del macho los cabellos producen las cosas más duras, así ocurre con la mujer. Considerad cuántas desgracias produce Arriba y abajo** el cabello de la mujer**. Trae maldición para su marido y provoca pobreza,** como ya hemos visto. Pero **produce algo más en la casa pues impide que los hijos alcancen posiciones de importancia. ¡Que** Dios **misericordioso nos libre de su impudicia! Por esta razón, una mujer ha de cubrir su cabello en las cuatro esquinas de su casa. Si lo hace,** ocurre **como está escrito:** «Tu mujer *será* como la vid que lleva fruto a los lados de tu casa; **tus hijos como plantas de olivas** alrededor de tu mesa» (Salmos 128:3)**. ¿Qué quiere decir «tus hijos como plantas de olivas»? Del mismo modo que el olivo no pierde sus hojas ni en invierno ni en verano, sino que siempre tiene más valor que los demás árboles, así sus hijos se distinguirán del resto. Y más aún su marido, que será bendecido en todo y recibirá bendiciones de Arriba y bendiciones abajo con riqueza, hijos y nietos. Éste es el significado de: «He aquí que así será bendito el varón que teme al Eterno. Bendígate el Eterno desde Sión, y veas el bien de Jerusalén todos los días de**

126a

tu vida. Y veas *a* los hijos de tus hijos, *y* la paz sobre Israel» (Salmos 128:4, 5 y 6).

«Cuando un hombre pronuncie un voto» (Números 6:2). **Rabbí Eleazar abrió** el versículo diciendo: **«¿Por qué cuando vine no hubo un hombre que me recibiera?»** (Isaías 50:2). **«¿Por qué cuando vine?». ¡Cuán querido es Israel ante el Santo, bendito sea! En cualquier lugar en el que residan, el Santo, bendito sea, reside entre ellos porque él nunca les retira su amor. Es según está escrito: «Y me harán santuario yo habitaré entre ellos»** (Éxodo 25:8). **«Y me harán santuario» o sea un santuario** exterior, **ya que todas las sinagogas son denominadas «santuario», según ha sido explicado** (En el Talmud, tratado de *Meguilah* 29a). **«Y moraré entre ellos» ya que la Shekinah llega a la sinagoga temprano.**

Dichoso el hombre que llega a la sinagoga entre los diez primeros pues así cumplen con la condición para que haya *minian*. Así forman algo completo y son los primeros en ser santificados por la Shekinah, como ya hemos aprendido. Pero es necesario que los diez vengan juntos a la sinagoga, al mismo tiempo y en armonía, y no uno después del otro, a fin de no demorar la integración de los miembros, ya que el hombre fue formado en un solo instante por el Santo, bendito sea y él ya tenía preparados todos sus miembros y sus órganos. Esto es lo que significa: «Él te hizo y te estableció» (Deuteronomio 32:6).

Ven y **ve: en el momento en que el cuerpo es completado aquí abajo, cada parte de** él **ha sido formada apropiadamente. De un modo parecido, cuando la Shekinah se apresura a ir a la sinagoga, son necesarios diez para que sea completo. Después de esto, todo está convenientemente establecido. ¿Y cómo se establece** (literalmente «corrige»)**?** La cosa **es según está escrito: «En la multitud del pueblo está la gloria del rey,** y en la falta del pueblo la flaqueza del príncipe» (Proverbios 14:28). **Por esta razón, los que vienen después establecen** (literalmente «corrigen») **el cuerpo más aún. Pero cuando la Shekinah llegó antes y la gente aún no había completado** el *minian*, **como es requerido, el Santo, bendito sea exclama: «¿Por qué cuando vine no hubo un hombre** que me recibiera?» (Isaías 50:2). **¿Qué significa «no hubo un hombre»?** Significa **que las partes no estaban completas y el cuerpo no se había completado. Y cuando el cuerpo no está completo no hay hombre. Por esta razón «no hubo un hombre». Ven** y **ve: cuando el cuerpo se completa aquí abajo viene la santidad de Arriba y penetra en este cuerpo y lo de abajo es transformado como Arriba. Entonces nadie ha de abrir la boca** para hablar de temas profanos, **ya que Israel se halla en armonía superior, y están santificados. Dichosa su parte** (*Véase* Zohar II-131 b).

«Cuando un hombre pronuncie un voto» (Números 6:2). **¿Qué significa «pronuncie»** (*Ipale,* literalmente «separe»)**?** Significa **que está separado del resto del mundo para santificarse, según la semejanza de Arriba, y ser completo. Y cuando una persona desea ser purificada es ayudada desde Arriba** (como escribe el Rabash, «aquel que viene a ser purificado, es ayudado». Y se pregunta: ¿Con qué? Con un alma sagrada, lo cual significa que recibe iluminación desde arriba). **Se envuelve en la santidad de Arriba que es la misma santidad con la que fue santificado el Santo, bendito sea.**

Rabbí Abba abrió el versículo y dijo: **«De David. Bendice, alma mía al Eterno; y todas mis entrañas al Nombre de su santidad»** (Salmos 103:1). Dijo: **cuánto más le corresponde al hombre estudiar y reflexionar sobre el servicio a su Eterno ya que cada día de la semana** (literalmente «simple») **sale la proclamación que dice: «¿Hasta cuándo, oh simples amaréis la simpleza»** (Proverbios 1:22) **y «Convertíos, hijos rebeldes, sanaré vuestras rebeliones.** He aquí que nosotros venimos a ti porque eres el Eterno, nuestro Dios» (Jeremías 3:22) **pero ninguno acerca su oído. La Torah lo proclama ante ellos pero ninguno** de ellos **está atento a ella** (literalmente «pone su corazón»).

Ven y **ve: el hombre camina por este mundo y piensa que éste le pertenece por la eternidad y que permanecerá aquí generación tras generación. Pero mientras camina está encadenado** sin darse cuenta. **Y cuando está sentado está siendo procesado junto con otros criminales. Si dispone de un buen abogado, se salva del castigo, según está escrito: «Si tuviere delante de él algún**

elocuente anunciador muy escogido, que anuncie al hombre su justicia» (Job 33:23) **y «que le diga que Dios tuvo misericordia de él,** que lo libró de descender al sepulcro, que halló redención» (Job 33:24). **¿Quién** (126b) **es este buen abogado? Las acciones buenas** (literalmente «adecuadas») **que lo salvan en tiempo de necesidad. Si no tiene un buen abogado, es declarado culpable** de sus pecados **y sentenciado a desaparecer del mundo. En ese tiempo en el que está atado con las cadenas del rey, al levantar los ojos ve cómo se le acercan dos** ángeles **que escriben todo lo que hizo en este mundo y cada una de las palabras que salieron de sus labios,** incluso aquellas que susurró a su mujer. **De todo esto ha de dar cuenta, según está escrito: «Pues he aquí que él forma los montes y crea el viento, y denuncia al hombre su pensamiento;** el que hace a las tinieblas mañana y pasa sobre las alturas de la tierra, el Eterno, Dios de los ejércitos es su nombre» (Amós 4:13). **Y él lo admite todo. ¿Por qué? Sube y permanece allí para dar testimonio. Todas las acciones buenas** (literalmente «adecuadas») **que él hizo descienden para ser registradas en su presencia y no se van hasta el momento en que es puesto a prueba por ellas en el mundo. Ven** y **ve: todas las acciones que hace el hombre en este mundo están preparadas para testificar contra él y no se desvanecen. Y cuando es llevado a la tumba, todas se reúnen y van delante de él,** precediéndole. **Son proclamados tres heraldos, uno al frente, uno a su derecha y uno a su izquierda.** Dicen: **he aquí a fulano de tal que se rebeló contra su Eterno; se rebeló Arriba, se rebeló abajo, se rebeló contra la Torah y contra sus mitzvot. Observa sus actos, escucha sus palabras. ¡Habría sido mejor que** alguien así **no hubiese sido creado! Cuando llega a su tumba, todos los muertos del cementerio están enfurecidos y gritan: ¡Ay, ay de este hombre que es enterrado junto a nosotros! Sus actos y sus palabras lo preceden y están junto a su cuerpo mientras su espíritu revolotea** alrededor del cuerpo **y se lamenta. Pero en cuanto una persona es cubierta en su sepulcro,** el ángel **Dumá se apresura a acudir con tres jueces que están designados para juzgarlo en la tumba. Tienen en sus manos tres bastones de fuego y juzgan a la vez al**

126b

cuerpo y al espíritu. El primer **«Ay» es para castigarlo y** el segundo **«ay» para sus actos. Cuando está sometido a las cadenas del rey tiene lugar su juicio porque no encuentra ningún buen abogado que lo ayude. El oficial del rey,** que es el ángel de la muerte, **avanza hacia sus pies sosteniendo una espada afilada. La persona levanta los ojos y ve las paredes de su casa ardiendo. Se le aparecen una multitud de ojos vestidos de fuego. Y esto es así ya que muchos hombres ven a un ángel en el camino y se detienen delante de él, pero la gente que pasa no lo ve. Y si alguien dice: «el que hace a sus ángeles espíritus,** sus ministros fuego flameante» (Salmos 104:4), **¿cómo puede** un ángel **ser visible en la tierra? Esto ya ha sido explicado. Cuando un ángel desciende a la tierra asume la figura de un hombre, y en esta figura se hace visible a este o a aquel hombre. Si no fuera así, la gente no podría soportar ninguna visión de él. Tanto más se aplica esto a aquel a quien todo el mundo ve venir,** o sea el ángel de la muerte. **En su espada hay tres gotas, como ya han explicado los compañeros** cabalistas. **Cuando él lo ve** al ángel de la muerte, **el cuerpo del hombre se desploma y su corazón no descansa, pues es el rey de todo el cuerpo. Entonces su espíritu viaja a través de todos los miembros del cuerpo abandonándolos uno a uno y se despide de ellos como un hombre se despide de un amigo cuando parte a otro lugar** lejano. **¡Ay, qué he hecho!, exclama sin que le sirva de nada, a menos que se adelante** al ángel de la muerte **con su arrepentimiento.** Con temor se estremece entonces el hombre e intenta esconderse, pero **no lo consigue. Cuando se da cuenta de su desamparo abre sus ojos e intenta mirar** al ángel de la muerte. **Entonces se entrega a sí mismo, en cuerpo y alma. Es el momento del gran juicio en el que el hombre es juzgado en este mundo. El espíritu recorre entonces todos los miembros del cuerpo separándose** dolorosamente **de ellos. Deambula a través de los órganos** del cuerpo **lo sacude todo y todo tiembla. Cuando llega a los miembros para separarse, estos se ponen a sudar. Entonces** el espíritu **abandona al cuerpo y cada miembro muere, y así** ocurre **con todos. Cuando el espíritu está por partir porque ya se ha separado de to-**

dos los miembros **del cuerpo, la Shekinah descansa sobre él y él abandona inmediatamente el cuerpo. ¡Dichosa la parte de todo hombre que se adhiere a ella! ¡Ay de los malvados que se alejan de ella!**

¡Cuántos juicios dolorosos **ha de pasar el hombre cuando se va de este mundo! Uno es el juicio supremo del que hemos hablado,** que tiene lugar **cuando el espíritu abandona el cuerpo. Otro es el juicio cuando sus actos y palabras lo preceden y declaran en su contra. Otro juicio es cuando entra en la tumba** (127a)**. Otro en** el interior de **la tumba y otro** cuando es pasto de **los gusanos. Luego es el juicio de la Guehena** (el infierno)**, y otro más el juicio** que tiene lugar **cuando el espíritu merodea de un lugar a otro por el mundo y no halla descanso hasta que sus actos son perfeccionados** (literalmente «pacificados»)**. Lo cierto es que por siete pruebas** (literalmente «tiempos») **ha de pasar el hombre. Por esa razón el hombre ha de temer a su Eterno, examinar cada día sus actos y arrepentirse de ellos mientras aún está vivo en este mundo. De este modo el rey David reflexionaba sobre los juicios del hombre que** fallece y **se va de este mundo. Al principio dijo: «Bendice, alma mía al Eterno**; y todas mis entrañas al Nombre de su santidad» (Salmos 103:1) **antes de que abandones este mundo, ahora, mientras aún estás en este cuerpo y «**Bendice, alma mía al Eterno; **y todas mis entrañas al Nombre de su santidad»** (Salmos 103:1) **o sea, vosotros, los miembros que estáis adheridos al espíritu mientras** éste **está aún con vosotros, apresuraos a bendecir el Nombre Santo antes de que llegue el tiempo en que seréis incapaces de bendecirlo y darle las gracias.**

Estas palabras y estos actos son un secreto supremo y hay un juicio separado para ellos. Y has de saber que el árbol del pecado del primer hombre era una vid cuyos frutos, el vino y las bebidas fuertes, pertenecen al lado de la izquierda, el del rigor, **el vino Arriba, como ya ha sido explicado. Las bebidas fuertes están a la izquierda pues son un producto del vino. Las uvas lo reúnen todo y éste es el pecado del primer hombre. Por eso todos están vinculados con el mismo lado y si dijeras que el Nazareo**

ha abandonado la fe de Arriba, no es así. No es conveniente que haga nada que proceda del lado izquierdo.

Ven y **ve: «El hombre o la mujer, cuando se apartare haciendo voto de Nazareo** (literalmente «apartado») para dedicarse al Eterno» (Números 6:2). **Esto se refiere a aquel que mientras aún está en este mundo se apresura a ser santificado con la santidad de su Eterno. De este modo «se abstendrá de vino y de sidra, vinagre de vino,** vinagre de sidra no beberá, ni beberá ningún licor de uvas, ni tampoco comerá uvas frescas ni secas» (Números 6:3). **Es preciso comentar esto: ¿por qué se le prohíben también las uvas? Ha sido dicho «Tú y tus hijos no beberéis vino ni sidra** cuando hubiereis de entrar en el tabernáculo del testimonio, para que no muráis; será estatuto perpetuo por vuestras generaciones» (Levítico 10:9). **No se habla, pues, de uvas. ¿Por qué es distinto el Nazareo? ¿Por qué tiene prohibido comer uvas?**

En realidad todo esto es un misterio supremo, separarse del juicio. Es sabido que el árbol con el que pecó Adán era una vid y el secreto es que el vino, las bebidas fuertes y las uvas están vinculadas con ella. El vino Arriba, según ha sido explicado. Las bebidas fuertes, que son un producto del vino, también están a la izquierda. Las uvas lo incluyen todo y éste es el árbol con el que pecó Adán. Por consiguiente todos están atados a este lado. Y si dijeras que al nazareno ha abandonado la fe de Arriba, ¡no es así! Lo que ocurre es **que cualquier conducta del lado izquierdo no es apropiada para él.**

Ven y **ve lo que aprendí del libro de Rabbí Amnuna el anciano. Está escrito: «Y dejará crecer las guedejas de sus cabellos de su cabeza»** (Números 6:5). **Ha de permitir que el cabello de su cabeza y de su barba crezca sano y fuerte y abstenerse de vino, bebidas fuertes y uvas ya que pertenecen al lado izquierdo y el cabello no tiene origen en ellos. El vino es la madre de Arriba mientras que las bebidas fuertes son de la izquierda y pertenece a la región de los levitas por esta razón han de afeitar todo su cabello, como ha sido dicho:** «Y así les harás para expiarlos: rocía sobre ellos el agua de la expiación y **haz pasar la navaja sobre toda**

127a

su carne y lavarán sus vestidos y serán expiados» (Números 8:7). **Las uvas** pertenecen **a la madre inferior, que reúne para ella el vino y las bebidas fuertes. Por eso** el Nazareo **se aísla de lado de la izquierda** y no se aferra a él, **para que ninguna de sus acciones se manifieste en él. Las uvas no hacen crecer ni el pelo ni la barba, que pertenecen a lo femenino, que ha de cortarse el pelo cuando a unirse con el varón y que, por naturaleza es imberbe. Por eso en Nazareo ha de dejar crecer su cabello incluso el pelo de la barba. El secreto de esto es que se le llama «Nazareo para Dios» y no «Nazareo para el Eterno»** (Jueces 13:7), **que** pertenece **a la derecha y está totalmente separado del juicio.**

Ven y **ve: a propósito de esto está escrito** «y el sacerdote hará el uno en expiación y el otro en holocausto; **y lo expiará de lo que pecó sobre el muerto,** y santificará su cabeza en aquel día» (Números 6:11). **No está escrito «su muerto»** (literalmente «su espíritu»), **sino «el muerto»** (literalmente «el espíritu»). **¿Por qué? Son las uvas llamadas «espíritu». Por esta razón se menciona el pecado, que es el vino y las bebidas fuertes. Y tomó el lugar del juicio, la izquierda. ¿Por qué está escrito «pecado»? Porque priva el juicio de espíritu. Si esto es así, ¿por qué «lo expiará»? Porque él se vuelve para unirse a ellos. Pero estos lugares no lo aceptan hasta que toma consejo del sacerdote que «lo expiará» y que los había expulsado. Pero ahora que vuelve a ellos debe asociarse a la corrección** *(Tikún)* **a través de la expiación a fin de que lo acepten. Y éste es el secreto de la cosa, ciertamente. Y si dijeras que Sansón, que era un Nazareo de Dios, fue castigado,** la respuesta es que **lo merecía porque se casó con una mujer extraña** (*Véase* Malaquías 2:11). **Tenía que haberse casado con alguien de su clase, apropiada para él, pero él, que era santo, mezcló su santidad con la hija de un dios extraño, y abandonó su lugar de santidad. Por esta razón, fue castigado** (*Véase* Talmud, tratado de *Sotah* 10 a).

Algunos sostienen que él no tendrá parte en el mundo por venir porque dijo: «Muera yo con los filisteos. Y estribando con esfuerzo cayó la casa sobre los príncipes y sobre todo el pueblo que estaba en ella. Y fueron muchos más los que de ellos mató en su muerte que los que había muerto en su vida» (Jueces 16:30). **Y de este modo puso su parte con la parte de los filisteos y su espíritu murió con ellos en este mundo. Ésta es la manera** (127b) **en que solían hablar al Nazareo: «Da un rodeo, pero a la viña no te acerques»** para no ser tentado. **Y esto ya lo han explicado los compañeros** cabalistas (*Véase* Talmud, tratado de *Shabbat* 13 a).

En cuanto a los levitas, asociados con Guevurah, **he aquí lo que está escrito: «Y así les harás para expiarlos: rocía sobre ellos el agua de la expiación y haz pasar la navaja sobre toda su carne»** (Números 8:7). **Y después de que se corten el pelo y una navaja pase sobre toda su carne, el levita es llamado «puro», pero no «santo». Pero cuando el nazareo se aísla del lado** del mal, el izquierdo, **es llamado «santo» y no «puro». De este modo está escrito: «todos los días de su voto de nazareo... en los que se consagra al Eterno, él será santo»** (Números 6:5). **«Y dejará que los bucles de su cabellera crezcan largos» se explica porque** «Estuve mirando hasta que fueron puestas sillas, y un anciano de gran edad se sentó, cuyo vestido era blanco como la nieve **y el pelo de su cabeza como lana limpia...»** (Daniel 7:9). **De este modo se parece a la pauta de Arriba. Rabbí Iehuda ben Rav dijo: sólo con su pelo. Es obvio que él es santo, según está escrito:** «Su cabeza como oro finísimo, **sus cabellos crespos,** negros como el cuervo» (Cantar de los cantares 5:11).

Enseñaba Rabbí Shimon: si los hijos de los hombres supieran lo que se ha dicho acerca de este cabello y sus misterios (*Véase* Talmud, tratado de Pesajim 119 a), **se distinguirían ante su Eterno por una sabiduría suprema, secreto de los secretos. Hasta aquí los secretos de la Torah y de ahora en adelante en Sitrei Torah «más su negociación y su ganancia será consagrada al Eterno...»** (Isaías 23:18).

127b

IDRA RABBAH KADDISHA
La gran asamblea santa

(127b) **Ha sido enseñado que Rabbí Shimon dijo a los compañeros** de estudio: **¿Durante cuánto tiempo estaremos sostenidos en un pilar?** O sea con un conocimiento parcial y fragmentado (*Véase* Zohar Haddash 16 a). **Está escrito: «Tiempo *es* de actuar, oh Eterno; han disipado tu Torah»** (Salmos 119:126). **Los días son pocos** (*Véase* Pirké Avot 2:20) **y el Eterno oculto presiona. Todos los días resuena una llamada** (*Véase* Pirké Avot 6:2) **y los cosechadores de los campos,** que cosechan los secretos de la Torah, **son pocos. Están en los bordes de la viña pero no prestan atención y no saben dónde van.**

Reuníos compañeros en la asamblea (*Idra*), **vestidos con corazas, con espadas y lanzas en vuestras manos. Daos prisa con los *Tikunim*** (las correcciones), **con arrojo, con sabiduría, con entendimiento, con conocimiento, con visión, con las manos y con las piernas. Designad como rey a aquel que tiene poder sobre la vida y sobre la muerte. Que dice palabras verdaderas, palabras que escucharán los santos celestiales y se alegrarán de oír y de conocer.**

Se sentó Rabbí Shimon y se puso a llorar. Entonces dijo: «Ay de mí si revelo mis secretos **y ay de mí si no** los **revelo!** (*Véase* Talmud tratado de *Baba Batra* 89b)». Si Rabbí Shimon revela sus secretos de Torah, pueden caer en manos de alguien que no lo merezca y si no los revela pueden perderse para siempre (*Véase* Zohar II-100b). **Los compañeros que estaban allí callaron** temiendo que no revelara. **Finalmente se levantó Rabbí Abba y le dijo que fuera lo suficientemente misericordioso para revelar, ya que está escrito: «El secreto del Eterno es para los que le temen**; y a ellos hará conocer su pacto» (Salmos 25:14), **y estos compañeros son** todos **temerosos del Santo, bendito sea. Ellos han merecido entrar en la asamblea santa de la Shekinah. Algunos entraron y otros salieron,** en referencia a los cuatro sabios que entran en el Pardes (*Véase* Talmud Jaguigah 14b).

Hemos aprendido que los compañeros que estaban en presencia de Rabbí Shimon fueron enumerados. Estaban presentes Rabbí Eleazar, su hijo; Rabbí Aba, Rabbí Iehuda, Rabbí Iosi hijo de Jacob; Rabbí Isaac, Rabbí Izquia hijo de Rav, Rabbí Jía, Rabbí Iosi y Rabbí Iesa. Extendieron sus manos hacia Rabbí Shimon con los dedos hacia arriba (o sea las manos abiertas en situación de recibir), **entraron en el campo donde hay árboles y se sentaron. Rabbí Shimon permaneció de pie e hizo una oración, se sentó junto a ellos y dijo: colocad vuestras manos sobre vuestro pecho. Lo hicieron y él los aceptó. Abrió** el versículo **y dijo: «Maldito el hombre que hiciera escultura o imagen de fundición, abominación del Eterno, obra de mano de artífice** (128a) **y la pusiere en oculto. Y todo el pueblo responderá y dirá amén»** (Deuteronomio 27:15).

Rabbí Shimon abrió el versículo y **dijo: «Tiempo *es* de actuar, oh Eterno; han disipado tu Torah»** (Salmos 119:126). **¿Por qué es «Tiempo *es* de actuar, oh Eterno»? Porque «han disipado tu Torah». Han invalidado la Torah Arriba** que corresponde a la sefirah de Tiferet, **porque si no es observada junto con sus *Tikunim*, se vuelve inválida. Y fue dicho al Anciano de los Días,** considerado el principio de todos los *Tikunim*: **«Dichoso tú Israel, ¿quién como tú,** pueblo salvo por el Eterno, escudo de tu socorro y cuchillo de tu excelencia?» (Deuteronomio 33:19) **y «¿quién como tú entre los dioses** (*Elim*)?» (Éxodo 15:11). **Llamó a Rabbí Eleazar su hijo y le pidió que se sentara delante de él. Rabbí Abba estaba a su lado y dijo: todos estamos unidos** (todos somos uno). **Finalmente fueron construidos los pilares.** Ellos **permanecieron en silencio. Escucharon un ruido y sus rodillas empezaron a chocar la una contra la otra** a causa del miedo. **¿Qué ruido era? Era** el que producían **Arriba los compañeros que se estaban reuniendo. Rabbí Shimon se alegró y dijo: «Oh Eterno, he escuchado tu palabra y he temido»** (Habakuk 3:2). **Y ciertamente tenía temor, pero el amor del Eterno está con nosotros, según está escrito: «Amarás al Eterno, tu dios de todo tu corazón, y de toda tu alma y de todo tu poder»** (Deuteronomio 6:5) **y también «porque el Eterno os amó»** (Deuteronomio 7:8) **y también «Yo os amé, dijo el Eterno»** (Malaquías 1:2).

128a

Rabbí Shimon abrió el versículo **y dijo: «El que anda en chismes, descubre el secreto; mas el de espíritu fiel encubre la cosa»** (Proverbios11:13). **Este versículo presenta una dificultad pues no debería haber dicho «el que anda en chismes» sino «el que es parlanchín». ¿De quién se trata? De alguien que no tiene la mente asentada y en quien no se puede confiar. Lo que escucha flota en su interior como un trozo de madera en el agua. ¿Por qué? Porque su espíritu es inestable. Sin embargo el que tiene un espíritu asentado dice: «mas el de espíritu fiel encubre la cosa». Y una espíritu fiel es un espíritu que sí es estable. Todo depende del espíritu. También ha sido escrito: «No sueltes tu boca para hacer pecar a tu carne**; ni digas delante del ángel, que fue ignorancia. ¿Por qué *harás que* Dios se aíre a causa de tu voz, y que destruya la obra de tus manos?» (Eclesiastés 5:6). O sea no reveles los secretos que te han sido confiados ya que **el mundo sólo se sostiene por el secreto,** ésta es quizá la frase más conocida de todo el Zohar, que en diversas ocasiones asocia el secreto, «*Sod*» con el fundamento, «*Iesod*». **Y si** incluso **en las cosas de este mundo el secreto es algo primordial, mucho más** lo es **en lo referente a los misterios del Anciano de los Días, que no son transmitidos ni a los ángeles de Arriba. Rabbí Shimon dijo: no le digo al cielo que escuche, no le digo a la tierra que escuche, siguiendo el ejemplo de Moisés** (*Véase* Deuteronomio 32:1) **ya que nosotros,** los sabios que conocen el secreto, **mantenemos el mundo. Hemos estudiado los secretos de los secretos. Cuando Rabbí Shimon comenzó a abrir los secretos de los secretos, el suelo se estremeció y los compañeros temblaron. Abrió con este versículo, que reveló en secreto: «Y los reyes que reinaron en la tierra de Edom, antes que reinase rey sobre los hijos de Israel, *fueron* estos»** (Génesis 36:31). **¡Dichosos vosotros, oh justos, a quienes fueron revelados los secretos interiores de la Torah, que ni siquiera son revelados a los seres más santos de las alturas,** a los ángeles! **Aquellos que estén atentos y merezcan esto, darán la prueba de su fe perfecta. Quiera el cielo que no se considere un pecado revelar esto. ¿Qué dirán los compañeros? Este versículo presenta una dificultad ya**

no era necesario escribir todo esto. Podemos saber cuántos reyes tuvo Edom antes de que Israel llegara allí y antes de que Israel tuviera un rey. ¿Qué nos quieren decir con estas palabras**? Es un secreto de secretos y los hombres** corrientes **son incapaces de conocerlo, entenderlo y contemplarlo** por medio de su propia inteligencia.

Hemos aprendido a propósito del Anciano de los Ancianos, el Oculto de los Ocultos (considerado por los cabalistas como la primera manifestación del Ein Sof a través de la sefirah de Keter) **antes de que preparara sus rectificaciones** (*Tikunei*) **y las coronas de las coronas, que no tenía un principio y un final y** que **él talló y fijó los límites y midió a los reyes. Pero sus rectificaciones** (*Tikunei*) **no se mantuvieron, según está escrito: «Y los reyes que reinaron en la tierra de Edom** (*Véase* Zohar III-135b)**, antes que reinase rey sobre los hijos de Israel, *fueron* estos»** (Génesis 36:31)**. Todos fueron llamados por sus nombres pero no sobrevivieron, por lo que Él los abandonó y los ocultó. Y fue elevado por encima de este límite y establecido con sus rectificaciones** (*Tikunei*).

Y hemos aprendido que cuando su deseo de crear la Torah se cumplió, ésta fue ocultada durante dos mil años y él la creó. Inmediatamente, ella le dijo: que aquel que desee rectificar y hacer, que se ocupe primero de sus propias rectificaciones (*Tikunei*).

Hemos aprendido en el libro *Tzeniuta Desafra* («el libro recatado» en el sentido de «oculto» *véase* Zohar II-176b) **a propósito del Anciano de los Ancianos, el oculto de los ocultos** (128b)**, el escondido de los escondidos que fuera rectificado en sus rectificaciones** (*Tikunei*) **y apareció como el viejo de los viejos** (*Sibat haSibot*, también puede entenderse como «la causa de las causas»)**, el Anciano de los Ancianos, el oculto de los ocultos, conocido en sus rectificaciones** (*Tikunei*) **pero desconocido. Sus vestiduras son blancas** (el color de la misericordia) **y su rostro resplandeciente** (como el de Moisés)**. Está sentado sobre su trono formado por láminas de fuego** (*Véase* Daniel 7:9)**, para subyugarlos.**

128b

La blancura de su cráneo se extiende por cuatrocientos mil mundos. La luz resplandeciente de esta blancura es la herencia de los justos, que heredan cuatrocientos mundos, **en el mundo venidero, según está escrito** «Entonces Abraham se convino con Efrón, y pesó Abraham a Efrón el dinero que dijo, oyéndolo los hijos de Het, **cuatrocientos siclos de plata, corrientes por los mercaderes**» (Génesis 23:16).

En su cráneo hay ciento treinta millones de mundos que se apoyan sobre él. De este cráneo fluyen gotas de rocío que se propagan al exterior de la cabeza según está dicho: «Yo duermo, pero mi corazón vela *por* la voz de mi amado que toca *a la puerta*: ábreme, hermana mía, compañera mía, paloma mía, perfecta mía; **porque mi cabeza *está* llena de rocío**, mis cabellos de las gotas de la noche» (Cantar de los cantares 5:2). **Es este rocío el que despertará a los muertos en el mundo porvenir, según está escrito:** «Tus muertos vivirán, *y junto con* mi cuerpo resucitarán. ¡Despertad y cantad, moradores del polvo! **Porque tu rocío, *es* cual cubierta de luz**; y la tierra echará los muertos» (Isaías 26:19). **Es la luz que surge del blanco del ojo del Anciano, y los seres santos de Arriba se mantienen por este rocío, que es como el maná para los justos en el mundo venidero. Y ese rocío fluye al campo de los manzanos santos, según ha sido escrito: «Y cuando el rocío cesó de descender, he aquí sobre la faz del desierto *una* cosa menuda, redonda, menuda como una helada** sobre la tierra» (Éxodo 16:14). **El color de este rocío es blanco y se asemeja al color de aquellas piedras del bedelio que parece contener todos los colores, según está escrito: «Y era el maná como semilla de cilantro, y su color como color de bedelio»** (Números 11:7).

La blancura de ese cráneo irradia en trece direcciones, que corresponden a los trece atributos de misericordia, **cuatro delante de él, cuatro a la derecha, cuatro a la izquierda y una en la parte superior.**

Por esta razón la longitud de la cara se extiende a trescientas setenta veces diez mil mundos (*Véase* Zohar II-14a y b). **Desde este punto de vista es llamado «la cara larga»** (*Erej haPaim*). **Es el An-**

ciano de los Ancianos, que se llama «la cara larga». Visto desde el exterior es llamado la cara corta. Cuando mira, todo se rectifica abajo y su cara se alarga durante este tiempo, pero no constantemente como ocurre con el Anciano.

De este cráneo sale un lado blanco que va al cráneo del Zeir Anpin, para rectificar su cabeza para el resto de los cráneos de abajo que son innumerables. Cada cráneo paga una suma por la blancura del Anciano de los Días, un *Beka* (medio Shekel) **por cráneo, en los censos de abajo** (*véase* Éxodo 38:26).

En la cavidad craneal hay una membrana hecha del aire de la sabiduría (Jojmá) **de Arriba que nunca deja de funcionar y que nunca se abre. Esta membrana cubre el cerebro que es la Jojmá de Arriba. El cerebro, que es la Jojmá misteriosa, no se mueve y está en silencio en su lugar como el vino fino encima sobre las heces. Ésta es la razón por qué dicen que «los pensamientos del anciano están ocultos y su cerebro también está oculto, pues descansa sobre su lugar»** (*Véase* Zohar III-159a).

Esta membrana separa al cerebro del Zeir Anpin y por esta razón su cerebro se separa en treinta y dos senderos, según está escrito: «Y salía *un* río de Edén para regar el huerto, y de allí se repartía en cuatro cabezas» (Génesis 2:10). **¿Por qué? Porque la membrana se rompe y no cubre el resto cerebro. Esto lo hemos aprendido de aquella tradición que sostiene que la letra *Tav* impresa sobre el Anciano de los Días indica que en nada se puede comparar con él. De ésta depende el conocimiento perfecto, *Teemim deOt*** (expresión que comienza por la letra *Tav*)**, completo en ambos lados, oculto, tranquilo y en silencio como el vino fino encima sobre las heces.** (*Véase* Job 36:4).

Hemos aprendido que en el cráneo de la cabeza hay miles de decenas de miles de grupos de cabellos. Son limpios y blancos como la lana pura cuando no ha sido mezclada y todo está en su lugar, cada cabello en su lugar. Y cada mechón individual de cabello tiene cuatrocientos diez paquetes, que es el valor numérico de la palabra Kaddosh, **Santo. Cada cabello** (129a) **brilla en cuatrocientos diez mundos y cada mundo está oculto y no visible y**

129a

es totalmente desconocido excepto para sí mismo. Brilla en cuatrocientas diez direcciones.

Cada cabello y cabello (cada uno de estos cabellos) **proyecta su luz a partir de una fuente que emana del cerebro oculto en ciento veinte direcciones. Y entonces este cerebro se divide en treinta y dos senderos.**

Y cada punta y punta (cada una de las puntas de los cabellos) **que brilla y cuelga** de la cabeza, **es arreglada y cubre el cráneo. Hemos aprendido que cada cabello es llamado «canal» porque fluye de la esencia misteriosa que emana de las fuentes selladas del cerebro oculto. Y** también **hemos aprendido que podemos juzgar el carácter de un hombre a partir de su cabello. Cuando ya ha cumplido cuarenta años, puede ser del lado del rigor** (severo) **o del lado de la misericordia** (compasivo). **Cuando** se trata de una persona **joven** se puede hacer este mismo pronóstico **a partir de los pelos de su barba y sus pestañas.**

Las puntas de los cabellos cuelgan sobre los hombros en un orden perfecto, como si fuera **lana pura** (*Véase* Zohar III-288b). **¿Realmente cubren los hombros? Sólo hasta la parte superior cubriendo la nuca, según está escrito: «**Mi padre *eres* tú; y a la piedra: Tú me has engendrado**; pues me volvieron la cerviz, y no el rostro**; y en el tiempo de su trabajo dicen: levántate, y líbranos» (Jeremías 2:27). **Los cabellos están detrás de las orejas para no taparlas, según está escrito: «**Eterno, oye mi voz; **estén atentos tus oídos a la voz de mi oración**» (Salmos 130:2).

Los cabellos que están detrás de las orejas están dispuestos armónicamente, sin enredarse entre ellos. Se trata de **una forma perfecta, apropiada, bella y agradable de contemplar que produce la alegría de los justos que están en Zeir Anpin. Esta alegría está en la contemplación de la forma del Anciano misterioso, que está completamente oculto. Hay trece mechones en cada lado del cráneo en los que los cabellos van separándose. En el Anciano oculto no existe la izquierda** (el mal), **pues está completamente hacia la derecha, visto pero no visto, oculto pero no oculto. Todo refleja su forma y más en su propia forma.**

129a

Los hijos de Israel estaban deseando probar esto y sondear en sus corazones, según está dicho: «Y llamó el nombre de aquel lugar Masah y Meriba, por la rencilla de los hijos de Israel, y porque tentaron al Eterno, diciendo: **¿Está, pues, el Eterno entre nosotros, o no?»** (Éxodo 17:7), **o sea entre el Zeir Anpin y el Arij Anpin, llamados «el Eterno» y «no», respectivamente. ¿Por qué los castigaron? Porque no lo hicieron por amor** hacia el Eterno **sino porque querían conseguir** antes **una prueba, según está escrito «¿Está, pues, el Eterno entre nosotros, o no?»** (Éxodo 17:7).

En medio de los cabellos hay un camino (literalmente una separación), **que emite luz hacia doscientos setenta mundos. Es el sendero del Zeir Anpin con el que los justos emiten luz en el mundo venidero. Es según está escrito: «Mas la vereda de los justos** *es* **como la luz del lucero, que va en aumento hasta que el día es perfecto»** (Proverbios 4:18). **Este camino se divide en seiscientos trece senderos a propósito de los cuales está escrito: «Todas las sendas del Eterno** *son* **misericordia y verdad,** para los que guardan su pacto y sus testimonios» (Salmos 25:10).

La frente del cráneo del Zeir Anpin es la voluntad, porque la voluntad de las voluntades está en esa frente, según está escrito: «Y estará sobre la frente de Aarón; y Aarón llevará el pecado de las santificaciones, que los hijos de Israel santificaren en todas las ofrendas de sus santificaciones; **y sobre su frente estará continuamente para que hallen gracia delante del Eterno»** (Éxodo 28:38). **Y esa frente denominada «voluntad» está cubierta de cuatrocientos diez mundos. Pero cuando es revelada, las oraciones e Israel son escuchadas.** ¿Qué significa **«cuándo es revelada»? Rabbí Shimon permaneció en silencio,** como si esperara que un alumno avanzado diera la respuesta correcta. **De nuevo preguntó:** ¿Qué significa **«cuándo es revelada»?** Pero **nadie** respondió. **Entonces le preguntó a Rabbí Eleazar, su hijo: ¿cuándo será revelada?** Él **contestó: en la hora de la oración de Minjá de Shabbat. Le preguntó de nuevo: ¿por qué? Él contestó: porque durante la semana el rigor está suspendido del Zeir Anpin mientras que en Shabbat se revela su frente, denominada «voluntad». En ese momento, se suaviza el**

rigor y la voluntad buena se expande y las oraciones son escuchadas. Éste es el significado de: «Pero yo *enderezaba* mi oración a ti, oh Eterno, al tiempo de la buena voluntad. Oh Dios, por la multitud de tu misericordia, por la verdad de tu salud, óyeme» (Salmos 69:13), **ya que el tiempo de la buena voluntad es del Anciano de los Días, que así revela su cráneo. Por esta razón este versículo se menciona en la oración de Minjá de Shabbat. ¡Que el Anciano de los Días te bendiga, hijo mío! Cada vez que la necesites encontrarás la voluntad buena de la frente.**

Ven y **ve: a veces, cuando la frente es muy visible, es un signo de insolencia. Es lo que está escrito:** «Por esta causa las aguas han sido detenidas, y faltó la lluvia de la tarde; **y has tenido frente de mala mujer, ni quisiste tener vergüenza**» (Jeremías 3:3). **Pero en esta ocasión, cuando la frente es muy visible, revela que hay amor y buena voluntad que silencian y dominan todos los tipos de enfado. Esa frente ilumina hacia abajo cuatrocientos tribunales de juicio, y cuando es muy visible todo permanece en sencillo en su presencia, según ha sido dicho:** «Un río de fuego procedía y salía de delante de él; millares de millares le servían, y millones de millones asistían delante de él: **el Juez se sentó, y los libros se abrieron»** (Daniel 7:10). (129b) **Hemos aprendido que no hay cabellos que permanezcan cubiertos durante esta hora de clemencia. Se revela para que los que están en litigio puedan tranquilizarse y que el juicio no se ejecute.**

Hemos aprendido que esa frente propaga su luz por medio de doscientas setenta mil velas que iluminan desde el Edén de Arriba. También **hemos aprendido que hay un Edén que ilumina a otro Edén. El Edén de Arriba está oculto y no se divide en ningún camino, como ya hemos explicado, y el Edén de abajo se divide en treinta y dos senderos. Este Edén que se divide en treinta y dos senderos no puede ser percibido por nadie excepto por el Zeir Anpin, y nadie conoce el Edén de Arriba excepto el Arij Anpin según está escrito: «Dios entiende el camino de ella, y él *solo* conoce su lugar**» (Job 28:23). **«Dios entiende el camino de ella» se refiere al Edén de abajo, el conocido por el Arij Anpin, y «él *solo***

conoce su lugar» se refiere al Edén de Arriba, conocido por el Anciano de los Días, el más oculto de todos.

Los ojos de esta cabeza son blancos, el color de la compasión y la misericordia, **y distintos de otros ojos: no tienen ni párpados ni pestañas. ¿Por qué? Porque ha sido escrito: «He aquí, no se adormecerá ni dormirá el que guarda a Israel»** (Salmos 121:4). **Guarda a Israel Arriba. También está escrito:** «grande en consejo, y magnífico en hechos, **porque tus ojos están abiertos** sobre todos los caminos de los hijos de los hombres, para dar a cada uno según sus caminos, y según el fruto de sus obras» (Jeremías 32:19), **de lo que aprendemos que todo lo que baja sobre nosotros a través de la compasión no tiene párpados sobre el ojo. Y mucho más con la cabeza blanca** (*Véase* Zohar III-135a) **que no necesita ninguno.**

Dijo Rabbí Shimon a Rabbí Abba: ¿A qué se refiere esto? Le respondió: a los peces del mar. No tienen párpados ni pestañas, no duermen y sin embargo no precisan de protección alguna para sus ojos. (Los peces representan a los Tzadikim, los justos, que están protegidos por la misericordia divina). **Si** esto es **así** con los peces, **lo es aún más con el Anciano de los Ancianos que no precisa tampoco protección. Él se ocupa de todos los seres y todos los seres reciben de él su sustento. No duerme. Esto es lo que quiere decir «no se adormecerá ni dormirá el que guarda a Israel»** (Salmos 121:4) aquí abajo.

También **está escrito: «He aquí, el ojo del Eterno sobre los que le temen**, sobre los que esperan su misericordia;» (Salmos 33:18). También **está escrito:** «Porque, ¿quién ha menospreciado el día de los pequeños *comienzos*? Se alegraron, y verán la plomada en la mano de Zorobabel. Aquellos siete *son* **los ojos del Eterno extendidos por toda la tierra»** (Zacarías 4:10). Estas palabras **no se contradicen. En uno** se refiere **al Zeir Anpin y en otro al Arij Anpin. Y aunque los ojos sean dos, se vuelven uno que es el blanco dentro del blanco, pues este blanco es de una blancura que incluye todo lo que es blanco. La blancura primordial se ilumina, sube y baja para mirar aquello que está atado a una piedra: hemos aprendido que esta blancura encendió tres velas denominadas Gloria, Majestad**

y Alegría (o Belleza) **que resplandecen en una felicidad completa** y corresponden a las sefirot de Hod, Guevurah y Iesod.

La segunda blancura enciende tres velas denominadas Victoria, Gracia y Belleza que resplandecen en una felicidad completa.

La tercera blancura brilla e irradia, asciende y desciende, retira lo que cubre el cerebro y crea una senda para iluminar **al cerebro de abajo y otra senda para** iluminar **al corazón de abajo con lo que se iluminan todas las lámparas de abajo. Rabbí Shimon dijo: ¡maravilloso! El Anciano de los Días abrirá sus ojos sobre vosotros cuando lo necesitéis.**

Hemos aprendido que la blancura está en el interior del blanco e incluye todo lo que es blanco. El blanco primigenio brilla, sube y baja hasta las tres velas del lado de la izquierda. Éstas **resplandecen y se bañan en este blanco, como una persona que baña su cuerpo en perfumes buenos y aromas agradables para limpiarse de lo que atravesó antes.**

La segunda blancura baja y sube e ilumina a las tres lámparas del lado de la derecha (Que corresponden a las sefirot de Netzaj, Hessed y Teferet). Éstas **resplandecen y se bañan en este blanco, como una persona que baña su cuerpo en perfumes buenos y aromas agradables para limpiarse de lo que atravesó antes.**

La tercera blancura se ilumina subiendo y bajando. Una luz blanca que sale de la parte más interior del cerebro alcanza el cabello negro cuando el momento lo exige, cuando la revelación es necesaria, si el Anciano oculto así **lo desea.**

Hemos aprendido que este ojo no está cerrado y que son dos ojos en uno. Todo es del lado de la derecha (del bien) **y no hay nada del lado de la izquierda** (del mal)**, ya que no duerme y no necesita ser protegido. Protege a los demás y los vigila a todos. Todos son protegidos por la guarda vigilante de ese ojo. Hemos aprendido que si este ojo único se cerrara aunque sólo fuera durante el momento de un pestañeo, nada** en este mundo **podría subsistir. Por esta razón se le llama un ojo abierto, un ojo de Arriba, un ojo sagrado, un ojo siempre atento, un ojo que no duerme,** (130a) **un ojo que todo lo vigila, un ojo que es la protección de todo lo que**

existe (*Véase* Talmud, tratado de *Sotah* 38b)**. A propósito de este ojo ha sido escrito: «El ojo misericordioso será bendito**, porque dio de su pan al menesteroso» (Proverbios 22:9)**.** Pero **no leas *Ieboraj* «será bendito» sino *Iebarej* «bendecirá», ya que es un ojo generoso. Todo se bendice** a partir **de él.** (*Véase* Zohar II-218b).

Hemos aprendido que no hay luz para el ojo inferior para limpiar el enrojecimiento y la oscuridad excepto cuando le llega la luz blanca del ojo de Arriba. Este ojo es llamado «el buen ojo» y lo bendice todo. Nadie sabe cuándo este ojo de Arriba envía luz al ojo de abajo. Los justos y aquellos que lo merezcan lo contemplarán en el mundo venidero por medio de un espíritu de sabiduría, según ha sido escrito: «¡Voz de tus atalayas! Alzarán la voz, juntamente jubilarán; **porque ojo a ojo verán**, como torna el Eterno a traer a Sión» (Isaías 52:8)**. ¿Cuándo? «Cuando torna el Eterno a traer a Sión». Y también está escrito:** «y dirán los habitantes de esta tierra, *los cuales* ya han oído que tú, oh Eterno, *estabas* en medio de este pueblo, **que ojo a ojo aparecías tú, oh Eterno,** y que tu nube estaba sobre ellos, y que de día ibas delante de ellos en columna de nube, y de noche en columna de fuego;» (Números 14:14)**. Si no fuese por este «buen ojo» que siempre está atento e ilumina al ojo inferior, el mundo no podría subsistir ni un instante.**

Hemos aprendido en el libro oculto (*Sifra Detzinuta*) (literalmente «recatado») **que todo está iluminado por la siempre atenta guardia del ojo de abajo cuando la luz del** ojo **de Arriba está atento a él y su luz penetra en él. Es lo que está escrito:** «¡Voz de tus atalayas! Alzarán la voz, juntamente jubilarán; **porque ojo a ojo verán, como torna el Eterno** a traer a Sión» (Isaías 52:8)**. Está escrito: «He aquí, el ojo del Eterno sobre los que le temen**, sobre los que esperan su misericordia;» (Salmos 33:18) **y está escrito:** «Porque, ¿quién ha menospreciado el día de los pequeños *comienzos*? Se alegraron, y verán la plomada en la mano de Zorobabel. Aquellos siete *son* **los ojos del Eterno extendidos por toda la tierra**» (Zacarías 4:10)**. Si lo merecen, «He aquí, el ojo del Eterno sobre los que le temen», pero si no lo merecen «los ojos del Eterno extendidos por toda la tierra».** Se trata del **ojo de abajo.**

130a

Hemos aprendido que la causa de que ningún Mal de Ojo ni hechicería **tuviera poder sobre José** el justo **es que tuvo el mérito de ser protegido por el buen ojo. Éste es el sentido de: «Ramo fructífero José, ramo fructífero junto a *una* fuente**, las doncellas van sobre el muro» (Génesis 49:22). **¿Por qué es un «ramo fructífero?, por «una fuente»** (en hebreo *Ayin*, palabra que también significa «ojo») **que estaba vigilándolo** y cuidando de él. **Y está escrito: «El ojo misericordioso será bendito**, porque dio de su pan al menesteroso» **(Proverbios 22:9). ¿Por qué? «porque dio de su pan al menesteroso». ¿Por qué se habla de «ojo»? Ven** y **ve: abajo hay un ojo derecho y un ojo izquierdo. Son dos. Sin embargo aquí,** Arriba, **no hay ojo izquierdo. Los dos están en el mismo nivel y todo es derecho. Por eso es un ojo y no dos.**

Hemos aprendido que ese ojo siempre está atento, abierto, sonriendo y contento. Abajo no ocurre lo mismo, donde hay rojo, negro y blanco. Los ojos de abajo **tienen párpados que los cubren y no están siempre abiertos. Ésta es la razón por la que está escrito: «Despierta; ¿por qué duermes, Señor?** Despierta, no *nos* deseches para siempre» (Salmos 44:23). «Inclina, oh el Eterno, tu oído, y oye; **abre, oh el Eterno, tus ojos, y mira**; y oye las palabras de Senaquerib, que ha enviado a blasfemar al Dios viviente» (2 Reyes 19:16).

Cuando los ojos se abrieron, para unos lo hicieron para bien mientras que otros lo hicieron para mal. ¡Ay de aquellos para quienes se abrieron y estaban mezclados de rojo! Ese rojo se le aparece y cubre el ojo. ¿Quién puede salvarse de esto? Sin embargo, el Anciano de los Días, tiene un ojo bueno que es blanco dentro de blanco, y es como un blanco que contiene a todos los blancos. Dichosa la parte de la persona que tiene a uno de estos blancos que lo vigila. A propósito de esto está escrito: «El ojo misericordioso será bendito». También está escrito: «Venid, oh casa de Jacob, y caminemos a la luz de el Eterno» (Isaías 2:5).

Hemos aprendido que el nombre de Atik es el más oculto de todos y no aparece mencionado abiertamente en la Torah más que en un único lugar donde Zeir Anpin juró a Abraham, según

está escrito: «y dijo: **por mí mismo he jurado, dijo el Eterno,** que por cuanto has hecho esto, y no me has rehusado tu hijo, tu único;» (Génesis 22:16). **Éstas son las palabras de Zeir Anpin. También está escrito:** «Y los bendijo aquel día, diciendo: **en ti bendecirá Israel,** diciendo: póngate Dios como a Efraín y como a Manasés. Y puso a Efraín delante de Manasés» (Génesis 48:20), **o sea Israel de Arriba. También está escrito:** «Y me dijo: **mi siervo eres, oh Israel, que en ti me gloriaré»** (Isaías 49:3). **Esto es lo que le dijo a Israel aprendemos que el Anciano de los Días lo dijo. Ambos son buenos** ojos.

Hemos aprendido que está escrito: «Estuve mirando hasta que fueron puestos tronos; y un Anciano de gran edad se sentó, cuyo vestido *era* blanco como la nieve, y el pelo de su cabeza como lana limpia; su silla llama de fuego, sus ruedas fuego ardiente» (Daniel 7:9). **¿Qué significa «fueron puestos tronos»? Le dijo a Rabbí Iehuda: levántate** de donde estás **y prepara ese trono.**

Dijo Rabbí Iehuda: está escrito «su trono llama de fuego y un Anciano de gran edad se sentó» (Daniel 7:9). **Hemos aprendido que si el Anciano de los Días no hubiese estado sentado en ese trono, el mundo no hubiera podido existir debido a ese trono. Cuando el Anciano de los Días se sienta en él, entonces el trono es dominado y aquel que está encima de él gobierna** sobre el mundo. **En aquellos períodos en que deja ese trono para sentarse en otro, el primer trono queda descartado pues el gobierno es únicamente para aquel trono sobre el cual está sentado el Anciano de los Días. Rabbí Shimon dijo a Rabbí Iehuda: ¡que tu camino sea allanado!**

Ven y **ve: está escrito** «¿Quién obró e hizo? ¿Quién llama las generaciones desde el principio? **Yo, el Eterno, primero, y yo mismo con los postreros»** (Isaías 41:4). **Él lo es todo, y ésta escondido en todas partes.** ¿Qué es **la nariz? Hemos aprendido que el rostro es reconocido a través de la nariz. Ven** y **ve cuál es la diferencia entre el Anciano de los Días y Zeir Anpin.** (130b) **Un agujero la vida y otro agujero la vida de la vida. La nariz es como una ventana a través de la cual entra el espíritu de la vida a Zeir Anpin, denominado «perdón». Y es descanso para el espíritu y alivio**

130b

para el espíritu. Ya que el aire (*Ruaj*, «aire» pero también «espíritu») **fluye por estos dos agujeros, un espíritu va hasta el Zeir Anpin para despertarlo en el jardín de Edén.** Se trata de **un espíritu vital que convocará a los hijos del** rey **David para que estudien sabiduría** (Jojmá). **De una fosa sale un espíritu que fluye fuera del cerebro y permanecerá en el rey Mesías, según está escrito: «Y reposará sobre él el Espíritu del Eterno, Espíritu de sabiduría y de inteligencia, Espíritu de consejo, y de fortaleza, Espíritu de conocimiento y de temor del Eterno»** (Isaías 11:2). **Pero aquí aparecen cuatro espíritus,** de sabiduría, de inteligencia, de consejo y de fortaleza. **¿Qué ocurre con los otros tres? Levántate Rabbí Iosi de tu lugar** y habla.

Rabbí Iosi se levantó de su lugar **y dijo: cuando llegue el rey Mesías, un hombre no le dirá a otro «enséñame sabiduría». Está escrito: «Y no enseñará más ninguno a su prójimo,** ni ninguno a su hermano, diciendo: Conoced al Eterno: **porque todos me conocerán, desde el más pequeño de ellos hasta el más grande**, dijo el Eterno; porque perdonaré su maldad, y no me acordaré más de su pecado» (Jeremías 31:34). **En esa época el Anciano de los Días despertará un espíritu que se encuentra en el cerebro oculto y todos los espíritus despertarán con él. ¿Quiénes son? Son las seis coronas santas de Zeir Anpin acerca de las cuales ha sido escrito:** «Y reposará sobre él el Espíritu del Eterno, **Espíritu de sabiduría y de inteligencia, Espíritu de consejo, y de fortaleza, Espíritu de conocimiento y de temor del Eterno»** (Isaías 12:2).

Hemos aprendido, según está escrito: «Y Salomón se sentó en el trono del Eterno por rey en lugar de David su padre, y fue prosperado; y todo Israel le escuchó» (1 Crónicas 29:23) **y también «Seis gradas *tenía* el trono**, y lo alto de él era redondo por el respaldo; y por un lado y por la otra tenía apoyos cerca del asiento, junto a los cuales estaban *colocados* dos leones» (1 Reyes 10:19). **En el futuro, el rey Mesías se sentará en un trono con seis gradas junto al espíritu del Anciano de los Días y serán siete, como hemos aprendido. Dijo Rabbi Shimon: que su espíritu halle descanso en el mundo venidero.**

Ven y **ve: está escrito:** «Y me dijo: profetiza al espíritu, profetiza, hijo de hombre, y di al espíritu: **así dijo el Señor Dios: Espíritu, ven de los cuatro vientos, y sopla** sobre estos muertos, y vivirán» (Ezequiel 37:9). **¿Qué hacen** estos **cuatro vientos? Cuatro vientos despertarán. En realidad son tres** (la palabra *Ruaj,* «viento» pero también «espíritu» aparece sólo tres veces en el versículo). **Junto con el espíritu** (*Ruaj*) **del Anciano son cuatro. Así son. Cuando emana, otros tres se van con él.**

El Santo, bendito sea, generará un espíritu que los contiene todos, ya que está escrito «ven de los cuatro vientos». Señalemos que **aquí no está escrito «que vengan cuatro vientos», sino «ven de los cuatro vientos». En los tiempos del Rey Mesías, será necesario que uno enseñe al otro, ya que el espíritu los contendrá a todos y todos los conocerán todo: sabiduría, inteligencia, por ser, conocimiento y temor del Eterno, pues ese espíritu los contiene a todos. Por esta razón está escrito «cuatro vientos»** (o cuatro espíritus)**, pues son cuatro que están incluidos en los siete niveles superiores, como ya ha sido dicho. Hemos aprendido que todos ellos están incluidos dentro del espíritu del más Anciano de todos que emana del cerebro oculto al agujero de su nariz.**

Ven y **ve cuál es la diferencia entre una y otra nariz. La nariz del Anciano de los Días es la vida y está escrito acerca de la nariz del Zeir Anpin: «Subió humo de sus narices, y de su boca fuego consumidor,** por el cual se encendieron carbones» (Samuel 22:9). **«Subió humo de sus narices» y ese humo encendió un fuego y cuando sus llamas se elevaron, «se encendieron carbones». ¿Qué quiere decir «por el cual»? Por medio de ese humo.**

Hemos aprendido que cuando Rav Amnuna el anciano quería hacer oración, decía: y yo le rezo al Señor de la nariz, yo le imploro al Señor de la nariz (*Véase* Talmud tratado de *Taanit* 29b)**. Esto es lo que quiere decir:** «Por causa de mi nombre dilataré mi furor; **y para alabanza mía te esperaré con paciencia,** para no talarte» (Isaías 48:9)**. Y este versículo fue dicho por el Anciano de los Días.**

Hemos aprendido que la longitud de la nariz es tan grande que llena trescientos setenta y cinco mundos, todos ellos unidos al Zeir

Anpin. Ésta es la belleza de la forma de la nariz. Todas las construcciones del Anciano de los Días se ven pero no se ven. No todos las ven, sino sólo aquellos que se sientan en el asiento del juicio.

Rabbí Shimon abrió el versículo **y dijo: ¡desgraciado aquel que señala la preciosa barba del anciano Santo que se ve y no se ve. Esa barba, está sin revelar y es la más preciosa,**pero **no es conocida por los seres de Arriba y de abajo. Esa barba que es el delirio de los delirios, a la que no puede acercarse ningún profeta ni ningún santo, esa barba que llega por sus cabellos hasta el centro del corazón, es blanca como la nieve, es la más preciosa de todas y la cosa más oculta de todas las cosas ocultas, y la fe de las fes.**

Hemos aprendido en el libro oculto (*Sifra Detzinuta*) (literalmente «recatado») (131a) **que esa barba que es la fe de todo, viene de las orejas y desciende hasta la boca santa. Desciende y asciende hacia la otra oreja para cubrir con delicadeza lo blanco y lo precioso hasta el ombligo. De esta barba preciosa que es la fe de todo surgen trece manantiales que brotan de ella con aceite de unción. Son trece *Tikunim*** (literalmente «correcciones», «rectificaciones») **según está establecido:**

Primer Tikún, lo constituyen los cabellos que empiezan a la altura de las orejas y se sientan en línea recta como los platos de una balanza hasta el principio de la boca.

Segundo Tikún, está formado por los cabellos de la barba que van de una esquina de la boca a otra rodeando la barbilla.

Tercer Tikún está formado por los pelos de los bigotes que están separados por un sendero en medio. Los pelos cesantes de ese sendero que está lleno de ellos, en ambos lados, lo rodean de un modo perfecto.

Cuarto Tikún, está formado por los pelos del bigote que forman una figura armónica.

Quinto Tikún está formado por los pelos de la barba que está debajo de la boca y estos dos senderos se hallan debajo del labio inferior.

Sexto Tikún está formado por los pelos de la barba que crecen en las mejillas a partir del labio superior.

Séptimo Tikún es cuando los pelos dejan de crecer y son visibles las dos mejillas de la cara, que ofrecen olores buenos y agradables, aparentemente. El universo sobrevive gracias a ellos, según está escrito: «En la luz del rostro del rey está la vida; y su benevolencia *es* como nube de lluvia tardía» (Proverbios 16:15).

Octavo Tikún, está formado por un pelo de la barba que desciende en línea recta del plato de una balanza hasta el ombligo.

Noveno Tikún, está formado por la mezcla de los pelos de la barba que no se mezclan unos con otros.

Décimo Tikún, está formado por los pelos que bajan de la barba cubriendo la garganta que está debajo de ella.

Undécimo Tikún, está formado por la regularidad de los pelos ya que ninguno es más largo que el otro.

Duodécimo Tikún, es la boca, ya que ningún pelo cuelga sobre ella y su orificio está despejado. Alrededor de ésta, todo es agradable.

Decimotercer Tikún, está formado por las dos mitades de la barba que desciende majestuosamente de cada lado del tronco hasta el ombligo de este modo la ofrenda olorosa no es vista por nadie excepto por esta cara que da la vida al universo y la alegría al Zeir Anpin.

A partir de estos trece *Tikunim* emanan trece manantiales de aceite de unción que alumbran y perfuman a todos los que están abajo. Estos trece *Tikunim* forman la barba gloriosa y oculta del Anciano, el más misterioso de los seres. Dos pequeñas manzanas iluminan el Zeir Anpin y de esta luz procede toda luz y toda alegría (*Véase* Talmud, tratado de *Menajot* 28 b). Y cualquier hombre que vea esta figura es llamado «hombre de fe», ya que cada uno ve que su barba le concede fe.

También hemos aprendido en el libro oculto (*Sifra Detzinuta*) (literalmente «recatado») que estos trece *Tikunim* que surgen de la barba existen en el mundo por el número siete, y son establecidos junto a las siete puertas de misericordia. Aquel que alza su mano para jurar es como jurara por los trece *Tikunim* de la barba. Pero, ¿cuántos *Tikunim* hay en el Zeir Anpin? Rabbí Shimon le

dijo a Rabbí Isaac: levántate y explica cómo fueron establecidos los trece mechones del Rey Santo.

Entonces Rabbí Isaac se levantó y abrió el versículo **diciendo: «¿Qué Dios como tú, que perdonas la maldad**, y que pasas por la rebelión con el remanente de su heredad? No retuvo para siempre su enojo, porque es amador de misericordia. **El tornará, él tendrá misericordia de nosotros**; él sujetará nuestras iniquidades, y echará en lo profundo del mar todos nuestros pecados. **Cumplirás la verdad a Jacob**, y a Abraham la misericordia, que tú juraste a nuestros padres desde tiempos antiguos» (Miqueas 7:18-20).

Hemos aprendido que todo pelo, por pequeño y diminuto que sea, no está atado al de su lado, sino que están separados. **Los pelillos de la barba empiezan a formarse conforme a la forma de los cabellos de la cabeza. Hemos de examinar cuidadosamente para averiguar si todos los pelillos de la cabeza y de la barba de Arriba están incluidos en un** único **pelo. ¿Por qué unos son largos y otros no lo son? ¿Por qué los pelos de la barba son gruesos y ásperos mientras que los de la cabeza no son ásperos sino suaves? Todos los pelos de la cabeza y de la barba tiene la medida requerida. Los de la cabeza son largos hasta los hombros a fin de llegar** (131b) **a la parte superior del Zeir Anpin, de cerebro a cerebro, por lo que no son ásperos sino suaves.**

Hemos aprendido, según está escrito: «La sabiduría clama de fuera; en las plazas da su voz» (Proverbios 1:20). **Y al final** del versículo **está escrito: «en las plazas da su voz». El comienzo de este versículo no coincide con su final y su final no coincide con su principio. Cuando dice: «La sabiduría clama de fuera», hace alusión a cuando Jojmá** (Sabiduría) **fluye del cerebro oculto del Arij Anpin, como si se juntaran dos cerebros. Constituyen un** único **cerebro ya que el cerebro inferior no podría existir sin el cerebro superior. Entonces** está escrito **«en las plazas da su voz».**

Puesto que va de cerebro a cerebro a través de los mechones del cabello, estos no son ásperos. ¿Por qué? Si fueran ásperos la sabiduría no podría canalizarse a través de ellos. Ésta es la razón por la cual la sabiduría no emana de aquellas personas que son

irascibles y desagradables y tienen los pelos ásperos y rugosos, **según está escrito: «Las palabras del sabio con reposo son oídas,** más que el clamor del Señor entre los locos» (Eclesiastés 9:17). **De lo que se aprende que la sabiduría no reposa sobre un hombre de cabellos ásperos. Por esta razón,** el cabello **ha de ser largo para que todos puedan utilizarlo. ¿Qué quiere decir esto? Para que pueda entrar en el interior de la médula espinal que se alimenta del cerebro. Por esta razón, los cabellos de la cabeza no cuelgan sobre los pelos de la barba, ya que cuelgan y se elevan por encima de la oreja hacia la nuca. No cuelgan sobre la barba porque no pueden mezclarse los unos con los otros, ya que cada cual sigue su propio camino.**

Hemos aprendido que todos los pelos, tanto los de la cabeza como los de la barba, son blancos como la nieve. También **hemos aprendido que los de la barba son gruesos, ¿por qué? Es porque son** pelos **fuertes, para hacer bajar estos trece Tikunim del Anciano Supremo. Estos trece Tikunim tienen su origen al lado de las orejas y están ocultos a fin de no mezclarse con los otros. Y si alguien dijera que no hay otros como ellos, sabemos que no es así. Hemos aprendido que las trece medidas de misericordia vienen del Anciano Santo. «¿Qué Dios como tú, que perdonas la maldad, y que pasas por la rebelión con el remanente de su heredad? No retuvo para siempre su enojo, porque es amador de misericordia»** (Miqueas 7:18), **«Qué Dios como tú», es una; «que perdonas la maldad» es dos; «y que pasas por la rebelión», es tres; «con el remanente de su heredad» es cuatro; «no retuvo para siempre su enojo» es cinco; «porque es amador de misericordia» es seis. «Él tornará, él tendrá misericordia de nosotros; él sujetará nuestras iniquidades, y echará en lo profundo del mar todos nuestros pecados» «Él tornará, él tendrá misericordia de nosotros» es siete; «sujetará nuestras iniquidades» es ocho; «echará en lo profundo del mar todos nuestros pecados» es nueve; «Cumplirás la verdad a Jacob» es diez; «y a Abraham la misericordia» es once; «que tú juraste a nuestros padres» es doce; desde tiempos antiguos»** (Miqueas 7:18-20) **es trece. En correspondencia a esto leemos: «***Yo soy* el Eterno, yo soy fuerte, **misericordioso, y piadoso; tardo para la ira**, y grande en misericordia y verdad» (Éxodo 34:6).

En el párrafo anterior se citan las 13 medidas de misericordia **y alguien se podrá preguntar por qué Moisés no las pronunció.** Lo que ocurre es que **Moisés no podía pronunciarlas ya que estaba en un lugar en el que prevalece el juicio, y donde hay juicio no se puede. Moisés dijo que cuando Israel pecaba y estaban sometidos al juicio no podía pronunciarlas. Sin embargo, en el lugar en el que conviene, el profeta las pone en orden.**

Estos trece Tikunim de la barba santa de Arriba se encuentran entre los más ocultos y poderosos y son capaces de cambiar todos los veredictos. Aquel que vio la barba del santo más elevado, el Oculto entre los Ocultos, ¿ha de avergonzarse por ello ante él? Por eso todos sus pelillos son ásperos y fuertes. (132a) **Pero podías decir: efectivamente, los cabellos son negros. ¿Por qué no son como los otros,** que son blancos**? Porque, como ha sido enseñado:** «Su cabeza, *como* oro finísimo; **sus cabellos crespos, negros como el cuervo»** (Cantar de los cantares 5:11) **y también** «Estuve mirando hasta que fueron puestas sillas; y un Anciano de gran edad se sentó, cuyo vestido *era* blanco como la nieve, **y el pelo de su cabeza como lana limpia**; su silla llama de fuego, sus ruedas fuego ardiente» (Daniel 7:9)**. Aquí no hay ninguna contradicción. Uno se refiere a la barba de Arriba y otro a la barba de abajo, del mismo modo que la Torah fue entregada a Israel en fuego negro sobre fuego blanco** (*Véase* Zohar II-84a)**. La esencia de este asunto es que los cabellos pertenecen al cerebro y descienden de él. Están por encima de los pelos de la barba. La barba y los cabellos de la cabeza están separados.**

El primer Tikún empieza en el principio de la cabeza. Hemos aprendido que todos los Tikunim de la barba son afectados por el cerebro que está **en la cabeza. Pero esto no está explicado y el primer Tikún desciende desde el principio de la cabeza. A partir de esta barba se puede conocer todo lo que está en la cabeza. Son mil mundos sellados con un anillo puro, que incluye a todos los anillos. La longitud de cada uno de los cabellos que bajan de las**

orejas no es mucha, y estos no se mezclan y no caen hacia abajo. Cuando crecen grandes fluyen y suben.

Al principio del primer Tikún se encuentran treinta y un mechones que se extienden hasta la parte superior de la boca y cada grupo individual contiene trescientas noventa hebras. Los treinta y un mechones del primer Tikún son ásperos para dominar a los juicios. Su valor numérico es treinta y uno, en hebreo *El*. ¿Qué significa «*El*»? «Fuerte», «capaz». En cada mechón hay una división de treinta y un mundos fuertes y capaces de vencer. Luego se dividen treinta y uno a cada lado, y de cada mundo surgen mil mundos deseables y de gran deleite. Todo se encuentra oculto encima de la barba, con fuerza. Todo está en el nombre *El*, cuyo valor numérico es treinta y uno, **que está sometido a la misericordia del Anciano de los Días, dulcificada y difusa en él.**

¿Por qué la boca? Porque está escrito: «Un río de fuego procedía y salía de delante de él; millares de millares le servían, y millones de millones asistían delante de él: **el Juez se sentó, y los libros se abrieron»** (Daniel 7:10). **¿Qué es «el juez se sentó»? Es lo que está escrito:** «Porque niño nos es nacido, hijo nos es dado; y el principado es *asentado* sobre su hombro. Y se llamará **El Admirable, El Consejero, El Dios, El Fuerte,** El Padre Eterno, El Príncipe de Paz (Isaías 9:6). Nos encontramos con un juego de palabras entre *Pelé* «admirable» que se puede dividir en *Pe* «boca» y *El*. **Esto indica que *El* es poderoso y está impregnado del aroma de la barba del Anciano de los Días. Y el secreto de esto es: «¿Qué Dios como tú,** que perdonas la maldad, y que pasas por la rebelión con el remanente de su heredad? No retuvo para siempre su enojo, porque es amador de misericordia» (Miqueas 7:18). **Esto hace referencia al Anciano de los Días y al primer Tikún de la barba sagrada.**

El primer mundo que emerge del primer Tikún domina, desciende y asciende hasta un millón de guerreros protegidos que están atados a él por un gran broche.

El segundo mundo que emerge de este Tikún desciende y asciende hasta cincuenta y siete mil peldaños que se lamentan y se aferran a él como la nuca de un animal amenazado **con un bastón**

espinoso (Cincuenta y siete mil peldaños que corresponden a la suma de la guematria del nombre de Dios *El*, 31, y la del Tetragrama, 26).

El tercer mundo que emerge de este Tikún es dominante y desciende y asciende hasta noventa y seis mil peldaños que se lamentan y se aferran a él por medio de una vela escondida (Noventa y seis mil peldaños que corresponden a la suma de la guematria del nombre de Dios *El*, 31, y la del nombre de Dios Adonai, 65). **A través de este Tikún todos ellos son dominados y llenados como la amargura de las lágrimas dulcificadas en el gran mar.**

¿Quién pudo ver este Tikún de la barba santa y no murió de vergüenza? ¿Quién pudo ver la gloria de los mechones que cuelgan del Anciano, coronado con coronas? Son las coronas de todas las coronas, coronas que no están en coronas, distintas de las demás coronas a las que están unidas las coronas de abajo. Por eso fueron hechos estos Tikunim. Los Tikunim fueron arreglados porque es necesario bendecir a aquel que necesita una bendición. Hay bendiciones para todos los Tikunim y lo que es promulgado es promulgado. Todo está contenido en estos Tikunim. Todos se elevan hacia los Tikunim del Rey, del Anciano Fuerte, oculto de todos y todos son dulcificados por estos Tikunim del rey Anciano.

Hemos aprendido que si el Anciano de los Ancianos, el Santo de los Santos, no se hubiese revestido con todos estos Tikunim, los seres de Arriba y los seres de abajo no existirían y todo sería como si no fuese. De todo esto hemos aprendido que estos Tikunim arrojan luz. ¿Hasta dónde? Hasta trece. Cuando (132b) **estos trece se manifiestan allí está la barba del anciano rey, que es el más precioso de todos. Debido a que es lo más oculto y preciado de todo, esta barba no es mencionada en ningún lugar de la Torah, ni tampoco es revelada. Se trata de la barba del supremo gran sacerdote del que desciende hasta la barba de abajo, en el sumo sacerdote. Y así como la barba del supremo gran sacerdote fue formada con ocho Tikunim, así la barba del sumo sacerdote tiene ocho Tikunim cuando el aceite corre hacia abajo, según está escrito «*Es* como el buen óleo sobre la cabeza, el cual descien-**

de sobre la barba, la barba de Aarón, que desciende sobre el borde de sus vestiduras;» (Salmos 133:2). **¿Cómo lo sabemos? Porque está escrito:** «Canción de las gradas: de David. ¡Mirad cuán bueno y cuán suave *es* habitar **los hermanos igualmente en uno!**» (Salmos 133:1). **«También» incluye al sumo sacerdote de abajo. Ya que el sumo sacerdote de abajo sirve al sacerdote de Arriba, es como si el sacerdote de Arriba sirviese abajo** por medio del sacerdote de abajo.

Éste es uno de los Tikunim de la barba del Anciano de los Ancianos, el más oculto de todos los ocultos. Rabbí Shimon le dijo: Rabbí Isaac, te conviene contemplar la gloria de los Tikunim de la barba y el rostro del Anciano de los Ancianos. ¡Dichosa tu parte y dichosa mi parte contigo en el mundo venidero!

El segundo Tikún está formado por los cabellos de la barba que van de una esquina de la boca a otra rodeando la barbilla.

¡Levántate Rabbí Izquia! ¡Ponte de pie y celebra la gloria de los Tikunim de la barba santa!, elucidando sus significados secretos. **Rabbí Izquia se levantó y abrió** el versículo: **«Yo *soy* de mi amado, y conmigo tiene su contentamiento»** (Cantar de los cantares 7:11). **¿Por qué «yo soy de mi amado»? Porque «conmigo tiene su contentamiento».** (*Véase* Zohar I-88a y b)

Estaba en contemplación y he aquí que divisé la luz preciosa de las lámparas supremas que brillaba y ascendía en trescientas veinticinco direcciones. Una oscuridad se está bañando en esa luz como alguien que se baña en un río profundo cuyas aguas se dividen y fluyen iluminando en todas las direcciones. Esa luz sale a la superficie de su mal profundo abriendo aberturas de bondad en su puerta. Pregunté acerca de lo que había visto y me contestaron: «¿Qué Dios como tú, **que perdonas la maldad**, y que pasas por la rebelión con el remanente de su heredad? No retuvo para siempre su enojo, porque es amador de misericordia» (Miqueas 7:18). **Dijo: éste es el segundo Tikún y se sentó. Rabbí Shimon dijo: ahora el mundo se estableció con firmeza. ¡Bendito eres Rabbí Izquia por el Anciano de los Ancianos!**

Dijo Rabbí Shimon: todas las lámparas, los compañeros que estáis aquí en esta asamblea Santo, invocó sobre mí el cielo más

132b

elevado y la tierra más santa que no se ha visto ningún humano así desde el día en que Moisés subió al monte Sinaí por segunda vez. He visto que mi cara brillaba como el sol poderoso que está destinado a brillar curando el mundo, según está escrito «Mas a vosotros los que teméis mi Nombre, nacerá el Sol de justicia, y en sus alas *traerá* salud; y saldréis, y saltaréis como becerros de la manada» (Malaquías 4:2). **Además sé que mi rostro está brillando y que Moisés no lo sabía, según está escrito:** «Y aconteció, que descendiendo Moisés del monte Sinaí con las dos tablas del testimonio en su mano, mientras descendía del monte, **no sabía él que la tez de su rostro resplandecía**, después que hubo hablado con Él» (Éxodo 34:29). **Por otra parte, veo con mis propios ojos esos trece** Tikunim **grabados enfrente de mí, brillando como lámparas. Cuando cada uno de ellos es clarificado** (en el sentido de explicado) **por vosotros** (literalmente «vuestras bocas»)**, se eleva y adorna sentándose como un rey entre sus legiones. Cuando la clarificación se ha completado, asciende y se corona con una corona santa, ocultada y colocada entre los Tikunim de la barba santa. Y así con los que siguen. ¡Daos prisa, compañeros, porque hasta que venga el rey Mesías no volverá a haber un acontecimiento así en el mundo!**

¡Levántate Rabbí Izquia, por segunda vez! Venera el tercer Tikún de la barba santa. Hemos aprendido: antes de que Rabbí Izquía se levantara surgió una voz declarando: un mensajero no trabaja en dos misiones distintas (*Véase* Zohar I-107a). **Rabbí Shimon tembló y dijo: ciertamente, cada hombre está en su lugar** (que lo limita)**. Rabbí Eleazar, mi hijo, Rabbí Aba y yo hemos alcanzado la perfección suprema.**

¡Levántate Rabbí Jía! Rabbí Jía se levantó y abrió el versículo: **«Y** *yo* **dije: ¡Ah! ¡ah! ¡Señor Dios! He aquí, no sé hablar, porque soy niño»** (Jeremías 1:6). **¿Acaso Jeremías no sabía hablar**, si hacía años que hablaba**? ¿Qué ocurre con todas las palabras que salieron de su boca antes de que dijera esto? Sin duda dijo una falsedad ya que, según está escrito: «He aquí, no sé hablar». ¡No permita el cielo que dijese algo así! Pero ha sido enseñado lo siguiente: hay una diferencia entre hablar** (*Dibur*) **y decir** (*Laami-*

rah). **Para decir no es necesario elevar la voz** (133a) **mientras que para hablar hay que hacerlo y pronunciar palabras.**

Está escrito que «habló Dios todas estas palabras, diciendo» (Éxodo 20:1) **y hemos aprendido que todo el mundo oyó estas palabras y todos temblaron. Está escrito «habló» y no «dijo». También está dicho «He aquí, no sé hablar» para proclamar al mundo y reprenderlo con el espíritu de santidad. Si** esto **es así, mira lo que está escrito: «Y habló El Señor a Moisés, diciendo»** (Éxodo 6:10). **¿Acaso existe alguien con un grado de profecía tan alto como Moisés, un grado que ningún otro ser humano ha alcanzado? Porque escuchó un discurso** (*Dibur*) **en forma de declaración y no tuvo miedo ni tembló mientras que los demás profetas fueron sacudidos incluso cuando era «decir»** (*Amirah*) **y se llenaron de temor.**

Hemos aprendido que el primer Tikún de la barba así como el segundo sirven para establecer el tercero, según está escrito: «He aquí, todas estas cosas hace Dios dos y tres veces con el hombre» (Job 33:29). **Ven** y **ve: los dos primeros Tikunim dan a luz al tercero: el tercer Tikún, desde el centro, debajo de la nariz, debajo de los dos orificios** de la nariz, **existe un sendero en el que no crecen pelos. ¿Por qué? Porque está escrito: «**¿Qué Dios como tú, **que perdonas la maldad**, y que pasas por la rebelión con el remanente de su heredad?» (Miqueas 7:18), **y este sendero está preparado para el paso, por lo que se encuentra debajo de las dos fosas nasales y el pelo no crece en este sendero, para subyugar a la maldad y está escrito «que perdonas la maldad»** (*Véase* Zohar II-177a) **y para facilitar el paso hacia la boca santa ha de decir: «**Entonces el Eterno dijo: **Yo lo he perdonado** conforme a tu dicho.» (Números 14:20). **Hemos aprendido que numerosos registradores esperan esa boca, pero que no se revela a ninguno de ellos ya que asciende y es coronada y adornada, conocida y desconocida.**

Hemos aprendido en el libro oculto (*Sifra Detzinuta*) (literalmente «recatado») **cuál es el significado de «transgresión». Si son merecedores, no hay transgresión, si no lo son, hay transgresión.** Según los cabalistas si tomamos las letras de *Pesha*, «transgre-

133a
sión» y las cambiamos del orden, obtenemos *Shefa*, «abundancia», lo cual nos enseña que cuando Israel es merecedor hay abundancia. **¿Cuál es la diferencia entre una cosa y la otra? En Zeir Anpin, cuando este sendero desciende por debajo de su nariz, dice: «Entonces el furor del Señor se encendió en ellos; y se fue»** (Números 12:9). **¿Qué significa «y se fue? Quiere decir que un espíritu de ira brota de la nariz y el que está ahí se va y ya no existe más, según está escrito:** «La hierba se seca, y la flor se cae; porque **el Espíritu del Señor sopló en ella**. Ciertamente hierba *es* el pueblo» (Isaías 40:7). **Pero sobre Arij Anpin está dicho:** «¿Qué Dios como tú, que perdonas la maldad, y **que pasas por la rebelión** con el remanente de su heredad? No retuvo para siempre su enojo, porque es amador de misericordia» (Miqueas 7:18) **y también:** «También alguna vez no se ve la luz clara en los cielos, **y pasa un viento y los limpia»** (Job 37:21). **Aquí está escrito «pasas por la rebelión» y allí «Porque el Señor pasará hiriendo a los egipcios;** y cuando vea la sangre en el dintel y en los dos postes, pasará el Señor aquella puerta, y no dejará entrar al heridor en vuestras casas para herir» (Éxodo 12:23) Como vemos se repite el verbo «pasar» *Véase* también Zohar I-201a).

¡Dichosa la parte de aquel que es merecedor! Es el tercer Tikún de la barba santa y gloriosa del Anciano de los Ancianos. El Santo, bendito sea, seguirá protegiéndote.

Hemos aprendido que lo que está escrito: «En gran manera me gozaré en el Señor, **mi alma se alegrará en mi Dios**; porque me vistió de vestidos de salud, me rodeó de manto de justicia, como a novio me atavió, y como a novia compuesta de sus joyas» (Isaías 61:10) **se refiere al Anciano de los Días, porque se Le considera la alegría de todo. Hemos aprendido que cuando este sendero de la barba del Anciano de los Días es revelado, todos los** ángeles **acusadores, los aulladores y los que gimen son tranquilizados y callados. Por esta razón, aquel que reclama silencio designa a este sendero que es una señal de señales del Anciano Santo.** Se trata de una alusión al *filtrum* o surco nasolabial sobre el que se coloca el dedo índice para decir «silencio».

Cuarto Tikún: está formado por los pelos del bigote que forman una figura armónica. Es lo que está escrito: «¿Qué Dios como tú, que perdonas la maldad, y que pasas por la rebelión **con el remanente de su heredad? No retuvo para siempre su enojo, porque es amador de misericordia**» (Miqueas 7:18) **y cuando dice:** «Por ventura oirá el Señor tu Dios todas las palabras de Rabsaces, al cual el rey de los Asirios su Señor ha enviado para injuriar al Dios vivo, y reprenderá las palabras, las cuales el Señor tu Dios ha oído; por tanto, **eleva oración por las reliquias que aun se hallan**» (2 Reyes 19:4)**, o sea aquellos que aun se hallan. Está escrito «reliquias»,** en hebreo *Sheerit,* **como en «el remanente** (en hebreo *Sheerit*) **de Israel no hará iniquidad**, ni dirá mentira, ni en boca de ellos se hallará lengua engañosa; porque ellos serán apacentados y dormirán, y no habrá quien los espante» (Sofonías 3:13).

Quinto Tikún: está formado por los pelos de la barba que está debajo de la boca y estos dos senderos se hallan debajo del labio inferior. Está escrito: «No retuvo para siempre su enojo, porque es amador de misericordia» (Miqueas 7:18). **Rabbí Iosi se levantó y abrió** el versículo: «Bienaventurado el pueblo que tiene esto; **bienaventurado el pueblo cuyo Dios** ***es*** **el Señor»** (Salmos 144:15). **¿Qué significa «que tiene esto»** (*Shakaja*)**? Es como si dijeras:** «Así colgaron a Amán en la horca que él había hecho aparejar para Mardoqueo; **y entonces** (*Shakaja*) **se apaciguó la ira del rey»** (Ester 7:10)**, disminuyendo la ira. Otra explicación. «Y entonces** (*Shakaja*) **se apaciguó la ira del rey»** (Ester 7:10)**, también está escrito: «Y si así** (*Kakaj*) **lo haces tú conmigo, yo te ruego que me mates de repente**, si he hallado gracia en tus ojos; y que *yo* no vea mi mal» (Números 11:15). **Es juicio dentro del juicio y «bienaventurado el pueblo cuyo Dios** ***es*** **el Señor»** (Salmos 144:15) **es misericordia dentro de misericordia. Otra explicación.** ***Shakaja*** **es el nombre que abarca a los demás nombres que el Santo, bendito sea, utiliza para olvidar la ira y calmar al Zeir Anpin y sacar afuera** las transgresiones.

Hemos aprendido que el camino de Arriba de la barba sagrada que pasa debajo de la nariz del Anciano es parecido al camino

de abajo (133b)**, Arriba y abajo. Arriba «y que pasas por la rebelión»** (Miqueas 7:18)**, abajo «No retuvo para siempre su enojo,** porque es amador de misericordia» (Miqueas 7:18). Nos encontramos con un juego de palabras entre *Af*, «nariz» y *Af*, «enojo».

Hemos aprendido que ahí donde es revelado un sendero en este Anciano que está oculto de todos, es bueno para todos que ese consejo aparezca para beneficiarlos a todos. Lo que está oculto, no revelado, nos enseña que no hay solución. Allí no hay nadie para comprender esto excepto Él, como ocurre en el Edén de Arriba, donde no existe nadie excepto el Anciano de los Ancianos mismo. A propósito de esto está escrito: «¡Cuán grandes son tus obras, oh Señor! Muy profundos *son* tus pensamientos» (Salmos 92:5). **Rabbí Shimon dijo: ¡que tus trabajos sean establecidos** firmemente **por el Anciano de los Ancianos para el mundo venidero!**

Sexto Tikún: está formado por los pelos de la barba que crecen en las mejillas a partir del labio superior. Los cabellos descienden hasta la parte superior de la comisura de la boca.

Levántate Rabbí Yesa y establece este Tikún. Rabbí Yesa se levantó y abrió el versículo: «Porque los montes se moverán, y los collados temblarán; **mas no se apartará de ti mi misericordia**, ni el pacto de mi paz vacilará, dijo el Señor, el que tiene misericordia de ti» (Isaías 54:10)**, y «**Con *un* poco de ira escondí mi rostro de ti por *un* momento; **mas con misericordia eterna tendré compasión de ti**, dijo tu Redentor, el Señor» (Isaías 54:8). **Hay una contradicción entre estos dos versículos. No la hay porque hemos aprendido que aquí hay Hessed y aquí hay Hessed** (dos tipos distintos de misericordia). **Hay un Hessed interior y un Hessed exterior. El Hessed interior es el del Anciano de los Ancianos, como ya ha sido mencionado, que está escondido en los tirabuzones del lado de la barba. Por esta razón no hay que cortarlos pues el Hessed está allí y es el Hessed interior del Anciano de los Días. Por lo tanto, en lo que se refiere al sacerdote de abajo está escrito «No harán calva en su cabeza, ni raerán la punta de su barba, ni** en su carne harán rasguños» (Levítico 21:5). **¿Por qué? Para no destruir los**

caminos de misericordia del Anciano ya que el sacerdote deriva de ese lado.

Hemos aprendido en el libro oculto (*Sifra Detzinuta*) (literalmente «recatado») **que en cualquier caso el Hessed** (la compasión o la misericordia) **ha de ser incrementado y construido, y no cortado o eliminado del mundo, según está escrito: «mas no se apartará de ti mi misericordia»** (Isaías 54:10)**, ya que es el Hessed del Anciano de los Días y también está escrito:** «Porque dije: **para siempre será edificada misericordia en los cielos**; en ellos afirmarás tu verdad» (Salmos 89:2).

Y el Hessed verdadero es el Hessed del Anciano de los Ancianos y el Hessed verdadero no se da mientras el cuerpo está aún **en vida. Tiene que ver con la vida del alma** (*Neshamah*)**. Por esta razón, ha sido escrito:** «¿Qué Dios como tú, que perdonas la maldad, y que pasas por la rebelión con el remanente de su heredad? No retuvo para siempre su enojo, **porque es amador de misericordia»** (Miqueas 7:18). **Y éste es el sexto Tikún de la barba del Anciano de los Ancianos.**

Séptimo Tikún: es cuando los pelos dejan de crecer y son visibles las dos mejillas de la cara, que ofrecen olores buenos y agradables, aparentemente.

Rabbí Shimon abrió el versículo**: «Como el manzano entre los árboles silvestres,** así *es* mi amado entre los hijos; bajo su sombra deseé *sentarme*, y su fruto *fue* dulce en mi paladar» (Cantar de los cantares 2:3)**. El Santo, bendito sea, se parece a esta manzana compuesta por tres colores. Si hay dos manzanas, hay seis colores, y estas dos manzanas son el séptimo Tikún y están incluidas en los seis Tikunim anteriores, para que se cumplan las palabras: «En la luz del rostro del rey está la vida**; y su benevolencia *es* como nube de lluvia tardía» (Proverbios 16:15).

Hemos aprendido que la vida del mundo emana de estas manzanas, que son la alegría del Zeir Anpin, según está escrito: «el Señor haga resplandecer su rostro sobre ti, y tenga de ti misericordia» (Números 6:25) **y también: «En la luz del rostro del rey está la vida;** y su benevolencia *es* como nube de lluvia tardía» (Proverbios 16:15)**. «En la luz del rostro del rey está la vida» se aplica a las dos**

manzanas mencionadas anteriormente. «El Señor haga resplandecer su rostro sobre ti» se aplica al rostro del Zeir Anpin que, cuando resplandece, otorga bendiciones al mundo.

Hemos aprendido que cuando estas lámparas brillan, el mundo entero es bendecido y no hay enojo en él. Y si esto es así con los seres externos, mucho más lo es con las dos manzanas que brillan siempre y siempre están contentas.

Hemos aprendido que cuando estas manzanas son reveladas, el Zeir Anpin aparece alegre y todas las lámparas de abajo resplandecen y todos los mundos se alegran en completitud. Todos están alegres y resplandecen y el flujo del **Hessed no cesa. Todos están colmados y se alegran simultáneamente.**

Ven y **ve: en lo referente a su cara externa, a veces brilla y a veces está oscuro. Por esta razón ha sido escrito: «**Dios tenga misericordia de nosotros, y nos bendiga; **haga resplandecer su rostro sobre nosotros, Selah»** (Salmos 67:2). **Esto quiere decir que no siempre brilla sino sólo cuando son reveladas las manzanas de Arriba.**

Hemos aprendido que estas manzanas están ocultas y resplandecen con un color blanco hacia trescientas setenta direcciones. Todos los seis primeros Tikunim de la barba están incluidos en ellas. Es como ha sido dicho: «El tornará y **de nuevo tendrá misericordia de nosotros**; él sujetará nuestras iniquidades, y echará en lo profundo del mar todos nuestros pecados» (Miqueas 7:19). **«De nuevo tendrá misericordia de nosotros» sugiere que a veces está oculto y a veces está revelado, según está escrito: «de nuevo» y uno y otro son verdad. Éste es el séptimo Tikún** (134a) **que incluye a los otros seis enlaces manzanas del Anciano de los Ancianos.**

Octavo Tikún, está formado por un pelo de la barba que desciende en línea recta desde el plato de una balanza hasta el ombligo. ¡Levántate, Eleazar hijo mío, y establece este Tikún! Rabbí Eleazar se levantó y comenzó a hablar. Dijo: «Todo depende del Mazal (*véase* Talmud Moed Katan 28 a)**, incluso el rollo de la Torah que está en el santuario, como ha sido explicado en el libro ocul-**

to (*Sifra Detzinuta*) (literalmente «recatado»). **Pero, ¿todo depende** realmente **del Mazal? Hemos aprendido: el rollo de la Torah es sagrado y su cubierta es santa, y el santuario es santo. Está escrito: «Y el uno al otro daba voces, diciendo: Santo, Santo, Santo,** el Señor de los ejércitos; toda la tierra *está* llena de su gloria» (Isaías 6:3). **La palabra «Santo» aparece tres veces y corresponde al rollo de la Torah porque es santa, su cubierta es santa y el santuario es santo. La Torah fue entregada en tres aspectos de santidad, en tres niveles, en tres días. La Shekinah es tres: las tablas, el arca y el santuario, y si todo depende del rollo de la Torah, ¿cómo va a depender del Mazal? Ha sido escrito:** «Así dijo el Señor: no aprendáis el camino de los gentiles, **ni de las señales del cielo tengáis temor**, aunque los gentiles las teman» (Jeremías 10:2). **Algo que existe en tal grado de santidad, ¿cómo va a depender del Mazal?**

Efectivamente, en el libro oculto (*Sifra Detzinuta*) (literalmente «recatado») **esto ha sido explicado del modo siguiente: esta hebra preciosa y santa de la que penden todos los pelos de la barba se llama Mazal. ¿Por qué? Porque el Santo de los santos de los santos depende de este Mazal. Y aunque el rollo de la Torah es santo, diez tipos de santificaciones no se le aplican hasta que entra en el santuario. Cuando entra en el santuario puede llamarse «santo» con estas diez santificaciones. Y del mismo modo, el santuario no es conocido con este nombre hasta que estos diez tipos de santificaciones no están unidas a él. Hemos aprendido que todo depende del Mazal, que es esta hebra santa y preciosa de la cual penden todos los pelos. ¿Por qué Mazal? A causa de los *Mazalei*** (los signos zodiacales), **que penden de él y todo lo de Arriba y lo de abajo fluye** (*Nazalei*) **de él. Por lo tanto está colgado, y de él dependen todas las cosas del mundo, las más altas y las más bajas. Incluso el rollo de la Torah en el santuario, adornado con diez tipos de santidades no escapa a él, como las otras cosas y todo depende de él. Cualquiera que es consciente de este Tikún está subyugado y abrumado por él, según está escrito:** «Él tornará, él tendrá misericordia de nosotros; **él sujetará nuestras iniquidades,** y echará en lo profundo del mar todos nuestros pecados» (Miqueas 7:19). **En-**

134a
tonces Rabbí Shimon le dijo: ¡bendito eres, hijo mío, por el Santo de los Santos, el más Anciano de todos!

Noveno Tikún, está formado por la mezcla de los pelos de la barba que no se mezclan unos con otros.

Levántate, Rabbí Aba.

Rabí Aba se levantó y dijo: estos pelos que no se mezclan unos con otros son llamados «lo profundo del mar» (Miqueas 7:19), ya que vienen del cerebro. A partir de este lugar, todos los poderes demandan castigo para los pecados de los hombres y son dominados. Rabbí Shimon dijo: «¡Bendito sea el Anciano de los Días!».

Décimo Tikún, está formado por los pelos que bajan de la barba cubriendo la garganta, que está debajo de ella.

Levántate Rabbí Iehuda. Rabbí Iehuda se levantó y abrió el versículo: «Y se meterán en las cavernas de las peñas, y en las aberturas de la tierra, por la presencia espantosa del Señor, y por el resplandor de su majestad, cuando él se levantará para herir la tierra» (Isaías 2:19). «Por la presencia espantosa del Señor», es harto conocido que aquel que está afuera es llamado «presencia espantosa del Señor». «Y por el resplandor de su majestad» son los pelos que bajan de la barba se llaman «el resplandor de su majestad». El décimo Tikún se llama «Cumplirás la verdad a Jacob, y a Abraham la misericordia, que tú juraste a nuestros padres desde tiempos antiguos» (Miqueas 7:20), y el undécimo, que ningún pelo es más largo que otro, «y a Abraham la misericordia».

Duodécimo Tikún, es la boca, ya que ningún pelo cuelga sobre ella y su orificio está despejado. Alrededor de ésta, todo es agradable. ¿Qué quiere decir que «todo es agradable»? Que no hay rigor. ¿Son los pelos de la barba de rigor o son de misericordia? ¡Sin duda de misericordia! Es así para no alterar el soplo que emana del Zeir Anpin. Hemos aprendido que el soplo viene de la boca santa más santa. ¿Qué es el soplo? Es el soplo que es enviado al Zeir Anpin y que lo envuelve y por este soplo todo lo que le rodea es envuelto. Cuando este soplo sale, se divide en treinta y siete mil direcciones, cada una de las cuales se extiende a su lugar y a aquel que merece vestirse con esta vestidura. El número treinta y siete se deduce de la guematria de *Hevel*, «soplo», que es treinta y siete. **Por lo tanto no encontramos pelos en la boca santa porque el soplo emana de ella y nada puede interferirse o acercársele. Es la ocultación de todo que no se une ni Arriba ni abajo, oculta en el interior de lo más oculto y desconocido** (134b), **de lo que no fue formado y no tiene Tikún. Y el soplo que venía de afuera y que envolvía a los profetas verdaderos es mencionado como la boca del Eterno pero no está expresado en al Anciano de los Ancianos y nadie aparte de él conoce su soplo. Por lo tanto, sus pelos bajan simétricos de la boca, y ambos lados quedan claros.**

Y los patriarcas tenían fe en esto: en ser envueltos por este soplo que se propaga en varias direcciones desde el lugar rodeado simétricamente por todos los pelos, según está escrito: «Cumplirás la verdad a Jacob, y a Abraham la misericordia, **que tú juraste a nuestros padres** desde tiempos antiguos» (Miqueas 7:20). **Es el duodécimo Tikún y el más sagrado pues de aquí descendieron doce límites, doce abajo y doce a las tribus de los patriarcas, según está escrito: «Que tú juraste a nuestros padres»** (Miqueas 7:20).

Decimotercer Tikún, está formado por las dos mitades de la barba que desciende majestuosamente de cada lado del tronco hasta el ombligo de este modo la ofrenda olorosa no es vista por nadie excepto por las dos manzanas blancas y preciosas.

Dijo Rabbí Shimon: ¡dichosa la parte de aquel que está en esta ***Idra Kadhisha*** (cámara o asamblea santa) **en la que nosotros nos encontramos! ¡Dichosa su parte en este mundo y en el mundo venidero! Porque vivimos en la santidad más elevada y nos rodea un fuego de Arriba. Todos los Tikunim de la barba santa han sido vestidos, coronados y devueltos a su lugar.**

El décimo tercer Tikún es un bello Tikún que incluye a los demás. ¡Todos ellos desean elevar su cabeza hacia él! Todos los están unidos al Zeir Anpin toman su origen de él, los de Arriba y los de abajo. Los tesoros de Arriba y los tesoros de abajo se ocultan en él. Es la estrella a partir de la cual puede beneficiarse cada uno es el Tikún perfecto que completa a los demás Tikunim, y los consuma.

134b

Hemos aprendido que estos Tikunim que están en el Zeir Anpin reciben el nombre de «tiempos antiguos» (Miqueas 7:20)**, son los días más antiguos de todos** (*Véase* Zohar III-138b)**, según está escrito** «y los levantó **todos los días del siglo**» (Isaías 63:9)**. Hemos aprendido que todos tiempos antiguos están formados en el Tikún de la barba del Anciano de los Ancianos, el Oculto de los Ocultos. Este decimotercer Tikún los incluye, como ya ha sido dicho, y este día no está incluido entre ellos, sino que los incluye a todos ellos.**

En el tiempo en que el Anciano de los Días despierte, este Tikún será llamado «un día» (*Iom Ejad*)**, en el cual la barba será glorificada, según está escrito:** «Y será un día, el cual *es* conocido del Señor, **que ni será día ni noche; mas acontecerá** que al tiempo de la tarde habrá luz» (Zacarías 14:7)**. Ese día especial lo contiene todo y por esta razón no se le llama con un nombre común** y conocido.

Hemos aprendido que ahí donde hay día, hay noche, ya que no hay día sin noche. Porque ese tiempo será un tiempo de gloria de la barba y sólo existirá él, y no será llamado ni día ni noche pues es sólo desde nuestra perspectiva que es llamado día o noche (*Véase* Zohar II-174a)**. Dado que este Tikún lo incluye todo, no es ni conocido ni visto de él, excepto el aceite de la unción que fluye hacia las trece direcciones de las fuentes de abajo, que brillan con este aceite.**

Con estos trece Tikunim es vestida la barba y estos Tikunim de la barba fluyen en todas direcciones hacia abajo. Como se extiende y salen, no pueden ser vistos pues están ocultos para todos, no revelados. Nadie conoce el lugar de este Anciano, que es conocido y desconocido, oculto y no oculto. A propósito de esto, ha sido escrito: «Yo *soy* el Señor. Éste es mi nombre; y a otro no daré mi gloria, ni mi alabanza a esculturas» (Isaías 42:8)**. Y también:** «Reconoced que el Señor *es* el Dios: **él nos hizo, y no nosotros a nosotros *mismos*.** Pueblo suyo *somos*, y ovejas de su prado» (Isaías 100:3)**, y también** «Estuve mirando hasta que fueron puestas sillas; **y un Anciano de gran edad se sentó,** cuyo vestido *era* blanco como la nieve, y el pelo de su cabeza como lana limpia; su silla llama de fuego, sus ruedas fuego ardiente.» (Daniel 7:9), **porque él permanece en su lugar y nadie lo conoce. Está sentado, pero no se le encuentra, según está escrito «Te alabaré; porque me formaste *de una manera*** formidable y maravillosa; y *esto* mi alma conoce en gran manera» (Salmos 139:14).

Rabbí Shimon dijo a los compañeros cabalistas: **cuando este pabellón** (*Véase* Zohar III-138b) **que vemos sobre nosotros sea extendido, veo que estos Tikunim descenderán dentro de nosotros e iluminarán este lugar, y una cortina, vestimenta de santidad, se repartirá en cuatro columnas en las cuatro direcciones.** (135a).

Una columna está situada de abajo hacia arriba con una pala en su mano. Esta pala contiene cuatro llaves distintas, una en cada lado, que agarran la cortina bajándola. Lo mismo ocurre con la segunda, la tercera y la cuarta columnas. Entre una columna y otra hay dieciocho pies de apoyo que se encienden con las lámparas que están grabadas en la cortina. Y lo mismo con las cuatro direcciones.

Vi estos Tikunim brillando encima de éste, esperando las palabras de nuestras bocas para ser coronadas y ascender cada una de ellas hasta su lugar. Y ya que cada uno de nosotros abrió su boca para arreglar un Tikún, este Tikún se quedó esperando que saliera la palabra de la boca para ser coronado y ascender para ser adornado en su lugar. Todas las columnas de todos los lados estaban exultantes de gozo escuchando lo que no sabían y que ahora oían de vuestras voces. ¡Cuántas carrozas aparecieron aquí gracias a vosotros! ¡Dichosos vosotros en el mundo venidero ya que todas las palabras que pronunciaron vuestras bocas son palabras santas, palabras honestas, que no se desvían ni a la derecha ni a la izquierda!

El Santo, bendito sea disfruta oyendo y escuchando estas palabras hasta que acaba de juzgar porque en el mundo venidero volveréis a pronunciarlas por segunda vez. A propósito de vosotros ha sido escrito: «y tu paladar como el buen vino, que se entra a mi amado suavemente, **y hace hablar los labios de los que duer-**

135a

men» (Cantar de los cantares 7:9). **¿Qué significa «y hace hablar los labios de los que duermen»? Que incluso en el mundo venidero de vuestros labios saldrán palabras de Torah. Ahora enfocaos en establecer los Tikunim de Zeir Anpin, cómo es adornado y cómo se viste con los Tikunim del Anciano de los Días, el Santo de los Santos, el Oculto de los Ocultos, oculto de todo. Ahora debéis llevar a cabo un juicio verdadero y hermoso, y establecer todos los Tikunim exhaustivamente.**

Los Tikunim de Zeir Anpin fueron ataviados con los Tikunim de Arij Anpin, y sus Tikunim fueron desplegados de este lado y de este otro, como la apariencia de un hombre para que reine en él el soplo del Oculto de los Ocultos. Así se sentará en el trono según está escrito: «Y sobre el cielo que estaba sobre sus cabezas, había una figura de un trono que parecía de piedra de zafiro; **y sobre la figura del trono había una semejanza que parecía de hombre sentado sobre él»** (Ezequiel 1:26). **«La semejanza que parecía de hombre» que abarca todas las formas e incluye todos los nombres. «La semejanza que parecía de hombre» donde están ocultos todos los mundos de Arriba y de abajo. «La semejanza que parecía de hombre» que incluye todos los secretos que fueron enunciados y establecidos antes de la creación del mundo a pesar de que no perduraron.**

Hemos aprendido en el libro oculto (*Sifra Detzinuta*) (literalmente «recatado») **que el más Anciano de los Ancianos preparó estos Tikunim, formó reyes y realzó reyes pero estos no duraron. Los rechazó y los ocultó para un futuro según está escrito: «Y los reyes que reinaron en la tierra de Edom,** antes que reinase rey sobre los hijos de Israel, *fueron* estos:» (Génesis 36:31). **«En la tierra de Edom» es el lugar del rigor** ya que *Adom,* el color rojo simboliza el rigor. **Ninguno de estos reyes duró** al no poder soportarlo, **hasta que la cabeza blanca, el Anciano de los Ancianos, fue creada. Cuando fue formada, preparó todos los Tikunim de Arriba y de abajo. De esto se deduce que si no se prepara primero a la cabeza de una nación, ésta no perdura. Cuando la cabeza está preparada, todo lo está. Cuando la cabeza se corrige, todo se corrige.**

¿De dónde lo sabemos? Del Anciano de los Días. Mientras él no fue arreglado, lo arregló todo abajo arreglando los Tikunim de Arriba y de abajo. Es según está escrito: «Bela, hijo de Beor, reinó en Edom: y el nombre de su ciudad fue Dinaba» (Génesis 36:32). **«Reinó en Edom» es un gran secreto: el lugar donde están todos los juicios del cual dependen. «Bela el hijo de Beor».** La palabra «Bela» procede de una raíz que significa «sumergir» e implica destrucción. **Hemos aprendido que él es el origen del veredicto más duro a través del cual son juzgados un millón de gimientes que se lamentan. «Y el nombre de su ciudad fue Dinaba»,** que se puede leer como *Din Hav*, «da juicio». **¿Qué quiere decir? Que otorga justicia, según está escrito «La sanguijuela tiene dos hijas *que se llaman* dame, dame»** (Proverbios 30:15). La sanguijuela representa al infierno, (*véase* Talmud tratado de *Avodah Zara* 17a).

En cuanto ascendió a su asiento, no fue capaz de resistir y todos los mundos fueron destruidos. ¿Por qué? Porque Adán no había sido rectificado. La rectificación de Adán, incluida su imagen, (135b) **lo abarca todo y todo puede asentarse en ella. Pero dado que no hubo esta rectificación del hombre, no pudieron sentarse y permanecer y fueron destruidos. ¿Es concebible que fueran destruidos? ¿Acaso no estaban todos incluidos en Adán? Más bien fueron anulados y apartados de este Tikún hasta que regresara la imagen de Adán. Cuando esta imagen llegó fueron grabados y transformados en otro tipo de existencia. Algunos de ellos se volvieron muy firmes, algunos de ellos bastante y algunos de ellos nada en absoluto. Ahora podríais decir que está escrito: «murieron** (...) **murieron»** (Génesis 36:33 y 36:39), **lo cual implica que dejaron de existir completamente, pero no** es cierto. **Se considera que aquel que descendió de un nivel que ha ocupado** a uno inferior, **es como si hubiese muerto** (*Véase* Talmud, tratado de *Nedarim* 64 b). **Está escrito:** «Y aconteció *que* después de muchos días **murió el rey de Egipto**, y los hijos de Israel suspiraron a causa de la servidumbre, y clamaron, y su clamor subió a Dios desde *su* servidumbre» (Éxodo 2:23). **Esto quiere decir que descendió del nivel que ocupaba** (*Véase* Zohar II-19b). **Cuando Adán fue vesti-**

135b

do, fueron llamados con otros nombres y establecidas a través de su existencia, durando en sus lugares. Todos ellos fueron llamados con nombres diferentes excepto uno de ellos a propósito de quien está escrito: «Y murió Baal-hanán, hijo de Acbor, y reinó por él Hadar en lugar suyo; y el nombre de su ciudad *fue* Pau**; y el nombre de su mujer Mehetabel, hija de Matred, hija de Mezaab»** (Génesis 36:39). **¿A qué se parece la cosa? A una palmera que no produce fruto si no se ha plantado una macho y otra hembra. Hadar y Mehetabel no estaban anulados como los demás. ¿Por qué? Porque eran macho y hembra, y la muerte no se aplica a ellos como a los demás. Vivieron pero no fueron establecidos con la imagen de Adán** (un semblante humano) **hasta que fueron transformados en otra existencia, estableciéndose con seguridad.**

Hemos aprendido que cuando surgió un impulso de la cabeza blanca de mejorar su gloria, dispuso y produjo la lámpara de una sola chispa (*Botzina dekardinuta*) **que ascendió y se propagó en trescientas setenta direcciones. Esa única chispa estaba aún y empezó a surgir aire puro** (eter) **en** forma de **remolinos. Sopló y fue restaurado. Un solo cráneo emanó en cuatro direcciones** (*Véase* Zohar II-177b). **La chispa se absorbió en el interior de este aire puro y pasó a formar parte de él. ¿Alguien podría imaginarse que es «pasó a formar parte de él»? Más bien** habría que decir que **se ocultó dentro de él. Por esta razón, este cráneo se expandió a los lados mientras este aire puro era secretado en el misterio del Anciano de los Días y su soplo se guardó. En este cráneo, el fuego se difundió en una dirección y el aire en otra. Y el aire abunda Arriba de un lado y el fuego de otro. Y el fuego, ¿cuál es? No es exactamente fuego pero la chispa que está en el aire puro ilumina a los doscientos setenta mundos y el rigor está de su lado** (Doscientos setenta es el valor numérico de *Ra,* «mal»). **Por esta razón se le conoce como el «cráneo duro». En este cráneo residen noventa millones de mundos que se mueven con él y dependen de él. De este cráneo emana el rocío que llevará a los muertos a la vida. Este rocío incluido en la cabeza blanca tiene dos colores. Del lado de la cabeza blanca es un blanco** (el color de la misericordia) **que contiene a todos los blancos pero cuando está en la cabeza del Zeir Anpin es rojo** (el color del rigor) **como un cristal, que es blanco pero en el que aparece el rojo. Por esta razón ha sido escrito: «Y muchos de los que duermen en el polvo de la tierra serán despertados, unos para vida eterna, y otros para vergüenza y confusión perpetua»** (Daniel 12:2). **«Para vida eterna» son los merecedores del rocío blanco, que viene del aspecto del Anciano de los Días. «Para vergüenza y confusión perpetua» son aquellos que sirven al** color **rojo del Zeir Anpin. Y en este rocío todo está incluido, según está escrito:** «Tus muertos vivirán, *y junto con* mi cuerpo resucitarán. ¡Despertad y cantad, moradores del polvo! **Porque tu rocío, *es* cual cubierta de luz;** y la tierra echará los muertos» (Isaías 26:19). **Y las luces son dos porque cada día el rocío cae sobre el campo de manzanos,** la Shekinah, **coloreado con rojo y con blanco. Este cráneo arroja luz sobre dos direcciones y desde ese aire puro van desde el cráneo a su cara un millón y medio de mundos y por lo tanto se le llama Zeir Anpin,** el pequeño rostro. **Cuando aparece la necesidad, su rostro se expande y se vuelve largo** como el Arij Anpin. **Mira hacia el rostro del Anciano de los Ancianos, que tiene compasión del mundo.**

De este cráneo surge un camino hacia todos los que están abajo que ofrece el pago de un tributo al Anciano de los Días cuando vienen a ser numerados (136a) **bajo su cetro. Correspondiendo a este pago «medio siclo de plata por cada hombre»,** literalmente «una *beka* por cada cráneo» (Éxodo 38:26) **fue lo que sucedió cuando acabó el censo esta *beka* es el pago de un tributo al Anciano de los Días. En el interior del cráneo hay tres espacios donde reside el cerebro con una membrana delgada que lo cubre. No es una membrana pesada, gruesa como la del Anciano de los Días. Por consiguiente, este cerebro se extiende en treinta y dos caminos, según está escrito: «Y salía *un* río de Edén** para regar el huerto, y de allí se repartía en cuatro cabezas» (Génesis 2:10).

Hemos aprendido que en las tres cavidades del cráneo reside el cerebro. De una de las cavidades brota un manantial en las cuatro direcciones y del cerebro que reside en esa cavidad, que

136a
corresponde a la sefirah de Jojmah, **salen treinta y dos caminos, soplos de sabiduría** (*Véase* Sefer Yetzirah 1:1).

De la segunda cavidad brota otro manantial con cincuenta puertas abiertas, que corresponden a la sefirah de Binah. **Con estas cincuenta puertas están unidos cincuenta días de la Torah, cincuenta días de jubileo, cincuenta mil generaciones cuyo espíritu no restaurará el Santo, bendito sea, y que permanecerán con él.**

De la tercera cavidad en ese millón de cámaras y pórticos en los que descansa y mora el conocimiento (*Daata*). **Esta cavidad está situada entre las otras dos, y todas las cámaras están llenas desde ambas direcciones, según está escrito «y con ciencia** (*Daat*) **se llenarán las cámaras** de todas riquezas preciosas y hermosas» (Proverbios 24:4). (*Véase* Zohar II-14b) **Estas tres permean el cuerpo entero hacia esta y aquella dirección. Todo el cuerpo está conectado con ellas y se adhiere a ellas en todos sus aspectos.**

Hemos aprendido que a partir del cráneo de la cabeza cuelgan diez billones y cien millones de mechones enredados de pelo negro. Están centrados el uno con el otro no se sabe cuántos de estos mechones están unidos con los que son puros. Y de aquí se derivan las explicaciones de la Torah a propósito de lo impuro y lo puro (*Véase* talmud *Eruvin* 13b), **en todos los que son puros y también de los que son impuros.**

Los mechones son fuertes y están encerrados. Los hay que son suaves y los hay que son ásperos. En cada mechón se hallan hebras que resplandecen y cuelgan como un héroe victorioso en las batallas, arreglado de un modo agradable y hermoso. Son grandes y fuertes, según está escrito «Sus piernas, *como* columnas de mármol fundadas sobre basas de fino oro; su vista *como* el Líbano, **escogido como los cedros»** (Cantar de los cantares 5:15). **Los mechones del cabello cuelgan en forma de rizos de un lado al otro del cráneo, según está escrito: «**Su cabeza, *como,* oro finísimo; **sus cabellos crespos,** negros como el cuervo» (Cantar de los cantares 5:11). **Hemos aprendido que están en forma de rizos porque fluyen de los grandes manantiales de los tres canales del cerebro. Desde el manantial de una cavidad del cerebro el cabello fluye**

continuamente formando rizos que vienen de varios manantiales que fluyen a partir de esta cavidad. De la segunda cavidad, brotan cincuenta manantiales de los que salen continuamente los cabellos formando rizos que cuelgan y se mezclan con los demás mechones. De la tercera cavidad sale un millón de cámaras y pórticos y el cabello fluye de ellos continuamente y estos mechones son rizos sobre rizos. Y todas las presiones que surgen de estos tres espacios en el cerebro que está en el cráneo, y todas estas hebras y mechones cuelgan a ambos lados cubriendo las orejas. Por eso, está escrito: «Inclina, oh Señor, tu oído, y oye; abre, oh Señor, tus ojos, y mira; y oye las palabras de Senaquerib, que ha enviado a blasfemar al Dios viviente» (2 Reyes 19:16). **De estos rizos dependen la derecha y la izquierda, la irradiación y la oscuridad, la compasión y el juicio. Todo lo de la derecha y de la izquierda dependen de él, y no del Anciano. Cuando el cabello se parte aparece un camino que está conectado con el camino correspondiente del Anciano de los Días. De este camino salen seiscientos trece caminos** (en correspondencia con los seiscientos trece preceptos) **que se dividen en las sendas de la Torah, según está escrito: «Todas las sendas del Señor *son* misericordia y verdad, para los que guardan su pacto y sus testimonios»** (Salmos 25:10).

Hemos aprendido que de cada uno de los mechones pende un millón de gimientes que se lamentan. Colgando de cada uno de los que son gruesos y de los que son lisos, maestros del equilibrio. Por esta razón, hay derecha y hay izquierda (misericordia y rigor).

La frente del cráneo, escudriñando la providencia, no es revelada más que en la época en la que los malvados son contados para escudriñar sus acciones. Hemos aprendido que cuando esta frente es revelada, se despiertan todos los Señores del rigor y el mundo en general es sometido a juicio (136b) **excepto en el momento en que las oraciones de Israel ascienden ante el Anciano de los Días y él desea tener misericordia de sus hijos. Entonces revela su frente como voluntad de las voluntades e ilumina el Zeir Anpin y el juicio es suspendido** (*Véase* Zohar II-122b). **En esta**

136b

frente emerge una medida que se extiende encima de ella desde el cerebro del que salen cincuenta puertas, correspondientes a la sefirah de Binah**. Cuando se expande se convierte en la frente que escudriña a los malvados del mundo, aquellos que no se arrepienten de sus malas acciones. Éste es el sentido de:** «Por esta causa las aguas han sido detenidas, y faltó la lluvia de la tarde; **y has tenido frente de mala mujer, ni quisiste tener vergüenza**» (Jeremías 3:3).

Hemos aprendido que en este lugar concreto de la frente no hay cabellos ya que ésta es revelada en aquellos que pecan con insolencia. Cuando el Santo, bendito sea, es despertado para alegrarse con los justos, el rostro del Anciano de los Días resplandece en el del Zeir Anpin. Su frente, la del Zeir Anpin**, se revela e ilumina. Entonces se llama** «Pero yo *enderezaba* mi oración a ti, oh Señor, al **tiempo de la buena voluntad**. Oh Dios, por la multitud de tu misericordia, por la verdad de tu salud, óyeme» (Salmos 69:14). **En cada momento individual el juicio es inminente y la frente del Zeir Anpin se revela, y la frente del Anciano de los Ancianos también se revela y el juicio es vencido y no se promulga.**

Hemos aprendido que esta frente se expande en doscientos mil seres de rojo que están adheridos e incluidos en ella. Cuando es revelada, hay permiso para destruir y cuando la frente de la voluntad de las voluntades es revelada y brilla en esta frente, todos son aliviados.

Hemos aprendido que en esta frente hay veinticuatro juicios de Arriba, todos ellos llamados *Netzajim*, de Netzaj «gloria»**. Con estas letras y cambiando la letra *Nun* por la letra *Mem*,** que la precede, **obtenemos *Metzaj*, «frente». Existe un *Netzaj* que es *Netzajim*, como hemos aprendido,** que se llama ***Netzaj Netzajim*,** (*véase* Zohar I-241a) **y existe en la frente y a partir de ahí se expande al cuerpo en lugares bien conocidos.**

Hemos aprendido que está escrito: «Y también el Vencedor de Israel no mentirá, ni se arrepentirá *acerca de esto*; porque no es hombre para que deba arrepentirse» (1 Samuel 15:29)**. El secreto de esto ya ha sido explicado: a menudo el Netzaj que se extien-**

de en el cuerpo produce juicios sobre los hombres y si estos se arrepienten no los ejecuta. ¿Por qué? Porque el asunto pertenece a un lugar llamado «Adán» y éste puede arrepentirse. Pero cuando ocurre en un lugar llamado «cabeza» este Netzaj aparece revelado y entonces no es el momento ni el lugar adecuado para el arrepentimiento. No está en el lugar llamado «hombre» (Adán) y ni el rostro ni la nariz son revelados. Por lo tanto, «porque no es hombre para que deba arrepentirse» ocurre como con el Netzaj en otros Tikunim del cuerpo.

Los ojos de la cabeza son distintos de los otros ojos. El color de las cejas que están encima de los párpados es negro y los cabellos ondulados. Están por encima de los ojos, en la frente y setecientos mil vigilantes están adheridos a ellos. En la cubierta de los ojos resplandecen catorce millones que están adheridos a los párpados y que los recubren. La supervisión del Anciano de los Días está sobre ellos y cuando la cubierta es eliminada, es como si despertara de un sueño. Sus ojos se abren y ven al ojo abierto y son bañados en una blancura del buen ojo, según ha sido escrito: «Sus ojos, como palomas junto á los arroyos de las aguas, que se lavan con leche, y a la perfección colocados» (Cantar de los cantares 5:12). ¿Por qué «con leche»? Porque es en la blancura del ojo primordial. Durante todo este tiempo prevalece la providencia compasiva. A propósito de esto está escrito que el rey David oró y dijo: «Despierta; ¿por qué duermes, Eterno? Despierta, no *nos* deseches para siempre» (Salmos 44:23). O sea que hay que abrir los ojos y bañarlos dentro de la blancura. Cuando los ojos no se abren, los ángeles acusadores presionan a Israel y las demás naciones. Cuando él abra los ojos y los bañe con el ojo bueno, la compasión estará sobre Israel y el ojo dará vueltas alrededor vengándose sobre las demás naciones. Esto corresponde a lo que está escrito: «Despierta». «Despierta» para ser bañado por la blancura y «¿por qué duermes?» para la venganza. Cuando abre los ojos, son agradables a la vista como palomas, rojo, negro y verde son sus colores, según está escrito: «Sus ojos, como palomas...» (Cantar de los cantares 5:12). El color blanco no aparece hasta que llega

el tiempo en el que mira en el buen ojo y todos estos colores se bañan en el blanco. De esos colores que se revelan emergen siete ojos de supervisión, saliendo del color **negro** (137a) que está **en el ojo, según ha sido escrito:** «Porque he aquí aquella Piedra que puse delante de Josué; **sobre *esta* única piedra *hay* siete ojos; he aquí**, yo esculpiré su labor, dice el Señor de los ejércitos, y quitaré el pecado de la tierra en un día» (Zacarías 3:9). **¿Qué quiere decir «única piedra»? Es lo negro del ojo.**

Del color **rojo emergen siete corredores hacia la izquierda, que brillan con el fuego del norte,** que simboliza el juicio**, y están unidos para brillar a través del mundo a fin de revelar los caminos de los malvados, según está escrito:** «Porque, ¿quién ha menospreciado el día de los pequeños *comienzos*? Se alegraron, y verán la plomada en la mano de Zorobabel. **Aquellos siete *son* los ojos del Señor extendidos por toda la tierra»** (Zacarías 4:10).

Del color **verde emergen siete esplendores de un racimo del sur, adheridos para propagarse por el mundo y revelar los hechos y los actos de la gente, buenos o malos, según está escrito: «Porque sus ojos están *puestos* sobre los caminos del hombre,** y ve todos sus pasos» (Job 34:21).

Cuando están bañados en el blanco están listos para velar sobre las personas sinceras (literalmente los maestros de la verdad) **beneficiando al mundo por amor hacia ellos. Todo esto es por el bien de Israel. Y velan con el rojo,** el color del rigor, **sobre aquellos que los asedian, según está escrito:** «Y dijo el Señor: **bien he visto** la aflicción de mi pueblo que *está* en Egipto, y he oído su clamor a causa de sus exactores; por lo cual *yo* he entendido sus dolores» (Éxodo 3:7). **«Bien» por el bien de Israel y «he visto» para vengarlos de aquellos que los asedian. Por esta razón está escrito: «Despierta; ¿por qué duermes, Eterno? Despierta, no *nos* deseches para siempre»** (Salmos 44:23). El primer **«despierta» y** el segundo **«despierta» son por las dos supervisiones, dos aberturas** de los ojos**, dos beneficios,** uno directo y otro indirecto**: la compasión y la venganza. El primer color es el rojo dentro del rojo que comprende y envuelve a todos los rojos. Alrededor de**

137a

este rojo hay una línea negra que lo engloba. El segundo color es el negro y se parece a la piedra que surge del abismo del gran océano una vez cada mil años (*Véase* II- Zohar 176b). **Cuando esta piedra está a punto de emerger, la acompaña un ruido ensordecedor que envuelve al océano. Este ruido y las olas son escuchados por un pez enorme llamado Leviatán, que emerge del abismo. Esta piedra rueda en el mar turbulento y es expulsada hacia fuera. El ojo la ve tan negra que su** color **negro engloba y oscurece a todos los demás negros. Está rodeada por una línea roja. Cuando el** color **blanco se revela y daña al ojo, todos los demás colores dejan de existir. No se puede ver nada excepto este** color **blanco, que brilla a partir del Anciano de los Días y todo es iluminado por él. Por lo tanto, todos los que poseen el rojo y el blanco, que son gemelos, desaparecen, según ha sido escrito: «Tus dientes, como manadas de trasquiladas** ***ovejas*****, que suben del lavadero, todas con crías mellizas**, y ninguna entre ellas estéril» (Cantar de los cantares 4:2). **¿Qué quiere decir «lavadero»? Es como el blanco de los ojos cuando es bañado por el ojo santo.** ¿Qué quiere decir **«todas con crías mellizas»?, que se mezclan y se unen uno con otro. En cuanto a «Tus dientes, como manadas de trasquiladas** ***ovejas*****», significa que su blancura es como el blanco de los ojos cuando es bañado por el ojo santo. Los justos están destinados a conocer esto en el espíritu de sabiduría, según ha sido dicho:** «¡Voz de tus atalayas! Alzarán la voz, juntamente jubilarán; **porque ojo a ojo verán**, como torna el Señor a traer a Sión» (Isaías 52:8). **¿Y cuándo tendrá lugar? Cuando «Torna el Eterno a traer a Sión», por lo que está escrito «Que ojo a ojo aparecías tú, oh Eterno»** (Números 14:14). **Esto ocurre cuando los ojos se abren para bien.**

Porque los ojos se pueden abrir para bien o para mal, según está escrito: «Inclina, oh Dios mío, tu oído, y oye; **abre tus ojos, y mira nuestros asolamientos**, y la ciudad sobre la cual es llamado tu Nombre; porque no derramamos nuestros ruegos ante tu presencia *confiados* en nuestras justicias, sino en tus muchas misericordias» (Daniel 9:18). **Aquí es para bien. Y para mal está escrito:** «Verás a

Sión, ciudad de nuestras solemnidades; **tus ojos verán a Jerusalén, morada de quietud; tienda que no será desarmada, ni sus estacas serán arrancadas,** ni ninguna de sus cuerdas será rota» (Isaías 33.20). **Aquí es para bien y para mal, ya que una cosa no ocurre sin la otra.**

Hemos aprendido en el libro oculto (*Sifra Detzinuta*) (literalmente «recatado», *Véase* II-Zohar 177b): **¿Qué significa «tus ojos verán a Jerusalén, morada de quietud»? ¿Acaso es Jerusalén una morada de quietud? Mira lo que está escrito:** «Llena *estuvo* de juicio, **en ella habitó *la* equidad**; mas ahora, *los* homicidas» (Isaías 1:21). **¿Acaso no es «morada de quietud» un lugar donde habita la equidad** (*Tzedek*)**? Así como «tus ojos verán a Jerusalén, morada de quietud». «Morada de quietud» se refiere al Anciano de los Días. El ojo está en quietud porque es un ojo misericordioso y no se mueve** de la misericordia al rigor. **Por esta razón, leemos «tu ojo»** (con una sola letra *Iod*) **y no «Tus ojos** (*Eineja*, con dos letras *Iod*) **verán Jerusalén...». Al decir Jerusalén en vez de Sión, es para someter** (137b) **el juicio que hay en ella y tener misericordia de ella. También hemos aprendido que está escrito:** «tierra de la cual el Señor tu Dios procura; **siempre están sobre ella los ojos del Señor tu Dios, desde el principio del año hasta el fin de él»** (Deuteronomio 11:12). **En el mundo venidero os encontraréis ante un ojo de misericordia que es el ojo del Anciano de los Ancianos, según está escrito:** «Por *un* pequeño momento te dejé; **mas te recogeré con grandes misericordias»** (Isaías 54:7). **¿Por qué si está escrito «misericordias» también dice «grande»? Hay misericordia y misericordia. La misericordia del Anciano de los Ancianos es llamada «gran misericordia», mientras que la misericordia del Zeir Anpin es llamada «misericordia» a secas. Por esta razón, «te recogeré con grandes misericordias», la del Anciano de los Días.**

Hemos aprendido que en estos dos ojos, en los dos colores, el rojo y el negro, residen dos lágrimas. Cuando el Santo de los santos quiere tener compasión de Israel, vierte dos lágrimas que dulcifican el gran océano. ¿Cuál es? Es el océano de la sabiduría

de Arriba para que ellos se bañen en lo blanco de la fuente que mana de la sabiduría de Arriba y él tenga compasión de Israel.

Hemos aprendido en el libro oculto (*Sifra Detzinuta*) (literalmente «recatado») **que la nariz del Zeir Anpin no sirve para reconocerle. En esta nariz queda aclarada la declaración que dice: «Subió humo de sus narices**, y de su boca fuego consumidor, por el cual se encendieron carbones» (2 Samuel 22:9). **«Subió humo de sus narices», humo en el que estaban incluidos fuego y carbones ardientes pues no hay fuego sin humo ni humo sin fuego. Ambos se encienden y ascienden desde la nariz.**

Hemos aprendido que cuando estos tres se unen y están incluidos en el humo que sale de la nariz, la nariz se contrae y exhala humo, rojo y negro, con un color entremedio. Esto se llama ira, furor y destructor. Si dices que son mencionados la ira y el furor porque «Porque temí a causa del furor y de la ira con que el Señor estaba enojado contra vosotros para destruiros. Pero el Señor me oyó aun esta vez» (Deuteronomio 9:19), **o sea el humo rojo y negro, ¿cuál es ese destructor? Está escrito:** «Y alzó Lot sus ojos, y vio toda la llanura del Jordán, que toda ella *era* de riego, **antes que destruyese el Señor a Sodoma, y a Gomorra**, como *un* huerto del Señor, como la tierra de Egipto entrando en Zoar» (Génesis 13:10). **Y el destructor las destruyó** a Sodoma y Gomorra **con un fuego devorador** (*Véase* Talmud Shabbat 55a).

Hemos aprendido que en el Zeir Anpin hay cinco guevurot que ascienden a mil cuatrocientas guevurot difundidas a través de la nariz, la boca, los brazos, las manos y los dedos. Por esta razón está escrito: «¿Quién expresará las valentías del Señor? ¿Quién *contará* sus alabanzas?» (Salmos 106:2). **La palabra guevurot,** valentías, aparece escrita **sin la** letra ***Vav*. Y también está escrito «Tuya es, oh Señor, la magnificencia, y el poder**, y la gloria, la victoria, y el honor; porque todas las cosas que están en los cielos y en la tierra *son tuyas*. Tuyo, oh Señor, es el reino, y la altura sobre todos *los que están* por cabeza» (1 Crónicas 29:11). Aquí también está escrito sin la letra *Vav*. **Esto es lo que aprendimos: cuando todas las guevurot están unidas es como si fuera una única guevurah. Todas**

137b

las guevurot comienzan saliendo de la nariz y de cada una de ellas penden diez mil cuatro millones. Del humo que sale de la nariz penden diez mil millones cuatrocientas cinco de este lado de la guevurah. Todas estas guevurot penden de la nariz, según está escrito: «Generación a generación narrará tus obras, y anunciarán tus valentías» (Salmos 145:4). **Cuando empieza esta guevurah todas las demás guevurot arden y descienden hacia la «llama de cuchillo** que andaba en derredor para guardar el camino del árbol de la vida» (Génesis 3:24).

Está escrito: «Porque destruimos este lugar, por cuanto el clamor de ellos se ha engrandecido delante del Señor; por tanto el Señor nos ha enviado para destruirlo» (Génesis 19:13); **pero también está escrito: «Y el Señor llovió sobre Sodoma y sobre Gomorra** azufre y fuego del Señor desde los cielos» (Génesis 19:24). **Sin embargo se nos ha enseñado lo siguiente: los malvados no están contentos hasta que convierten la medida de rigor en medida de misericordia** (*Véase* Bereshit Rabbah 33:3). **¿Cómo lo logran, si está escrito «Porque yo *soy* el Señor, no me he mudado**; y así vosotros, hijos de Jacob, no habéis sido consumidos» (Malaquías 3:6)**? Es porque hay una gran misericordia en la cabeza blanca, el Anciano de los Ancianos, y cuando no está revelado todos los juicios del Zeir Anpin están esperando a que el Anciano de los Ancianos ejecute el juicio.**

Hemos aprendido que cuando es revelado el Anciano de los Ancianos, la voluntad de las voluntades, todas las lámparas mencionadas con ese nombre se iluminan y en todas partes hay compasión. Porque mientras el Oculto de los Ocultos no se revela a sí mismo y sus lámparas no iluminan, los juicios son despertados y se ejecuta el juicio. ¿Quién es el causante del juicio? La voluntad de las voluntades que no se ha revelado. Por lo tanto los malvados convierten a la misericordia en juicio. Está escrito: «Y el Señor llovió sobre Sodoma y sobre Gomorra azufre y fuego del Señor desde los cielos» (Génesis 19:24). **Esto hace referencia al Zeir Anpin pues dice: «desde los cielos** (*Shamaim*)**» O sea fuego** (*Esh*) **y agua** (*maim*)**, o sea juicio y misericordia; excluyendo a aquel que no tiene Juicio.**

Hemos aprendido que la nariz es pequeña cuando comienza (138a) **a sacar humo y se va y se ejecuta el juicio. ¿Quién retiene a la nariz a fin de que el juicio no sea ejecutado? La nariz del Anciano Santo, llamado *Erej Apaim*,** «nariz larga», en el sentido de magnanimidad, **que sufre por todos. Éste es el secreto que hemos aprendido: «El Eterno – El Eterno»** (Éxodo 34:6). **Hay entre ambas palabras un signo musical que indica pausa. Esto mismo puede aplicarse a cada vez en que un nombre aparece dos veces seguido. Hay un signo de pausa entre ellos como en «Abraham – Abraham»** (Génesis 22:11); **«Jacob – Jacob»** (Génesis 46:2); **y «Samuel – Samuel»** (1 Samuel 3:10). **En todos los casos hay un signo de pausa excepto en «Moisés, Moisés»)** (Éxodo 3:4), **donde no hay separación entre el primer y el segundo Moisés. ¿Por qué?** (*Véase* Zohar I-121a).

«Abraham – Abraham» (*Véase* Zohar I-82 a y I-120a) **nos enseña que el segundo Abraham está más completo que el primero. El primero no estaba completo porque aún no había completado las diez pruebas. Por esta razón el signo de pausa que aparece entre ellos** indica **que el segundo no es como el primero.**

«Jacob – Jacob» (Génesis 46:2) **el segundo Jacob está completo mientras que el primero está incompleto. Esto es porque ha sido alegrado con la noticia de que su hijo José está vivo y la Shekinah mora con él** (*Véase* Rashi sobre Génesis 45:27). **Además, se ha completado en la tierra como un árbol santo que ha sido perfeccionado a semejanza de Arriba, con doce límites** (las doce tribus) **y setenta ramas** (las setenta familias que entraron en Egipto), **lo cual antes no estaba** (setenta y dos corresponden además a los setenta miembros del Sanhedrín y a los dos testigos). **Por esta razón el segundo Jacob está completo y el primer Jacob no está completo porque los separa el signo de pausa.**

«Samuel – Samuel» (1 Samuel 3:10). **También los separa el signo de pausa. ¿Por qué? Porque el segundo Samuel está completo y el primer Samuel no está completo. Antes no era un profeta y ahora es un profeta. Pero en el caso de «Moisés, Moisés» no encontramos el signo de pausa pues ya estaba completo desde el**

138a

día en que nació, según está escrito: «la cual concibió, y le dio a luz un hijo; y **viéndole que era hermoso**, le tuvo escondido tres meses» (Éxodo 2:2) (*Véase* I Zohar 120b).

Aquí también, en «El Eterno – El Eterno» hay un signo de pausa ya que si bien el primero está completo, el segundo está completo en todos los sentidos. Moisés habló en el lugar del juicio para hacer bajar al Anciano santo. Porque esto es lo que aprendimos, ¡qué grande el poder de Moisés que hizo bajar los atributos de misericordia! Cuando el bendito Anciano, se revela al Zeir Anpin, todo está lleno de compasión. La nariz (*jotem*) **es calmada y el fuego y el humo no salen, según está escrito:** «Por causa de mi nombre dilataré mi furor; **y para alabanza mía te esperaré** (*ejetom*) **con paciencia**, para no talarte» (Isaías 48:9).

Ha sido enseñado a propósito de los dos orificios de la nariz que de uno de ellos sale humo caliente que se asienta en las grietas del gran abismo. De un orificio surge un fuego devorador que arde con llamas y brilla en cuatro mil mundos del lado de la izquierda y consume a aquel que consigue acercársele. Es llamado fuego de El Eterno (Números 11:1) **y es un fuego devorador que devora a los otros fuegos** (*Véase* Talmud, tratado de *Iomá* 21b). **Y este fuego no puede ser establecido excepto en el fuego del altar. El humo que sale del otro orificio no puede ser establecido excepto en el humo de los sacrificios** (*Korvanot).*

Todo lo referente a los juicios **depende de la nariz. Por esta razón ha sido escrito: «Y olió el Señor olor de reposo**; y dijo el Señor en su corazón: no volveré más a maldecir la tierra por causa del hombre; porque el intento del corazón del hombre es malo desde su niñez; ni volveré más a herir toda cosa viva, como he hecho» (Génesis 8:21). **Todo depende de la nariz pues esta nariz ha de oler el humo y el fuego rojo para que la ofrenda sea recibida favorablemente. Esto corresponde a lo que está escrito:** «y se encienda el furor del Señor sobre vosotros, y cierre los cielos, y no haya lluvia, ni la tierra dé su fruto, y perezcáis presto de la buena tierra que os da el Señor» (Deuteronomio 11:17); **«mi furor se encenderá**, y os mataré a cuchillo, y vuestras mujeres serán viudas, y huérfanos vuestros hijos» (Éxodo

22:24); «porque el Dios celoso, el Señor tu Dios, en medio de ti está; que por ventura **no se inflame el furor del Señor tu Dios contra ti**, y te destruya de sobre la faz de la tierra» (Deuteronomio 6:15). **Todo esto se refiere al Zeir Anpin.**

Hemos aprendido que está escrito: «Inclina, oh Señor, tu oído, y oye; abre, oh Señor, tus ojos, y mira; y oye las palabras de Senaquerib, que ha enviado a blasfemar al Dios viviente» (2 Reyes 19:16). **Esa oreja es una oreja que fue formada debajo del cabello, que cuelga sobre ésta. Esta oreja es para escuchar y fue hecha con diseños de los diseños grabados en su interior como alguien que hubiera hecho una escalera inclinada, de una dirección hacia otra. ¿Por qué está inclinada? Es para poder escuchar el bien y el mal. Hemos aprendido que de estas orejas están suspendidos todos los seres que tienen alas, a propósito de los cuales ha sido escrito** «Ni aun en tu pensamiento maldigas al rey, ni en los secretos de tu cámara maldigas al rico; **porque las aves del cielo llevarán la voz, y las que tienen alas harán saber la palabra»** (Eclesiastés 10:20). **En el interior de esta oreja gotean en las tres cavidades del cerebro hacia la apertura de la oreja. A partir de este goteo, la voz entra en esa pendiente combinándose con esas gotas, para bien o para mal. Para bien, según está escrito «Porque el Señor oye a los menesterosos**, y no menosprecia a sus prisioneros» (Salmos 69:34)**, y para mal, según está escrito:** «Y aconteció que el pueblo se quejó a oídos del Señor; **y lo oyó el Señor, y se enardeció su furor, y se encendió en ellos fuego del Señor** y consumió en el extremo del campamento» (Números 11:1). **Esta oreja está sellada afuera y la pendiente penetra dentro de la abertura de la oreja conteniendo el flujo del cerebro a fin de llevar la luz hacia dentro para que no se salga hacia fuera y se mantenga guardada y oculta por todas partes. Por esta razón, se trata de un secreto** muy elevado. **¡Desgraciado aquel que revela los secretos, ya que es como si menguara la estructura más elevada que fue preparada para reunirlos de modo que no se escapen hacia afuera!**

Hemos aprendido que cuando Israel llora en sus tribulaciones y los pelos son descubiertos de sobre sus orejas, la voz entra en

ellas en esa abertura que recibe el flujo del cerebro. Ésta brota a través de los orificios nasales y la nariz se hace más corta y menos caliente, y el fuego y el humo salen de los orificios nasales (138b) **despertando a las guevurot que ejecutan la venganza. Antes de que el fuego emerja de los orificios nasales, la voz asciende hacia Arriba, golpeando el extremo superior del cerebro y haciendo fluir dos lágrimas de los ojos que son las que causan que el humo y el fuego escapen de los orificios de la nariz a través de ese ruido. A través de esa voz que entra en las orejas son despertados aquellos que están estirados** durmiendo. **Por esta razón ha sido escrito: «**Y aconteció que el pueblo se quejó a oídos del Señor; **y lo oyó el Señor, y se enardeció su furor, y se encendió en ellos fuego del Señor** y consumió en el extremo del campamento» (Números 11:1). **Cuando oye esa voz, el cerebro se despierta. Hemos aprendido que está escrito: «oh Dios: Inclina a mí tu oído, escucha mi palabra»** (Salmos 17:6). **Esto es seiscientas mil decenas de miles de seres alados que penden de estas orejas denominadas «orejas del Eterno». Por esto está dicho «oh Dios: inclina a mí tu oído», porque es el oído del Zeir Anpin.**

En un aspecto de la cavidad del cerebro están suspendidas las orejas. De las cincuenta puertas que salen de esta cavidad hay una puerta que se abre dentro de la abertura de la oreja, según está escrito: «Porque el oído prueba las palabras, como el paladar gusta para comer» (Job 34:3) **y también «**Consuma ahora mal a los malos, y establece al justo; pues el Dios justo *es* **el que prueba los corazones y los riñones»** (Salmos 7:10). **A propósito de la expansión de esta cavidad de cincuenta puertas que se extienden a través del cuerpo, esta cavidad se extiende en el lugar en el que reside el corazón. Por esta razón se utiliza la palabra «prueba» tanto para la oreja como para el corazón.**

Hemos aprendido en el libro oculto (*Sifra Detzinuta*) (literalmente «recatado») **que así como esta oreja puede distinguir entre el bien y el mal, así ocurre con todo. Porque en el Zeir Anpin hay un lado del mal y un lado del bien, la izquierda y la derecha, el rigor y la misericordia. Y esta oreja se incluye en el cerebro y**

ya que está incluida allí, en esa cavidad particular, está incluida en la voz que entra en ella. «Oír», que está incluido en la oreja corresponde a la sefirah de **Binah. «Oír»** en hebreo **significa «entender». Todo está equilibrado. Estas palabras han sido dadas a los que dominan las midot** (cualidades) **a fin de oír, ver y conocer.**

Ven y **ve qué está escrito: «Oh Señor, he oído tu palabra, y temí.** Oh Señor, aviva tu obra en medio de los tiempos, en medio de los tiempos hazla conocer; en la ira acuérdate de la misericordia» (Habacuc 3:2). **Se trata de un versículo famoso. Cuando el santo profeta oyó, vio y conoció está escrito «y temí» porque es apropiado temer y ser destrozado delante de Él. Esto se aplica a las orejas del Zeir Anpin. ¿Qué está escrito acerca de lo que vio y conoció? «Oh Señor, aviva tu obra en medio de los tiempos». Esto se refiere al Anciano de los Días. Cada vez que nos encontramos con «Eterno», «Eterno» escrito las dos veces con** la letra ***Iod*, o con *Alef Dalet* y** Iod He, **uno se refiere al Zeir Anpin y otro al Anciano de los Días, a pesar de que son uno y son llamados por el mismo nombre.**

Hemos aprendido: ¿Cuándo podemos considerar que el Nombre está completo? Cuando está escrito «El Eterno Elohim», ya que éste es el nombre completo del Anciano de los Ancianos y del Zeir Anpin. La totalidad es denominada «nombre completo» y los demás nombres no se consideran «nombre completo», según ha sido explicado «Y había plantado el Señor Elohim *un* huerto en Edén al oriente, y puso allí al hombre que formó» (Génesis 2:8). **Ese es el nombre completo que plantó en el jardín. En todas partes «El Eterno Elohim» es el nombre completo que lo comprende todo y del que emana la misericordia. El versículo que dice «Oh Señor, aviva tu obra en medio de los tiempos**, en medio de los tiempos hazla conocer; en la ira acuérdate de la misericordia» (Habacuc 3:2) **se dirige al Anciano de los Días. ¿Qué es «tu obra»? El Zeir Anpin. «En medio de los tiempos» son aquellos años de antaño y no días eternos pues los tiempos primordiales son los días de antaño. Los años eternos** (*Shanot Olam*) (*Véase* Salmos 77:6) **son los días del mundo** (*Olam*) (*Véase* Malaquías 3:4), pero **aquí** dice

«En medio de los tiempos». ¿Cuáles son? Los años primordiales. ¿«Aviva» a quién? «En la ira acuérdate de la misericordia» (Habacuc 3:2). **Es la misericordia de Arriba del Anciano de los Ancianos del cual emana la misericordia hacia aquellos que la necesitan y la merecen.**

Hemos aprendido que Rabbí Shimon ha dicho: llamo por testigos a aquellos que están por encima de nosotros y que todos los mundos se alegren con estas palabras. Estas palabras se alegran en mi corazón. Están ocultas en la cortina de Arriba, ascendiendo, y el más Anciano de todos, que está oculto de todo, las atesora abajo. Cuando empecé a hablar, los compañeros ignoraban que todas estas cosas salían de aquí. ¡Dichosa vuestra parte, compañeros que estáis aquí! ¡Dichosa mi parte junto con vosotros en este mundo y en el mundo venidero!

Rabbí Shimon abrió el versículo **y dijo: «Mas vosotros que os allegasteis** al Señor vuestro Dios, todos *estáis* vivos hoy» (Deuteronomio 4:4). **¿Qué nación es santa como Israel? Sobre ella está escrito: «Bienaventurado tú,** ***oh*** **Israel, ¿Quién como tú, pueblo salvo por el Señor,** escudo de tu socorro, y cuchillo de tu excelencia? *Así que* tus enemigos serán humillados, y tú hollarás sobre sus alturas» (Deuteronomio 33:29) **y «¿Quién como tú, oh Señor, entre los dioses?** ¿Quién como tú, magnífico en santidad, terrible en loores, hacedor de maravillas?» (Éxodo 15:11)**, porque su adhesión es a este Nombre en este mundo y mucho más en el mundo venidero,** (139a) **pues no estás separados del nudo al que están anudados los justos, ya que no está escrito: «se apegaron hacia el Eterno», sino «se apegaron al Eterno».**

Hemos aprendido que cuando el santo aceite de la unción desciende desde la barba santa y preciosa sobre la barba del Zeir Anpin, esta barba está establecida con nueve Tikunim. Cuando la barba del Anciano de los Ancianos es iluminada por la barba del Zeir Anpin, de él fluyen trece fuentes de aceite y en él prevalecen veintidós Tikunim, de los que emanan las veintidós letras de la Torah. Ahora podéis decir que esta barba no aparece en ningún lugar de las escrituras**, pero Salomón hizo mención de ella en**

«**Sus mejillas** como una era de especias aromáticas, como fragantes flores; sus labios, *como* lirios que destilan mirra que trasciende» (Cantar de los cantares 5:3). **Sin embargo hemos leído lo siguiente en el libro oculto** (*Sifra Detzinuta*) (literalmente «recatado») **que todo lo que está oculto y no ha sido revelado no es mencionado ni revelado** en las escrituras. **Dado que la barba es alabanza y lo más valioso de todo rostro, está oculta y no es revelada. Ésta es la razón por la cual en las escrituras no es revelada. Hemos aprendido que esta barba, que es la perfección del rostro y la belleza del Zeir Anpin empieza en sus orejas ascendiendo y cubriéndose con una ofrenda de fragancia. ¿Qué es? Es según está escrito: «Sus mejillas, como una era de especias aromáticas**, como fragantes flores; sus labios, *como* lirios que destilan mirra que trasciende» (Cantar de los cantares 5:13). **Esta barba del Zeir Anpin fue establecida con nueve Tikunim, con cabello negro, bellamente arreglada como en un hombre valiente, bello y poderoso, según está escrito:** «Sus piernas, *como* columnas de mármol fundadas sobre basas de fino oro; su vista *como* el Líbano, **escogido como los cedros»** (Cantar de los cantares 5:15).

Primer Tikún: el cabello está arreglado desde Arriba. Esa chispa, *Botsitza deKardinuta*, surge del éter y ataca desde debajo del cabello de la cabeza y de las guedejas que están encima de las orejas. Desde la abertura de las orejas descienden pelos hasta la parte superior de la boca.

Segundo Tikún: el cabello sale y sube desde un lado de la parte superior de la boca hasta el otro lado de la parte superior de la boca, pelo por pelo, bellamente arreglado.

Tercer Tikún: desde el centro, debajo de la nariz, y debajo de los dos orificios nasales sale un sendero que está lleno de pequeños pelos duros. El resto se halla a ambos lados rodeando este sendero. Debajo no hay sendero visible pero si arriba hay un sendero que desciende hasta la parte inferior de los labios, donde está sumergido.

Cuarto Tikún: los pelos salen y son arreglados para suplir y cubrir sus mejillas como una oferta de especias igual que el Anciano.

Quinto Tikún: el cabello deja de crecer y aparecen dos manzanas, una de cada lado, una roja como una rosa roja, que brilla es doscientos setenta mundos que brillan a partir de ella.

Sexto Tikún: los pelos crecen como cuerdas alrededor de la barba colgando hasta la parte superior del estómago aunque no llegan al ombligo.

Séptimo Tikún: el pelo no cuelga sobre la nuca que está libre por todas partes, y los pelos están arreglados alrededor de ella.

Octavo Tikún: los cabellos descienden debajo de la barba cubriendo la nuca de modo que no se la puede ver.

Noveno Tikún: en todas las direcciones está lleno de mechones, hermosos, como un hombre poderoso vencedor de batallas.

Con estos nueve Tikunim fluyen de Arriba abajo nueve fuentes de aceite de unción de Arriba. Hay fluir hacia los de abajo. Estos nueve Tikunim aparecen en la barba y con el arreglo de la barba es considerado un hombre poderoso por lo que aquel que la contempla se mantiene firme y se conecta con una energía poderosa. Hasta aquí tenemos el Tikún de la barba suprema del Zeir Anpin.

Rabbí Shimon dijo a Rabbí Eleazar, su hijo: levántate, hijo mío, y mece la barba con estos nueve Tikunim. (139b) **Rabbí Eleazar se levantó y dijo: «Desde la angustia invoqué a Yah; y me respondió Yah, poniéndome en anchura» Y «Mejor *es* esperar en el Señor que esperar en príncipes»** (Salmos 118:5 y 9). **Hemos aprendido que hay nueve Tikunim de la barba aquí, y el rey David necesitaba estos Tikunim para conquistar a los demás reyes y a las demás naciones.**

Ven y **ve: en cuanto pronunció estos nueve Tikunim, dijo: «Todas las naciones me cercaron; en *el* nombre del Señor, que yo los talaré»** (Salmos 118:10). **Dijo: ¿para qué me sirven todos estos Tikunim que he pronunciado? Es porque las naciones lo cercaron. En el Tikún de esta barba hay nueve Tikunim en el nombre del el Eterno,** y que corresponden a las naciones que lo cercaron, **por lo que está escrito: «yo los talaré».**

Hemos aprendido en el libro oculto (*Sifra Detzinuta*) (literalmente «recatado») **que** el rey **David pronunció nueve Tikunim aquí. Seis de ellos se hallan en el Nombre Santo donde aparecen seis nombres y tres veces la palabra «hombre». Pero si dijeras que sólo aparece dos veces, no es así ya que «príncipes» entran en la categoría de hombres. Hemos aprendido: seis nombres** de Dios. **«Desde la angustia invoqué a JAH»; «me respondió JAH, poniéndome en anchura»; «El Señor** *está* **por mí; no temeré** *lo* que me pueda hacer el hombre» (Salmos 118:6); **«El Señor** *está* **por mí entre los que me ayudan**; por tanto yo veré *mi deseo* en los que me aborrecen» (Salmos 118:7); **«Mejor** *es* **esperar en el Señor** que esperar en príncipes»(Salmos 118:9) **y «Mejor** *es* **esperar en el Señor».** La palabra **«hombre» aparece tres veces, según está escrito: «El Señor** *está* **por mí; no temeré** *lo* **que me pueda hacer el hombre»** (Salmos 118:6); **«Mejor** *es* **esperar en el Señor que esperar en hombre»** (Salmos 118:8) **«Mejor** *es* **esperar en el Señor que esperar en príncipes»** (Salmos 118:9), ya que los príncipes son hombres.

Ven y ve: **he aquí el secreto del asunto. Cada vez que se menciona aquí la palabra Adam** (hombre), **es mencionada junto con el Nombre Santo, como ha de ser, pues el hombre únicamente existe con aquello que merece. ¿Y qué es aquello que merece? Es el Nombre Santo** (el Tetragrama), **según ha sido escrito «El Eterno Dios formó al hombre...»** (Génesis 2:7). **Lo hizo con el nombre completo El Eterno Elohim. Por esta razón el hombre es mencionado únicamente con el Nombre Santo** (*Véase* Bereshit Rabbah 13:3).

Hemos aprendido que está escrito: «Desde la angustia invoqué a Iah» y «me respondió Iah, poniéndome en anchura». La palabra Iah aparece dos veces en correspondencia con sus dos mejillas a las cuales están adheridos los pelos. Cuando vio que los pelos colgaban el rey David **dijo: «El Señor** *está* **por mí; no temeré** *lo* **que me pueda hacer el hombre»** (Salmos 118:6) **y «El Señor** *está* **por mí entre los que me ayudan**; por tanto yo veré *mi deseo* en los que me aborrecen» (Salmos 118:7). Me ayuda por medio

139b

de **un nombre en el que no faltan** las letras *Vav* y *He*, **un nombre sagrado. Adam** (hombre) **es mencionado con este nombre. Dijo: «Lo que me pueda hacer el hombre»** (Salmos 118:6). **Hemos aprendido que todas las coronas santas del rey fueron formadas con formas denominadas Adam** (hombre), **que es la forma general que incluye a las demás. Aquello que es infundido en él es mencionado como el Nombre Santo mientras que aquello que lo recubre** (literalmente «la vaina») **y lo contiene es mencionado como el Tetragrama, llamado «hombre»** ya que el valor numérico de hombre, 45 coincide con *Mah*, uno de los desarrollos del Tetragrama, que también vale 45. **La vaina junto con lo que contiene.**

Estos nueve Tikunim que pronunció el rey **David eran para derrotar a sus enemigos. Aquel que se adhiere a la barba del rey, todo lo que desea el Rey lo hará por él. ¿Por qué a la barba y no al cuerpo? Porque el cuerpo sigue a la barba pero la barba no sigue al cuerpo** (*Véase* Zohar II-186b). **Hay dos maneras de proceder a la enumeración** de estos Tikunim. **Como ya se ha dicho, el primero es: «Desde la angustia invoqué a Iah»; el segundo es «me respondió Iah, poniéndome en anchura»; el tercero es**

«El Señor *está* por mí» (Salmos 118:6); **el cuarto es «no temeré *lo* que me pueda hacer el hombre»; el quinto es «El Señor *está* por mí»; el sexto es «por tanto yo veré *mi deseo* en los que me aborrecen»** (Salmos 118:7); **el séptimo es «Mejor *es* esperar en el Señor»; el octavo es** «que esperar en hombre» **y el noveno es «Mejor *es* esperar en el Señor** que esperar en príncipes» (Salmos 118:9).

¿Qué significa «Desde la angustia invoqué a Iah»? Todo lo que el rey **David dijo se refería al Tikún de la barba. Diciendo «Desde la angustia invoqué a Iah» alude a aquel lugar a partir del cual empieza a extenderse la barba, un lugar estrecho de Arriba, enfrente de los orificios de las orejas, debajo de los cabellos de la cabeza. Por esta razón las letras del Tetragrama se dicen dos veces** en alusión al primer y al segundo Tikún. **Pero en aquel lugar donde se ensancha la barba, está dicho «El Señor *está* por mí; no temeré** *lo* que me pueda hacer el hombre» (Salmos 118:6), **porque no es un lugar estrecho.** El rey **David necesitó todo esto para po-**

der subyugar a los reyes y a las naciones por medio de la gloria de esta barba (*Véase* Zohar III-295a).

Hemos aprendido en el libro oculto (*Sifra Detzinuta*) (literalmente «recatado») **que aquel que durante el sueño ve a su mano estirando la barba de un hombre eminente, o extendiendo su mano hacia ella, ha de saber que está completo con su Señor y someterá a todos aquellos que lo perjudican. Hemos aprendido que la barba de Arriba está formada por nueve Tikunim y es la barba del Zeir Anpin.**

Primer Tikún (140a)**: el cabello está arreglado desde arriba, y sale en frente de los orificios de las orejas, debajo de las guedejas que cuelgan al lado de las orejas. Desciende hebra a hebra hasta la parte superior de la boca. Hemos aprendido que estos pelos de la barba son más rudos que los de la cabeza. Los pelos de la cabeza son más largos mientras que estos no lo son. Entre los pelos de la cabeza los hay suaves y los hay rudos.**

Cuando los cabellos blancos del Zeir Anpin fluyen hacia los del Zeir Anpin, está escrito «La sabiduría clama de fuera; en las plazas da su voz;» (Proverbios 1:20). **¿Qué quiere decir «de fuera»? Es el Zeir Anpin donde se unen los dos cerebros. ¿Cómo puedes imaginarte dos cerebros? Di más bien que hay cuatro cerebros. Tres cerebros en el Zeir Anpin localizados en tres cavidades del cráneo y otro cerebro que descansa tranquilamente y que incluye a los demás cerebros. A partir de él fluye el cabello blanco hacia los tres cerebros que están en su interior. Hay cuatro cerebros en el Zeir Anpin y por consiguiente son completadas cuatro porciones en los tefilin dado que el Nombre Santo del Anciano de los Días y el Zeir Anpin están incluidos en ellos. Por esto es la perfección del Nombre Santo, según está escrito: «Y verán todos los pueblos de la tierra que el nombre del Señor es llamado sobre ti, y te temerán»** (Deuteronomio 28:10). **El nombre del Eterno es su nombre real, o sea los cuatro canales de los compartimentos de los tefilin. Por lo tanto, «La sabiduría clama de fuera**; en las plazas da su voz» (Proverbios 1:20), **ya que se encuentra allí. En cuanto a la sabiduría del Anciano de los Ancianos, la más oculta de todas,**

140a

no se puede alcanzar y no está disponible al tratarse de una sabiduría oculta de todos y que no se puede describir. Ya que los cuatro cerebros se encuentran unidos en el Zeir Anpin, cuatro fuentes brotan de ellos en cuatro direcciones, separadas por una fuente que va a todas ellas, por lo tanto son cuatro cerebros.

Hemos aprendido que esta sabiduría que está incluida en estas cuatro es atraída por los pelos el Zeir Anpin que cuelgan rizo sobre rizo. Todos ellos son rudos y gruesos y van en su propia dirección. Un millón y cien millones cuelgan de ellos, algunos de ellos innumerables. Es lo que está escrito: «Su cabeza, *como* oro finísimo; **sus cabellos crespos**, negros como el cuervo» (Cantar de los cantares 5:11), **rizo sobre rizo. Todos ellos son demasiado gruesos y demasiado ásperos para unirse, como una piedra de pedernal, y como ese tipo de piedra es muy fuerte y sólida, se forman agujeros y corrientes bajo el pelo, y éstas fluyen en cada lado y dirección. Ya que estos pelos son negros y oscuros, está escrito acerca de ellos: «Él descubre las profundidades de las tinieblas, y saca a luz la sombra de muerte»** (Job 12:22). **¿Por qué son ásperos? Si fuera porque son de rigor, no es así ya que la misericordia también está presente junto con el rigor. Cuando bajan, las trece fuentes de aceite son todo misericordia. Más bien hemos aprendido que todos los pelos de la barba son ásperos. ¿Por qué? Porque los de la misericordia han de ser ásperos para poder dominar al rigor, porque los del rigor son ásperos. Por eso han de ser ásperos desde los dos aspectos. Cuando el mundo necesita misericordia, la misericordia se intensifica y triunfa sobre el rigor. Y cuando necesita rigor, el rigor se intensifica y triunfa sobre la misericordia. Por eso ha de ser áspero en ambos aspectos. Cuando es necesaria misericordia, sus pelos se enderezan y la barba se manifiesta en esos pelos y todo ello es misericordia. Cuando es necesario juicio, la barba se manifiesta en sus cabellos y todo se apoya en la barba.**

Cuando la barba blanca santa es revelada, todos son iluminados y bañados, como ocurriría con alguien que se baña en un río profundo que lo recubre. Todos ellos están en misericordia

y aquí no hay juicio. Cuando estos nueve brillan como uno solo, están bañados en la misericordia. Por esta razón, Moisés dijo de nuevo: «El Señor, tardo de ira y grande en misericordia, que suelta la iniquidad y la rebelión, y absolviendo no absolverá *al culpado*; que visita la maldad de los padres sobre los hijos hasta las terceras y hasta las cuartas *generaciones* «(Números 14:18), **a pesar de que aquí no dice «la verdad», ya que el secreto de este asunto son estos nueve puntos que brillan a partir del Anciano de los Días hasta el Zeir Anpin. Cuando Moisés lo dijo de nuevo, pronunció nueve Tikunim que son los nueve Tikunim de la barba que están en el Zeir Anpin y bajan hasta del Anciano de los Días iluminando** (140b) **dentro de él. Por esta razón, la verdad depende del Anciano y por ello Moisés no dijo: «y verdad».**

Hemos aprendido que todos los pelos del Zeir Anpin son ásperos, rizo sobre rizo, y no son suaves como los del Arij Anpin. **Como ya hemos dicho, hay tres cerebros en tres cavidades se hallan en él iluminando desde el cerebro oculto. Porque el cerebro del Anciano de los Días está silencioso y tranquilo, como vino fino que reposa sobre su poso. Todos sus cabellos son suaves y ungidos con aceite fino, por lo que está escrito** «Estuve mirando hasta que fueron puestas sillas; y un Anciano de gran edad se sentó, cuyo vestido *era* blanco como la nieve, y el pelo de **su cabeza como lana limpia**; su silla llama de fuego, sus ruedas fuego ardiente» (Daniel 7:9). **Los del Zeir Anpin son ásperos pero tampoco mucho, porque todos ellos cuelgan y no son rizados. Por esta razón, la sabiduría sigue fluyendo. Sin embargo esto no ocurre con la sabiduría de la sabiduría, que es silenciosa y tranquila. Hemos aprendido que nadie es capaz de penetrar en el cerebro del Anciano de los Días excepto él mismo, según escrito: «Dios entiende el camino de ella, y él *solo* conoce su lugar»** (Job 28:23). **Esto ha sido dicho únicamente a propósito del zeir Anpin. Rabbí Shimon dijo: ¡dichoso es mi hijo para el Santo, bendito sea, en este mundo y en el mundo venidero!**

El segundo Tikún: los pelos salen y suben desde una parte superior de la boca hasta la otra parte superior de la boca, o sea

140b

de un extremo al otro del labio superior, bajan debajo de la boca hasta el final, rizo sobre rizo descienden con belleza, literalmente: en un hermoso Tikún.

¡Sube Rabbí Abba!

Rabbí Abba subió. Abrió el versículo **diciendo: «Grande *es* el Señor nuestro, y de mucha potencia**; y su entendimiento es infinito» (Salmos 147:5) **y cuando fue establecido con la formación de la barba preciosa y santa y miró en ella, es llamada uno: «**Y pasando el Señor por delante de él, proclamó: *Yo soy* el Señor, **Yo soy fuerte, misericordioso**, y piadoso; tardo para la ira, y grande en misericordia y verdad» (Éxodo 34:6). **Este segundo Tikún fue establecido por otro de los Tikunim y recibe el nombre de «verdad». Y por esta razón, su rostro, como** (el rostro de Moisés) **resplandece.**

Hemos aprendido que este Tikún debería haber sido llamado «¿Qué Dios como tú, **que perdonas la maldad**, y que pasas por la rebelión con el remanente de su heredad? No retuvo para siempre su enojo, porque es amador de misericordia» (Miqueas 7:18)**, parecido al Anciano santo. Sin embargo, a causa del sendero que parte del tercer Tikún, debajo de los dos orificios de la nariz, donde pelillos ásperos lo llenan, aquí no es llamado «que perdonas la maldad y que pasas por la rebelión» y es establecido en otro lugar.**

Hemos aprendido que trescientas setenta y cinco (*Shin*, *Ayin*, *Beth***) bondades están incluidas en la bondad del Anciano de los Días, y que se llaman bondades primordiales, según está escrito «Señor, ¿dónde *están* tus antiguas misericordias?** Has jurado a David por tu verdad» (Salmos 89:49) y por esto este Tikún recibe el nombre de «verdad»**. Todas se encuentran en la misericordia del Anciano Santo, que está oculto de todos. Y la misericordia del Zeir Anpin es mencionada como misericordia eterna** (literalmente del mundo).

En el libro oculto (*Sifra Detzinuta*) (literalmente «recatado») **la misericordia primordial del Anciano de los Días es llamada «grande en misericordia** y verdad» (Éxodo 34:6)**. En el Zeir Anpin se la conoce simplemente como misericordia. Está escrito llama-**

da «grande en misericordia» y también «que guarda la misericordia en millares...» Éxodo 34:7), simplemente. **Hemos establecido que este «grande en misericordia» inclina hacia la misericordia iluminándola y encendiendo sus lámparas.**

Hemos aprendido a propósito del sendero que baja de los orificios nasales con pelillos finos que no es llamado «que perdonas la maldad» pues ésta no tiene espacio por donde pasar. Esto es así por dos razones, porque los pelillos hacen que sea un paso difícil y porque únicamente llega hasta la parte superior de la boca, por lo que está escrito: «Sus mejillas, como una era de especias aromáticas, como fragantes flores; **sus labios, *como* rosas** que destilan mirra que trasciende» (Cantar de los cantares 5:13). **Son como rosas que destilan mirra de color rojo,** el correspondiente al rigor. **Este sendero aquí tiene dos colores y amenaza y no tiene misericordia. Por lo tanto, aquel que desea producir miedo golpea sobre este sendero dos veces con su mano.**

El cuarto Tikún: los pelos en él están arreglados, ascendiendo y descendiendo de las mejillas con una ofrenda olorosa. Es el Tikún más hermoso de ver, es esplendor y gloria. Hemos aprendido que la más elevada de las glorias surge y es adornada fluyendo de sus mejillas. Se conoce como un la gloria de la barba. De esta gloria y de este esplendor penden los vestidos en los que se reviste. Son vestidos preciosos del rey, según está escrito: «Bendice, alma mía, al Señor. Señor, Dios mío, mucho te has engrandecido; **de gloria y de hermosura te has vestido»** (Salmos 104:1). **Estos son los Tikunim con los cuales él se reviste y establece con la forma de un hombre, más que con ninguna otra forma.**

Hemos aprendido (141a) **que cuando este esplendor es iluminado por la luz de la barba de Arriba, se propaga al resto de los Tikunim que resplandecen y entonces** «¿Qué Dios como tú, **que perdonas la maldad**, y que pasas por la rebelión con el remanente de su heredad? No retuvo para siempre su enojo, porque es amador de misericordia» (Miqueas 7:18) **por una parte, y «pasas por la rebelión» por otra. Por esta razón, ha sido escrito: «Sus mejillas**, como una era de especias aromáticas, como fragantes flores; sus la-

141a

bios, *como* rosas que destilan mirra que trasciende» (Cantar de los cantares 5:13). **En el libro oculto** (*Sifra Detzinuta*) (literalmente «recatado») **es mencionado como majestad, belleza y gloria. La gloria es la que «perdona la maldad», según ha sido dicho:** «El entendimiento del hombre detiene su furor; **y su gloria es disimular la ofensa»** (Proverbios 19:11). **En cuanto a la belleza, no ha sido explicada hasta el noveno Tikún, según ha sido dicho: «La gloria de los jóvenes es su fortaleza**, y la hermosura de los viejos *su* vejez» (Proverbios 20:29). **Ahí es llamada belleza. Ambas, gloria y belleza, tienen el mismo peso. Rabbí Shimon dijo: ¡Rabbí Abba, mereces ser bendito por el Anciano santo, que es el origen de todas las bendiciones!**

El quinto Tikún: los pelos se detienen y aparecen dos manzanas, una en cada lado, del color rojo de la Rosa. Resplandecen en doscientos setenta mundos (*véase* Zohar I-218b). **Cuando estas dos manzanas resplandecen desaparece el color rojo y aparece el fuego blanco. A propósito de esto ha sido escrito: «El Señor haga resplandecer su rostro sobre ti, y tenga de ti misericordia»** (Números 6:25). **Cuando resplandecen, todo es bendecido. Cuando se vuelven rojas, está escrito: «El Señor alce a ti su rostro**, y ponga en ti paz» (Números 6:16), **lo cual quiere decir que la vida se aleje y desaparezca del mundo. Hemos aprendido que todas las luces que brillan a partir del Santo Anciano son llamadas bondades primordiales, porque todas las bondades mundo brillan a partir de ellas.**

El sexto Tikún: los pelos emergen como una cuerda alrededor de la barba. Es denominada una de las cinco orillas que depende de la bondad y de la compasión (*Véase* Zohar II-177b). **Por esta razón no hemos de destruir esta bondad, como ya ha sido dicho. Por esta razón está escrito** «No cortaréis en redondo las extremidades de vuestras cabezas, **ni dañarás la punta de tu barba»** (Levítico 19:27).

El séptimo Tikún: los pelos no cuelgan por encima de la boca y la boca está despejada por todos los lados. Los pelos que la rodean están bien arreglados. Dijo: **¡Levántate, Rabbí Iehuda! Y**

Rabbí Iehuda se levantó y abrió el versículo **y dijo: «Por sentencia de los centinelas *se acuerda* el negocio**, y por dicho de los santos la demanda: para que conozcan los vivientes que el Altísimo se enseñorea del reino de los hombres, y que a quien él quiere lo da, y constituye sobre él al más bajo de los hombres» (Daniel 4:14). **¡Cuántos miles de decenas de miles están unidos sostenidos por esta boca, dependiendo de ella! Todos ellos son denominados «boca del Eterno», según está escrito:** «Con la palabra del Señor fueron hechos los cielos, **y todo el ejército de ellos con el espíritu de su boca»** (Salmos 33:6). **Todo lo que está fuera depende del espíritu de esta boca.**

Todos los que son llamados «boca del Eterno», todos los profetas llenos de fe, está imbuidos de este espíritu cuando sale de esta boca. En el lugar de donde sale, no hay nada mezclado con él. Todos aguardan ser imbuidos de este espíritu. Este Tikún domina a los seis restantes **dado que los sostiene y mantiene. Por esta razón, los pelos están colocados uniformemente alrededor de la boca, que está limpia por todos los lados. Rabbí Shimon dijo: ¡Bendito eres, Santo Anciano!**

El octavo Tikún: los pelos descienden debajo de la barba cubriendo la nuca, que no se ve. Hemos aprendido que «Arriba no hay nuca y no hay fatiga» (La relación entre la nuca y la fatiga se deduce de los árduos trabajos que el faraón imponía a los hijos de Israel. La palabra «faraón» en hebreo es un acrónimo de «nuca»). **Cuando hace la guerra, está visible a fin de manifestar fuerza. Por eso hemos aprendido que** «Tu cuello, como la torre de David, edificada para enseñar; **mil escudos están colgados de ella, todos escudos de valientes»** (Cantar de los cantares 4:4). **«Mil escudos»: se trata de un secreto. Encontramos en el libro oculto** (*Sifra Detzinuta*) (literalmente «recatado»), **que todos los escudos de los valientes** (*haGibborim*), **proceden del lado de Guevurah de *Guevuran*** (poderes).

El noveno Tikún: los pelos se juntan con aquellos que estaban colgando y todos son simétricos y uniformes como un héroe vencedor de batallas. Y como siguen a aquellos que estaban col-

gando, son su consumación. Por esta razón está escrito: «La gloria de los jóvenes es su fortaleza, y la hermosura de los viejos *su* vejez» (Proverbios 20:29). **También está escrito:** «Sus piernas, *como* columnas de mármol fundadas sobre basas de fino oro; su vista *como* el Líbano, **escogido como los cedros»** (Cantar de los cantares 5:15), **como un héroe que realiza grandes hazañas. Se trata de Tiferet** (belleza), **poder, fuerza y compasión.**

Hemos aprendido: Rabbí Shimon dijo: todos estos Tikunim y todos estos asuntos deseo revelarlos a aquellos maestros de la cualidades (*Maeiron de Middin*) **y no a aquellos que entraron, sino a aquellos que entraron y salieron, ya que aquel que entró y no salió, hubiera sido mejor para el no haber sido creado.** Alusión a los cuatro sabios que entraron en el Pardes. Sólo uno de ellos, Rabbí Akiva, «entró en paz y salió en paz» (*Véase* Talmud Jaguigah 14b).

El principio de todo esto es **que el Anciano de los Ancianos y el Zeir Anpin son todos uno. Todo se encuentra en el pasado, en el presente y en el futuro. Nunca ha cambiado, nunca cambia y nunca cambiará. Está establecida en estos Tikunim, una imagen que engloba a todas las imágenes, una imagen que incluye todos los nombres. Esta imagen** (141b) **no está actualmente en esta imagen, sino que es algo parecido a esta imagen. Cuando se unen los adornos y las coronas del Zeir Anpin nos hallamos ante la perfección de todo pues la imagen de Adán es una imagen de lo de Arriba y lo de abajo y todo está incluido en él. Esta imagen comprende a los de Arriba y a los de abajo; el anciano santo estableció en esta imagen sus propios Tikunim y los del Zeir Anpin.**

Pero podrías decir ¿cuál es la diferencia entre uno y el otro? Pues bien, todo está equilibrado pero como sus caminos se dividen, prevalece el rigor y desde nuestra perspectiva son diferente uno del otro. Estos secretos únicamente se transmiten a los cosechadores del campo santo (los cabalistas, que cosechan los secretos de la Torah en el campo de la Shekinah), **y está escrito: «El secreto del Señor es para los que le temen**; y a ellos hará conocer su pacto» (Salmos 25:14).

Está escrito: «Formó, pues, El Señor Dios al hombre *del* polvo de la tierra, y sopló en su nariz *el* aliento de vida; y fue el hombre un alma viviente» (Génesis 2:7) **con dos** letras ***Iod*; completando un Tikún dentro de otro Tikún. Es el sello de un anillo. ¿Por qué con dos** letras ***Iod*?** Porque son **el misterio del Anciano santo y del Zeir Anpin.** ***Vaiitzer*** («formó»), **¿qué formó? Formó una forma dentro de otra forma. ¿Y qué es «una forma dentro de otra forma»? Dos nombres llamados «nombre completo», o sea El Eterno Elohim. Éste es el misterio de las dos** letras ***Iod*** **de** ***Vaiitzer*** («formó»), **que indica que hay una forma dentro de otra forma, una forma del nombre completo El Eterno Elohim. ¿Dónde fueron incluidas? En esa imagen de Arriba denominada Adán, formada por macho y hembra. Por esta razón, está escrito «*et*** el **hombre» e incluye al macho y a la hembra. *Et* incluye a las especies que saldrán de él.**

«Polvo de la tierra» una imagen dentro de una imagen. «Y sopló en su nariz *el* aliento de vida» el sello de un anillo. ¿Para qué? Para extraer e infundir dentro de ésta al Oculto de los Ocultos, el ocultamiento supremo, según está escrito: «Y sopló en su nariz *el* aliento de vida» del que dependen todas las vidas de Arriba y de abajo. «Y fue el hombre un alma viviente» (Génesis 2:7). **Los Tikunim afectan al alma humana que es conducida hasta los niveles de Arriba a fin de que esté presente en ellos en una unión. Aquel que los separa es como si separara esta alma. Él y su recuerdo desaparecerán de este mundo por las generaciones de las generaciones.**

En la imagen del Adán empezó a ser preparada la completitud del macho y de la hembra. Cuando la barba fue preparada con estos Tikunim empezó desde el pecho, entre los dos brazos, allí donde cuelgan los pelos de la barba en el lugar **llamado Tiferet** (belleza). **Esta belleza se extendió y preparó dos pechos, se fue a la espalda e hizo el cráneo de la hembra.** De este modo, **ella está oculta por todas partes por el cabello, y por la cabeza.** Macho y hembra **fueron hechos como uno por Tiferet y macho y hembra son mencionados como hombre, según está escrito:** «El carpintero tiende la regla, lo señala con almagre, lo labra con los cepillos, le da figura con el compás, lo hace a forma de varón, **a semejanza de hombre hermoso, para que esté sentado en casa»** (Isaías 44:13).

Cuando fue creado el rostro de la hembra, un mechón de cabellos con fuego colgó desde la espalda del Zeir Anpin hasta la cabeza de la hembra con lo que fueron despertados sus cabellos, que eran todos rojos y de todos los colores. Esto es lo que está escrito: «Tu cabeza encima de ti, como la grana; y **el cabello de tu cabeza, como la púrpura** del rey ligada en los corredores» (Cantar de los cantares 7:5). **¿Qué es «púrpura»? Son los colores mezclados unos dentro de otros.**

Hemos aprendido que este Tiferet se extiende desde el centro del corazón, penetra y pasa a través del otro lado y coloca a la hembra en frente del ombligo con lo que empieza en el centro y acaba en el centro.

Después, este Tiferet se extiende más allá arreglando los intestinos del macho, y poniendo en él toda la misericordia y todos los aspectos de la compasión. Ha sido enseñado que a estos intestinos se adhieren seiscientos mil maestros de compasión llamados «maestros de los intestinos», según está escrito: «¿Por ventura es Efraín hijo precioso para mí? ¿Por ventura *es para mi* niño delicioso? Con todo eso desde que hablé de él, me he acordado de él constantemente. **Por eso mis entrañas se conmovieron por él; apiadado, tendré de él misericordia, dice el Señor»** (Jeremías 31.20).

Ha sido enseñado: este Tiferet abarca al mismo tiempo a la misericordia y al rigor, ya que la sefirah de Tiferet combina y armoniza a Hessed y Guevurah. **La misericordia en el macho pasa a través de él e ilumina el otro lado. Prepara las entrañas de la hembra, y sus entrañas son del lado del rigor.**

Hemos aprendido que el macho está dispuesto a su lado con doscientos cuarenta y ocho Tikunim, en correspondencia con los doscientos cuarenta y ocho miembros del cuerpo humano, **que ya estaban incluidos en él, algunos de ellos internos y otros externos, algunos de misericordia y algunos de rigor. Todos** (142a) **los de rigor estaban adheridos a los juicios en la espalda, allí donde se expande lo femenino** (Doscientos cuarenta y ocho es la guematria de *Rejem,* «útero», órgano femenino, de donde deriva la palabra *Rajamim,* «compasión»).

Ha sido enseñado que cinco tipos de lascivia fueron revelados en ella a partir del aspecto de los cinco juicios, y los cinco juicios estaban dispersos en doscientos cuarenta y ocho senderos. Hemos aprendido lo siguiente: la voz de la mujer es lasciva y los pies de la mujer son lascivos. Nuestros compañeros no aprendieron y estos dos son aún más que lascivos.

Hemos aprendido en el libro oculto (*Sifra Detzinuta*) (literalmente «recatado») **que el macho se extendió y fue revestido con estos Tikunim. Fue preparada la forma de una cubierta impía que es su miembro viril. La longitud de este miembro viril es de doscientos cuarenta y ocho mundos, todos ellos suspendidos de la boca de este miembro viril, denominada *Iod*. Tan pronto como esa *Iod*,** (letra que los cabalistas asocian con la marca de la circuncisión y que es la inicial de la sefirah de *Iesod,* que corresponde al miembro viril) **que es la boca del miembro viril de Arriba es revelada, la misericordia de Arriba se manifiesta y depende de la boca de este miembro viril. Y no se llama misericordia hasta que es revelada la boca de este miembro viril.**

Ven y **ve: Abraham no fue considerado completo en esta misericordia hasta que reveló la** Iod **del miembro viril. Tan pronto como la reveló, fue considerado completo. Esto es lo que está escrito:** «Y siendo Abram de edad de noventa y nueve años, el Señor se le apareció, y le dijo: Yo *soy* el Dios todo poderoso; **anda delante de mí, y sé perfecto** (completo)» (Génesis 17:1). **Realmente completo. También está escrito: «Y fui perfecto *para* con él, y me guardé de mi iniquidad** (2 Samuel 22:24). **El principio de este versículo no se corresponde con su final. Ciertamente aquel que revela esta** letra ***Iod*** **y vigila no insertarla en el otro lado** (el *Sitra Ajra*), **será completo en el mundo por venir y quedará atado al fajo de la vida. ¿Cuál es el otro lado? Es aquel a propósito del cual ha sido escrito:** «Prevaricó Judá, y en Israel y en Jerusalén ha sido cometida abominación; porque Judá ha profanado la santidad del Señor amando, y **casándose con hija de dios extraño**» (Malaquías 2:11).

142a
Por esta razón está escrito: «Y fui perfecto *para* con él», porque es perfecto revelando la letra *Iod*, **y «me guardé de mi iniquidad»** (2 Samuel 22:24). **Cuando ese miembro viril se extiende, el lado de la Guevurah se extiende desde las Guevurot de la izquierda de la hembra. Se hunde en la hembra en un cierto lugar marcado por la desnudez. Este lugar, que se considera desnudez total, es el lugar donde ocultar este miembro viril mencionado como Hessed para calmar la Guevurah. Y este Hessed comprende cinco tipos de Hessed. Hessed derecho, Hessed izquierdo, el uno calmado por el otro y reciben el nombre de Adán, «hombre», ya que comprende ambos lados por esta razón en todas las coronas** (las sefirot) **existen una derecha y una izquierda, juicio y misericordia.**

Hemos aprendido que antes de que fueran preparados los Tikunim del Rey, el más Anciano de los Ancianos construía mundos y establecía Tikunim para mantenerlos. La hembra no fue establecida firmemente y no duró hasta que el Hessed supremo descendió y la hizo durar y los Tikunim de la hembra fueron dulcificados por este miembro viril llamado Hessed. Y esto es según ha sido escrito: «Y los reyes que reinaron en la tierra de Edom, antes que reinase rey sobre los hijos de Israel, *fueron* estos» (Génesis 36:31), **o sea el lugar donde se encuentran todos los juicios, denominado los adornos de la hembra. No está escrito «que vivieron», sino «que reinaron». No fueron firmemente establecidos hasta que todo estuvo arreglado y Hessed ascendió y se colocó en la punta de la Iesod. Esto es según ha sido escrito: «Y murió... Y murió... Y murió» (Génesis 36:33-39), pues no duraban y el juicio no era notificado por el juicio. Y podríais decir que si todo esto son juicios, ¿por qué está escrito:** «Y murió Samla, **y reinó en su lugar Saúl, de Rehobot del Río»** (Génesis 36:37), **lo cual sin duda no se parece a un juicio. Hemos aprendido que todos ellos eran juicios excepto uno que sufrió: el último. Lo mismo ocurre con Saúl de Rehobot del Río, que es un aspecto, una corona, que se extiende desde Rehobot del Río, y que es Binah, a partir de la cual se abren cincuenta puertas en todas las direccio-**

nes del mundo. Hemos aprendido que todos ellos son juicios a excepción de uno, y que Saúl de Rehobot es únicamente un lado que salió de Rehobot junto al río.

Ninguno de ellos duró. Pero no digas que fueron anulados, simplemente no moraron en ese reino del lado de la hembra, hasta que el último juicio fue levantado y emanó, según está escrito: «Y murió Baal-hanán, hijo de Acbor, **y reinó por él Hadar en lugar suyo**; y el nombre de su ciudad *fue* Pau; y el nombre de su mujer Mehetabel, hija de Matred, hija de Mezaab» (Génesis 36:39). **¿Quién es Hadar? Es el Hessed de Arriba. «Y el nombre de su ciudad fue Pau», porque a través de él un hombre alcanza el espíritu de santidad,** el hebreo *Pe, Alef, Vav, Pau,* se asocia con *Poe,* «clama»: **A través de *Pau* el hombre clama y merece el espíritu de santidad. «Y el nombre de su mujer Mehetabel» porque aquí fueron dulcificados el uno por el otro y es llamada «su mujer», lo cual no está escrito a propósito de todos los demás. Mehetabel, se hacen bien** (*Tov*) **el uno al otro. «Hija de Matred», descanso del lado de la Guevurah. «Hija de Mezaab», porque una dulcifica a la otra entremezclada. Mezaab significa «aguas de oro», o sea misericordia y juicio. Y aquí el macho estaba unido con hembra, Hadar con Mehetabel. Pero en sus lados estaban separados en brazos y piernas. Los brazos del macho con uno derecho** (142b) **y otro izquierdo y tres articulaciones los unen. ¿Podéis imaginaros cómo estaban unidos? Porque habían tres articulaciones en el brazo derecho y tres articulaciones en el brazo izquierdo. Por esta razón está escrito «un brazo», mientras que el derecho no está escrito «un brazo» sino que es denominado «tu derecha»** (Éxodo 15:6). **«La derecha del Eterno»** (Salmos 118:6) **y las tres articulaciones corresponden a los patriarcas que las heredaron como su porción.**

Pero ahora os podéis preguntar si están colocadas en las tres cavidades del cerebro. Ciertamente, hemos aprendido que estas tres permean y están conectadas a todo el cuerpo y todo el cuerpo está conectado con estas tres que se conectan con el brazo derecho. Por esta razón David quiso y dijo: «Siéntate a mi diestra,

142b

entretanto que pongo tus enemigos por estrado de tus pies» (Salmos 110:1), **porque estaba conectado con los tres patriarcas. Estaba sentado a la derecha, según está escrito: «La piedra *que* desecharon los constructores, ha venido a ser cabeza del ángulo»** (Salmos 118:22). **Y esto es lo que está escrito: «**Y tú irás al fin, **y reposarás, y te levantarás en tu suerte (*o en tu herencia*) al fin de los días»** (Daniel 12:13). El «fin de los días» también puede traducirse como «el fin de la derecha». **Esto es para decir que es como uno que se hizo merecedor del amor del Rey. ¡Dichosa la parte de aquellos sobre los cuales el rey extiende su mano derecha y los acoge a su derecha! Cuando este derecho se sienta, el brazo no extiende su mano con las tres articulaciones mencionadas. Cuando se despiertan los malvados y proliferan en el mundo, se despiertan las tres otras articulaciones, que son juicio severo, y extiende en el brazo. Cuando él extiende el brazo, es la mano derecha denominada «brazo del Eterno»** (Isaías 51:9) **y «tu brazo extendido»** (Deuteronomio 9:29). **Mientras estas tres articulaciones están incluidas en las otras tres, todas son mencionadas como «derecha», y él ejecuta el juicio con misericordia, según está escrito: «Tu diestra, oh Señor, ha sido magnificada en fortaleza; tu diestra, oh Señor, ha quebrantado al enemigo»** (Éxodo 15:6), **dado que la misericordia es despertada en él.**

Hemos aprendido que a esta derecha están adheridos tres mil setecientos millones de aquellos que son llamados «derecha» y mil ochocientos cincuenta millones de aquel brazo denominado brazo del Eterno. El brazo depende de cada lado y por consiguiente tanto el uno como el otro son denominados Tiferet, «belleza», **según ha sido escrito: «**¿El que *los* guió **por la diestra de Moisés** con el brazo de su gloria; el que rompió las aguas, haciéndose así nombre perpetuo?» (Isaías 63:12), **que es la derecha. Y cuando está escrito «brazo», es la izquierda, según está escrito: «con el brazo de su gloria», el uno con el otro.**

Hemos aprendido que en la mano izquierda están adheridos cuatrocientos cincuenta guerreros protegidos, que están suspendidos de cada uno de los dedos, donde hay diez mil guerreros pro-

tegidos. Ven y calcula cuántos hay en toda la mano. La mano derecha es denominada «ayuda santa», que procede de la mano derecha de las tres articulaciones, según está escrito «Y envió Abner mensajeros a David de su parte, diciendo: ¿de quién es la tierra? Y que le dijesen: haz alianza conmigo, **y he aquí que mi mano será contigo** para volver a ti a todo Israel» (2 Samuel 3:12). **Adheridos a éste encontramos cuarenta y un mil y quinientos ochenta mil ayudantes en el mundo entero. Y son llamados la mano de arriba del Eterno y la mano de abajo del Eterno. A pesar de que la mano del Eterno es siempre la izquierda, si lo merecen, son la derecha del Eterno, ya que esta mano está incluida en el brazo volviéndose entonces una ayuda, y mereciendo ser llamada «derecha». Si no es así, es la mano de abajo del Eterno. Hemos aprendido que cuando son despertados juicios severos para bajar al mundo, está escrito: «El secreto del Señor es para los que le temen**; y a ellos hará conocer su pacto» (Salmos 25:14).

Hemos aprendido en el libro oculto (*Sifra Detzinuta*) (literalmente «recatado») **que todos aquellos juicios que son del macho al principio son severos pero al final son suaves.** Sin embargo**, todos los juicios que son de la hembra son suaves al principio y severos al final. Si no se hubieran unido en una única unión, el mundo no hubiera podido resistir hasta que el Anciano de los Ancianos, el Oculto de los Ocultos, los separó y los volvió a unir a fin de dulcificarlos como uno** (*Véase* Zohar II-178a). **Cuando los separó dejó caer una *dormita*** (un profundo sueño) **sobre el Zeir Anpin y separó a la hembra de la espalda** del macho; **preparándola con todos sus adornos y reservándola para ese día para entregársela al macho. Es lo que está escrito: «Y el Señor Dios hizo caer sueño sobre el hombre, y se adormeció**; entonces tomó una de sus costillas, y cerró la carne en su lugar;» (Génesis 2:21). **¿Qué quiere decir que «se adormeció»? Es lo que está escrito «Despierta; ¿por qué duermes, Señor?** Despierta, no *nos* deseches para siempre» (Salmos 44:23) **y también** «Y el Señor Dios hizo caer sueño sobre el hombre, y se adormeció; **entonces tomó una** (*Ajat*) **de sus costillas**, y cerró la carne en su lugar;» (Génesis 2:21). **¿Qué quiere decir «una? Es la hembra,**

142b - 143a

según está escrito: «*mas* una (*Ajat*) ***es* la paloma mía, la perfecta mía;** única es a su madre, escogida a la que la dio a luz. La vieron las doncellas, y la llamaron bienaventurada; las reinas y las concubinas, y la alabaron» (Cantar de los cantares 6:9). **Ascendió y fue adornada mientras que en su lugar eran grabadas la compasión y la bondad, según está escrito:** «Y os daré corazón nuevo, y pondré espíritu nuevo dentro de vosotros; **y quitaré de vuestra carne el corazón de piedra, y os daré corazón de carne»** (Ezequiel 36:26).

Cuando el Shabbat estaba por entrar, él se encontraba creando espíritus, demonios y tormentas. Antes de que los acabara llegó la matronita con sus adornos y se sentó delante de él. Durante el rato que estuvo sentada en su presencia, él dejó de lado a esas criaturas que había creado **y no las completó. Mientras la matronita estaba sentada junto al rey** (143a) **estuvieron unidos cara a cara. ¿Quién se hubiera atrevido a molestarles? Y éste es el secreto del asunto: el deber conyugal de los discípulos de los sabios, que se consuma cada Shabbat** (*Véase* Talmud, Ketuvoth 62b). **Una vez se unieron, se apaciguaron mutuamente en un día en el cual todo es apaciguado. Por esta razón, los juicios se endulzaron mutuamente y los de Arriba y los de abajo fueron arreglados armónicamente.**

Hemos aprendido en el libro oculto (*Sifra Detzinuta*) (literalmente «recatado») **lo siguiente: el Anciano Santo deseó saber si los juicios eran dulcificados. Estos dos** (el macho y la hembra) **estaban unidos el uno con el otro y del lado de la hembra surgió el juicio severo, según está escrito: «Y conoció Adán a su mujer Eva, la cual concibió y dio a luz a Caín, y dijo: he ganado varón por el Señor»** (Génesis 4:1). **Pero el mundo no podía soportarlo porque** Eva **todavía no estaba dulcificada y la dura serpiente le inoculó con la impureza del juicio duro** (severo)**, a fin de que no pudiera ser aliviada. Por esta razón, cuando Caín emergió del lado de la hembra, emergió con dureza y severidad, dureza en sus juicios y severidad en sus juicios. Cuando emergió, ella quedó debilitada y calmada y dio a luz otra alma más suave pero al ser más fuerte** Caín**, todos los juicios se adhirieron a él.**

Ven y **ve lo que está escrito:** «Y habló Caín a su hermano Abel; **y aconteció que estando ellos en el campo,** Caín se levantó contra su hermano Abel, y le mató» (Génesis 4:8). **Se trata del campo que es conocido Arriba, el campo de manzanos. Este juicio dominó a su hermano porque era más fuerte que él, así que lo dominó y lo ocultó bajo el mismo hasta que el Santo, bendito sea, fue despertado por él y lo apartó de su presencia. Lo echó en al agujero del gran abismo y sumergió a su hermano en la profundidad del gran mar, el que mitiga las lágrimas, y de éstas descienden las almas al mundo a cada ser humano, según cada persona. A pesar de que estaban ocultos, se expandieron el uno hacia el otro formando un solo cuerpo. De ese cuerpo descienden las almas de los malvados, los pecadores y los descarados. ¿Os imagináis a los dos juntos? Más bien uno hacia un lado y otro hacia otro lado. Dichosos los justos cuyas almas proceden de este cuerpo llamado Adán que los incluye a todos, un lugar donde las diademas y coronas santas se unen en el haz del racimo.**

¡Dichosos vosotros, los justos, ya que todas estas cosas santas han sido pronunciadas en el espíritu de santidad más elevado, un espíritu que incluye a todos los más santos, un espíritu cuyos asuntos atienden los de Arriba y los de abajo! ¡Dichosos vosotros, maestros de las midot, los que cosechan el campo, porque conoceréis estas palabras y prestaréis atención a ellas! Conoceréis a vuestro Señor cara a cara, ojo a ojo. Con estos asuntos sois merecedores del mundo venidero, según está escrito: «Aprende pues, hoy, y reduce a tu corazón que el Señor es el único Dios arriba en el cielo, y abajo sobre la tierra; no *hay* otro» (Deuteronomio 4:39). **Él es uno. ¡Bendito sea su nombre por la eternidad!**

Rabbí Shimon dijo: veo a los seres de Arriba abajo y a los seres de abajo Arriba (*Véase* Talmud *Pesajim* 54a)**: esa es la imagen del Adán que es el Tikún de Arriba que lo abarca todo.**

Hemos aprendido que está escrito: «Cuando pasare el torbellino, el malo no será; **mas el justo, fundado para siempre»** (Proverbios 10:25) **ya que incluye seis** (*Shesh*) **en una fuente como si fueran uno, según está escrito: «Sus piernas,** *como* **columnas de**

mármol (*Shesh*) fundadas sobre basas de fino oro; su vista *como* el Líbano, escogido como los cedros» (Cantar de los cantares 5:15).

Hemos aprendido en el libro oculto (*Sifra Detzinuta*) (literalmente «recatado») **que las coronas de Arriba, en general y en particular, fueron incluidas en el Adán. En el Adán fueron incluidas las coronas inferiores, en general y en particular. Las coronas de Arriba según ha sido dicho, en la imagen de todos estos Tikunim. En particular en los dedos de las manos, cinco frente a cinco** (*Véase* Sefer Yetzirah I-3). **Las coronas inferiores en los dedos de los pies, que son particulares y generales, dado que ellas no ven al cuerpo al estar fuera del cuerpo. Por esta razón no están en el cuerpo ya que el cuerpo fue separado de ellas. Si es así, ¿cuál es el significado de: «Y se afirmarán sus pies en aquel día** sobre el Monte de las Olivas, que está en frente de Jerusalén a la parte del oriente;» (Zacarías 14:4)**? Son las piernas del cuerpo, los maestros de los juicios, que se vengan de los enemigos de Israel y están dotados de piernas ya que son los juicios severos. Los maestros de los juicios están aferrados a las coronas inferiores.**

Hemos aprendido que todos estos Tikunim de Arriba se encuentran en el cuerpo santo, que es el Adán en su totalidad, y se derivan la una de la otra y están aferrados el uno con el otro. Se inyectan los unos en los otros como la sangre que fluye a través de un racimo de venas, aquí y allá, y embeben el cuerpo entero. **Se inyectan los unos en los otros y se iluminan los unos a los otros hasta que todos los mundos son iluminados y bendecidos por ellos.**

Hemos aprendido que todas aquellas coronas (143b) **que no estaban incluidas en el cuerpo son repugnantes e impuras, e impurifican a todos los que se les acercan para obtener información de ellas,** como ocurre con ciertos tipos de mancias o adivinaciones.

Hemos aprendido que lo que explica su deseo para los discípulos de los sabios es que desde ellos observan en ellas un cuerpo santo y quiere ser incluidas a través de ellos en ese cuerpo. Pero podríais decir que hay ángeles santos que no están en la totalidad del cuerpo. ¡No! ¡El cielo no lo permita! Fuera de la to-

talidad del cuerpo no podían ser santos y no habrían resistido, según ha sido escrito: «Y su cuerpo *era* como *piedra de* Tarsis...» (Daniel 10:6), **y también:** «Y sus costillas eran altas y temerosas, **y llenas de ojos** alrededor en todas cuatro» (Ezequiel 1:18) **y también** «...aquel varón Gabriel...» (Daniel 9:21). **Y todos están en el reino del hombre. Excepto aquellos que no están en el cuerpo, que son impuros, e impurifican a todos aquellos que se acercan a ellos.**

Hemos aprendido que todos ellos derivan del espíritu de la izquierda, que no fue dosificado en Adán. Fueron excluidos de la totalidad del cuerpo santo y no se unieron a él. Por esta razón, todos ellos son impuros. Vagan por el mundo y llegan al agujero del gran abismo para apegarse al juicio primordial que es llamado Caín, que fue expulsado de la totalidad del cuerpo abajo. Aletean y vagan alrededor del mundo volando, incapaces de aferrarse a la totalidad del cuerpo. Por esta razón, están fuera de todos los campamentos de Arriba y abajo y están impurificados. A propósito de ellos, ha sido escrito: «Todo el tiempo que la llaga estuviere en él, será inmundo; estará impuro: **habitará solo; fuera del real *será* su morada**» (Levítico 13:46).

Con el espíritu denominado Abel, que ha sido dosificado a través del cuerpo santo completo, emanan aquellos que están dosificados y se aferran, aunque no se acercan al cuerpo. Todos ellos se hallan suspendidos en el aire escapándose del reino de lo impuro, escuchando lo que puede escuchar Arriba y abajo y comunicándolo abajo, porque lo divulgan todo.

Hemos aprendido en el libro oculto (*Sifra Detzinuta*) (literalmente «recatado») **que cuando la totalidad del Adán fue dulcificada Arriba, el cuerpo santo, macho y hembra, se unieron por tercera vez. Se desprendió el perfume total y los mundos de Arriba y los de abajo fueron perfeccionados. A partir de aquí, el mundo de Arriba y el mundo de abajo fueron perfeccionados, se unieron el uno al otro y se convirtieron en un solo cuerpo. El espíritu fue atraído y entró en ese cuerpo y es visto a través de los mundos excepto uno.** «Y el uno al otro daba voces, diciendo: **Santo, Santo, Santo, el Señor de los ejércitos; toda la tierra *está* llena de**

143b

su gloria» (Isaías 6:3). **Hemos aprendido que cuando se dulcificaron el uno al otro, el rigor se unió a la misericordia y la hembra fue dulcificada por el macho. Por esta razón, el uno no va sin el otro. A propósito de esto hemos aprendido que aquel que se excluye a sí mismo de la humanidad general en este mundo, cuando sale de él no entra en el mundo del Adán, denominado «cuerpo santo». Más bien entra en aquellos que no son denominados Adán y aquellos que fueron expulsados de la completitud del cuerpo.**

Hemos aprendido: «Zarcillos de oro te haremos, con clavos de plata» (Cantar de los cantares 1:11), **lo cual corresponde a los juicios que han sido dulcificados con la compasión, de manera que no hay juicio que no contenga compasión. A propósito de esto ha sido escrito: «Hermosas** *son* **tus mejillas entre los zarcillos, tu cuello entre los collares»** (Cantar de los cantares 1:10). **«Zarzillos» tiene el mismo significado que en el versículo siguiente que dice «Zarcillos de oro». «Collares» tiene el mismo significado que en el versículo siguiente que dice «con clavos de plata». «Tu cuello» es la totalidad de la hembra, la matronita, dado que contiene el templo de Arriba, Jerusalén y el templo** (*Véase* Talmud, tratado de *Meguilah* 16b). **Todo esto ocurre cuando ella es dulcificada por el macho y ambos forman al Adán. Es la totalidad de la fe ¿Por qué? Porque en él se encuentra la totalidad de la fe.**

Hemos aprendido: cuando el alma de aquel que es llamado hombre lo abandona y él fallece, está prohibido dejarlo en la casa por la noche, haciéndole un lugar en el suelo, porque causaría vergüenza a la dignidad del cuerpo, para que no aparezca ninguna desgracia en él, según está escrito: «Mas el hombre no permanecerá en honra; es semejante a las bestias *que* son cortadas» (Salmos 49:12). **Adán, que es el más glorioso, «no permanecerá»** después de morir. **¿Por qué? Porque si lo hiciera sería «semejante a las bestias que son cortadas». Así como los animales nunca poseyeron o exhibieron el espíritu de santidad, aquí también es como un animal, un cuerpo sin espíritu. El cuerpo es la gloria de todo y no ha de ser avergonzado.**

Hemos aprendido en el libro oculto (*Sifra Detzinuta*) (literalmente «recatado») **que aquel que guarda este cuerpo santo sin espíritu durante toda la noche provoca un defecto en el cuerpo de los mundos. Por lo tanto** (144a), **está prohibido tenerlo durante toda la noche en un lugar que es santo, en la tierra donde reside la rectitud según está escrito:** «¿Cómo te has tornado ramera, oh ciudad fiel? Llena *estuvo* de juicio, **en ella habitó *la* equidad**; mas ahora, *los* homicidas» (Isaías 1:21). **Este cuerpo es la imagen del rey y si se lo deja durante toda la noche** en la casa, **sería como las bestias, según está escrito: «semejante a las bestias que son cortadas».**

Hemos aprendido que: **«viendo los hijos de Dios las hijas de los hombres que eran hermosas,** tomaron mujeres, escogiendo entre todas» (Génesis 6:2). **«Los hijos de Dios» son aquellos que estaban ocultos y cayeron en el agujero del gran abismo. «Las hijas de los hombres», el Adán que conocemos. Está escrito:** «Había gigantes en la tierra en aquellos días; y también después que entraron los hijos de Dios a las hijas de los hombres, **y les engendraron *hijos*, éstos *fueron* los valientes, que desde la antigüedad** *fueron* varones de nombre» (Génesis 6:4)**; de aquel que es llamado «mundo»** (*Olam*)**, según hemos aprendido:** «En toda angustia de ellos él fue angustiado, y el Ángel de su faz los salvó. Con su amor y con su clemencia los redimió, y los trajo *a cuestas*, y los levantó todos **los días del siglo** (*Olam*)» (Isaías 63:9). (*Véase* Zohar II-179a). **«Varones de nombre» de los espíritus y los demonios que salen al mundo para unirse a los malvados. «Había gigantes en la tierra», excluyendo a aquellos que no estaban en la tierra. Uza y Azael estaban en la tierra pero los hijos de Dios no estaban en la tierra. Esto constituye un misterio, como hemos aprendido.**

Está escrito: «Y se arrepintió el Señor de haber hecho hombre en la tierra, y le pesó en su corazón» (Génesis 6:6)**; exceptuando al Adán de Arriba, que no estaba en la tierra. «Y se arrepintió el Eterno» se refiere al Zeir Anpin. «Y le pesó en su corazón» aquí no dice que le pesaba sino que le pesó porque sólo le pesó a él y no a aquellos a quienes no les pesaba. «En su corazón» aquí no dice «dentro de su corazón» sino «en su corazón», expresando su**

144a **pena y su aflicción por su Señor en alusión al corazón de los corazones. «Y dijo el Señor: raeré los hombres que he creado de sobre la faz de la tierra**, desde el hombre hasta la bestia, y hasta el animal y hasta el ave de los cielos; porque me arrepiento de haberlos hecho» **«Sobre la faz de la tierra», lo cual excluye al Adán de Arriba. Y si dijeras que** afecta **únicamente al Adán de abajo,** has de saber que **no pueden estar el uno sin el otro. Si no fuera por la sabiduría oculta todo habría sido reorganizado como al principio, según está escrito: «Yo, la sabiduría, moré con la prudencia**; y *yo* invento la ciencia de los consejos» (Proverbios 8:12). **No leas *Shakanti* «moré», sino *Shikanti* «hago morar»). Si no hubiera sido por el Tikún del Adán, el mundo no se hubiera mantenido. Es lo que está escrito: «El Señor con sabiduría fundó la tierra**; afirmó los cielos con inteligencia» (Proverbios 3:19) **y también «Pero Noé halló gracia en los ojos del Señor**» (Génesis 6:8)**.**

Hemos aprendido que todos los cerebros dependen de este cerebro. La sabiduría es la totalidad de todas las cosas y esta sabiduría oculta que obtiene orden y poder de la forma de Adán fortificándolo, para que todo se haga de una manera ordenada, cada uno en su lugar, según está escrito: «La sabiduría fortifica al sabio más que diez poderosos príncipes que haya en la ciudad» (Eclesiastés 7:19)**, y es la formación completa del Adán con que es sostenido el espíritu. Y el Adán así formado es la imagen de la fe perfecta como ha sido escrito: «**Y el parecer de las ruedas y su hechura parecía de Tarsis. **Y todas cuatro *tenían* una misma semejanza:** su apariencia y su hechura como es una rueda en medio de *otra* rueda» (Ezequiel 1:16) **y también: «**Veía en la visión de la noche, y he aquí en las nubes del cielo **como *un* hijo de hombre que venía, y llegó hasta el Anciano de gran edad, y le hicieron llegar delante de él**» (Daniel 7:13)**. Hasta aquí son palabras misteriosas pero su sentido es claro. ¡Dichosa la porción de aquellos que comprenden estos asuntos y no se extravían por caminos de falsedad! Porque estas palabras han sido dadas únicamente a los grandes maestros de los atributos** (*midot*) **y a los cosechadores del campo** de manzanos**, que entraron y salieron** en paz**, según**

está escrito: «¿Quién es sabio para que entienda esto, y prudente para que lo sepa? **Porque los caminos del Señor son derechos, y los justos andarán por ellos; mas los rebeldes en ellos caerán»** (Oseas 14:9).

Hemos aprendido que Rabbí Shimon lloró. Alzó la voz diciendo: si con estas palabras que hemos revelado aquí nuestros compañeros se hubieran ocultado en la Idra (asamblea) **del mundo venidero y hubieran salido de este mundo, habría sido algo apropiado y bueno porque** estos secretos **no habrían sido revelados** a quien no los merece **en este mundo. Entonces dijo: ¡Me retracto** de mis palabras! **Porque es obvio ante el Anciano de los Ancianos, el Oculto de los Ocultos que no he obrado ni por mi propia gloria ni por la gloria de mi padre, ni por la gloria de estos compañeros sino con el único objetivo de que estos compañeros no se aparten de sus caminos y no se vean obligados a entrar avergonzados en las puertas de su palacio, y** para que **no hallen obstáculo alguno. ¡Dichosa es mi parte junto con ellos en el mundo venidero!**

Hemos aprendido: antes de que estos compañeros salieran de esa Idra (asamblea)**, Rabbí Iosi ben Jacob, Rabbí Izquía y Rabbí Iessa fallecieron y sus compañeros vieron cómo los ángeles se los llevaban en esta cortina. Rabbí Shimon habló y ellos se sentaron. Gritó diciendo: «Quizás, el cielo no lo permita, ha sido pronunciado un decreto para que seamos castigados ya que a través de nosotros ha sido revelado lo que no fue revelado desde que Moisés estuvo en el monte Sinaí, según está escrito: «Y él estuvo allí con el Señor cuarenta días y cuarenta noches;** no comió pan, ni bebió agua; y escribió en tablas las palabras del pacto, los diez mandamientos» (Éxodo 34:28). **¿Qué hacemos aquí si han sido castigados por esto?**

Escuchó una voz que decía: «**¡Rabbí Shimon, mereces ser elogiado! ¡Feliz es tu parte y feliz es la parte de los compañeros que te acompañan pues te han sido reveladas cosas que nunca fueron reveladas** ni a los ángeles ni **a los poderes de Arriba!** (144b) **No obstante, ven** y **ve lo que está escrito:** «Y en aquel tiempo Josué juró diciendo: maldito sea delante del Señor el hombre que se levan-

144b
tare y reedificare esta ciudad de Jericó. **En su primogénito eche sus cimientos, y en su menor asiente sus puertas**» (Josué 6:26). **Tanto más cuanto que por el deseo grande, intenso, sus almas se escindieron en el momento en que fueron llevadas** por los ángeles en esa cortina. **¡Dichosa su parte porque partieron en la perfección lo que no ocurrió con aquellos que los precedieron!**

Hemos aprendido que mientras estas palabras se estaban revelando, los seres de Arriba y los de abajo temblaban y una voz potente se despertó en doscientos cincuenta mundos (*Véase* Zohar II-288b) **a causa de lo que había sido revelado abajo. Mientras sus almas se estaban dulcificando con estas palabras, su alma se fue con un beso y se apegó a esa cortina y los ángeles de Arriba la tomaron y se la llevaron. ¿Por qué estos? Porque en una ocasión entraron y no salieron, mientras que otros entraron y salieron.**

Rabbí Shimon dijo: ¡Dichosa la parte de estos tres y dichosa nuestra parte en el mundo venidero! Lo voz se escuchó de nuevo diciendo: «Mas vosotros que os allegasteis al Señor vuestro Dios, todos *estáis* vivos hoy» (Deuteronomio 4:4). **Se levantaron y se fueron y no había lugar que miraran que no destilara fragancias. Rabbí Shimon dijo: de esto puedo inferir que el mundo es bendecido gracias a nosotros. Los rostros de todos estaban resplandecientes** como el de Moisés al bajar del monte Sinaí **y la gente no podía mirarlos.**

Hemos aprendido que entraron diez y salieron siete. Rabbí Shimon se alegró y Rabbí Aba se entristeció porque tres habían fallecido. **Un día Rabbí Shimon estaba sentado y Rabbí Aba estaba junto a él cuando** Rabbí Shimon **pronunció una palabra y vieron a los tres compañeros muertos que se habían llevado los ángeles y que estaban sentados en los palacios de Arriba rodeados de gloria y paseando por las montañas donde fluyen ríos de aguas perfumadas. Rabbí Aba se consoló** con esta visión.

Hemos aprendido que a partir de ese día los compañeros permanecieron en la casa de Rabbí Shimon. Eran los únicos que estaban presentes cuando Rabbí Shimon revelaba secretos. Rabbí Shimon los llamaba «los siete ojos del Eterno», según está escrito:

«Porque, ¿quién ha menospreciado el día de los pequeños *comienzos*? Se alegraron, y verán la plomada en la mano de Zorobabel. **Aquellos siete *son* los ojos del Señor** extendidos por toda la tierra» (Zacarías 4:10)**, lo cual se aplica a nosotros siete** (*Véase* Zohar I-218a)**. Rabbí Aba dijo: somos las seis velas encendidas por la séptima,** los seis días de la semana y el Shabbat**, y tú eres la séptima. Las seis no pueden subsistir si no es por la séptima. Rabbí Iehuda solía llamarlo «Shabbat de los seis»,** ya que la guematria de Shabbat es setecientos dos y si le añadimos uno, obtenemos setecientos tres, la guematria de Shimon Bar Iojai. (145a) **Y todos los días de la semana obtienen de él su bendición y así como el Shabbat es santo para el Eterno, Rabbí Shimon, el Shabbat, es santo para el Eterno.**

Rabbí Shimon dijo: estoy sorprendido con esta persona peluda de lomos ceñidos. ¿Cómo es que no estaba en nuestra Idra (asamblea) **mientras revelábamos todos estos misterios? Y mientras lo preguntaba** el profeta **Elías apareció con tres diademas que iluminaban su rostro. Rabbí Shimon le preguntó: ¿por qué no estabas presente durante el festejo del Señor en el día de la celebración de la boda? Él le contestó: ¡Por tu vida, Rabbí Shimon! Siete días antes de que entraras en la Idra** (asamblea)**, todos aquellos que iban a entrar aparecieron junto con aquel que eligió el Santo, bendito sea. Yo me hallaba allí y pedí que me invitaran** a entrar**, pero no pude asistir porque aquel mismo día tuve que ir a realizar milagros para Rav Amnuna el anciano y sus compañeros que habían sido encarcelados por un edicto del rey. Produje un milagro para ellos y derrumbé los muros del templo del rey y cuarenta y cinco oficiales perecieron entre los escombros. Liberé a Rav Amnuna y sus compañeros y los conduje hasta el valle del oro, salvándolos. Preparé para ellos pan y agua porque hacía tres días que no comían y estuve con ellos durante todo ese día. Cuando regresé, me encontré con la cortina arrastrada por las tres columnas con los tres compañeros aferrados a ella. Les pregunté y me contestaron: es la parte del Santo, bendito sea de la celebración de la boda de Rabbí Shimon y sus compañeros. ¡Dichoso eres, Rabbí Shimon, y dichosa es tu parte y la parte de los compañeros que están conti-**

145a

go! ¡Cuántos peldaños se han preparado para vosotros en el mundo venidero! ¡Cuántas lámparas están destinadas a iluminaros!

Ven y **ve: aquel día Rabbí Pinjas bar Iair, tu suegro fue coronado con cincuenta coronas por amor hacia ti. Yo mismo lo acompañé a través de esos ríos de los montes de bálsamo puro y él escogió su lugar y se estableció. Le preguntó: ¿están conectados los justos a la fuente de las coronas en la luna nueva, los días festivos y el Shabbat más que durante los demás días? Le contestó: y también aquellos que están afuera, según ha sido dicho: «Y será que de luna nueva en luna nueva, y de sábado en sábado, vendrá** toda carne a adorar delante de mí, dijo el Señor» (Isaías 66:23). **Y si esos vendrán, tanto más los justos. ¿Por qué «de luna nueva en luna nueva»? Porque es entonces cuando los patriarcas, las carrozas santas, son coronados** (*Véase* Bereshit Rabbah 47:6). **¿Y «de sábado en sábado»? Porque el séptimo de todos los días es coronado, según está escrito: «Y bendijo Dios al día séptimo,** y lo santificó, porque en él reposó de toda su obra que había creado Dios en perfección» (Génesis 2:3).

Y tú eres Rabbí Shimon, el séptimo de los seis. Serás coronado y santificado más que los demás. Y gracias a ti tres deleites se encuentran en el séptimo, las tres comidas de Shabbat, **en el mundo venidero. Está escrito:** «Si retrajeres del sábado tu pie, de hacer tu voluntad en mi día santo, **y al sábado llamares delicias, santo, glorioso *día* del Señor,** y lo venerares no haciendo tus caminos, ni buscando tu voluntad, ni hablando *tus propias* palabras» (Isaías 58:13). **¿Y quién es el santo del Eterno? Es Rabbí Shimon bar Iojai, llamado «glorioso» en este mundo y en el mundo venidero.**

Fin del Idra Rabbah Kaddisha

«Habla a Aarón y a sus hijos, y diles: así bendeciréis a los hijos de Israel». **Rabbí Isaac abrió** el versículo **y dijo: «Mas la misericordia del Eterno desde el siglo y hasta el siglo sobre los que le temen, y su justicia sobre los hijos de los hijos»** (Salmos 103:17). **El te-**

mor en presencia del Santo, bendito sea, conduce a la humildad y la modestia. Aquel que no teme al cielo no posee ni humildad ni piedad. Hemos aprendido (*Véase* Talmud, tratado de *Sotah* 9:15) que aquel que deja el temor pero posee humildad lo tiene todo, según está escrito: «Riquezas, y honra, y vida, *son* la remuneración de la humildad y del temor del Eterno» (Proverbios 22:4). Todos aquellos que adquieren temor del cielo tienen humildad y todo aquel que tiene humildad tiene piedad.

RAIA MEHEMNA

Es una mitzvah que el sacerdote bendiga a la gente cada día con los dedos levantados, de modo que las bendiciones predominen Arriba y abajo, ya que estos dedos son el secreto de Arriba, cinco dentro de cinco, cinco a la derecha y cinco a la izquierda. Cinco de la derecha es más importante que cinco de la izquierda. Por eso, cuando el sacerdote está bendiciendo ha de levantar la mano derecha por encima de la izquierda, con un buen ojo.

Cuando el sacerdote alza las manos, la Shekinah descansa sobre sus dedos ya que el Santo, bendito sea se junta con el sacerdote en estas bendiciones. E Israel es bendecido desde ambos lados, Arriba y abajo. Desde Arriba cuando la Shekinah descansa sobre los dedos del sacerdote, desde abajo cuando bendice.

Ven y ve: lo que se hace abajo produce un despertar Arriba. Así, cuando el sacerdote extiende los dedos abajo produce que la Shekinah se despierte y vaya a descansar sobre ellos. Y también hay cosas (o palabras) abajo en el mundo que despiertas cosas (o palabras) Arriba pues las cosas de Arriba son despertadas abajo. Y esto ya ha sido explicado en diversos lugares. Por eso el *Lulav* y el *Shofar*. Como ocurría con los diez dedos del sacerdote, la Shekinah se despierta para descansar encima de ellos y son despertados diez niveles Arriba, y todo ocurre al mismo tiempo. Ésta es la razón por la cual una persona no ha de desplazar sus dedos en

145a

vano, con la excepción del momento de la oración y las bendiciones, y en el nombre del Santo, bendito sea, pues es como un despertar al Nombre Santo y el secreto de la fe. Al estar rectos, los dedos levantados señalan a diez gobernantes, y esto ya ha sido explicado, y el sacerdote ha de bendecir con una actitud apropiada para con la Shekinah, como hemos aprendido. Cuando la bendición sale de la boca del sacerdote, las sesenta letras que la componen, **vuelan hacia Arriba y producen sesenta funcionarios para cada una de las letras. Y en cada una de ellas se reconoce a todas las bendiciones. ¿Por qué hay sesenta letras en estas bendiciones? Porque Israel está compuesto por seiscientos mil que siempre están vivos en el mundo fundamentados en el secreto de seiscientos mil. El total de esas letras es diez mil.**

Cuando el Nombre Santo es pronunciado se eleva hasta el trono que está Arriba. Entonces la Shekinah de Arriba y la Shekinah de abajo se unen con el sacerdote en estas bendiciones. Por esta razón, está escrito: «Y pondrán mi nombre sobre los hijos de Israel, y yo los bendeciré» (Números 6:7)**. Y entonces, el Santo bendito sea bendice a Israel.**

La mitzvah siguiente es la bendición sacerdotal «El Eterno te bendiga, y te guarde; El Eterno haga resplandecer su rostro sobre ti, y tenga de ti misericordia; El Eterno alce sobre ti su rostro, y ponga en ti paz» (Números 6:22)**; el origen de estos tres nombres está en** las combinaciones de letras ***Iod-Vav-Dalet, He-Iod, Vav-Alef-Dalet, He-Iod*** (una manera de desarrollar el Tetragrama). **Su santificación es *Ehieh, Ehieh, Ehieh,* cuyo origen está en *Iod-Vav-Dalet, He-Alef, Vav-Alef-Vav, He-Alef.* La unión de ambos es Adonai, que contiene *Alef-Iod*. Un cuarto *Alef-Iod* está en los dos nombres. Todos aquellos que tienen temor del cielo lo adquieren todo, según está escrito: «Riquezas, y honra, y vida, *son* la remuneración de la humildad y del temor del Eterno». Pero la piedad es según está escrito: «Mas la misericordia del Eterno desde el siglo y hasta el siglo sobre los que le temen»** (Salmos 103:17).

Fin del Raia Mehemna

Hemos aprendido que todo hombre que posee piedad es llamado «ángel (145b) **del Eterno Tzevaot. Éste es el significado de «Porque los labios del sacerdote guardan la sabiduría, y de su boca buscarán la ley; porque ángel es del Eterno de los ejércitos»** (Malaquías 2:7). **Preguntó Rabbí Iehuda: ¿Cómo es que el sacerdote mereció ser comparado con el ángel del Eterno Tzevaot? Así como existe un ángel del Eterno Tzevaot que es un sacerdote Arriba, también hay un ángel del Eterno Tzevaot abajo. ¿Y quién es el ángel del Eterno Tzevaot Arriba? Es Mijael, el gran príncipe que emana de la misericordia de Arriba y es el sumo sacerdote de Arriba. El sumo sacerdote sobre la tierra** (literalmente «de abajo») **se llama ángel del Eterno Tzevaot, ya que viene del lado de la misericordia. ¿Qué es misericordia** (Hessed)**? Misericordia dentro de misericordia** (Hessed de Hessed). **¿Por qué se hizo merecedor** el sacerdote **de Hessed? Por medio del temor al Eterno. Éste es el significado de: «Mas la misericordia del Eterno desde el siglo y hasta el siglo sobre los que le temen»** (Salmos 103:17). **¿Qué significa «desde el siglo y hasta el siglo»? Rabbí Isaac dijo: según fue establecido en la santa asamblea, se refiere a los dos mundos,** (*Olam* significa al mismo tiempo «siglo» y «mundo») **«el siglo es uno» y «hasta el siglo» es el otro. Rabbí Jía dijo: si esto es así, debería estar escrito: «desde el mundo hasta el mundo». Le dijo: eran dos mundos que volvieron a ser uno. Rabbí Eleazar dijo a Rabbí Isaac: ¿Hasta cuándo mantendrás tus enseñanzas en secreto?** Y Rabbí Isaac contestó: **«desde el mundo hasta el mundo»;** o desde la eternidad hasta la eternidad. **Rabbí Eleazar dijo. Es una alusión al hombre Arriba y al hombre abajo, mundo y mundo. Está escrito: «y los levantó todos los días del siglo** (*Olam*)» (Isaías 63:9) **y «años de la antigüedad». Y esto ya fue explicado en la asamblea santa. «...sobre los que le temen»** (Salmos 103:17) **nos enseña que aquel que teme el pecado** merece ser **llamado Adán** («hombre»). **¿Cuándo? Rabbí Iehuda dijo: cuando tiene temor, humildad y piedad.**

Rabbí Iehuda dijo: hemos aprendido que Adán («hombre») **es la conjunción de varón y hembra. Contestó: así es. En él estaban incluidos el varón y la hembra y entonces tenía temor del cielo.**

145b

Más aún, la humildad mora en él y también la piedad. Aquel que no es varón y hembra no tiene ni temor, ni humildad, ni piedad. Por lo tanto, Adán («hombre») **lo incluye todo. Y dado que es llamado Adán** («hombre»)**, en él prevalece la piedad, según está escrito: «Para siempre será edificada misericordia** en los cielos; en ellos afirmarás tu verdad» (Salmos 89:2)**. Y esto no es posible sin la unión del varón y de la hembra.**

Está escrito «Mas la misericordia del Eterno desde el siglo y hasta el siglo sobre los que le temen» (Salmos 103:17)**, ya que aquellos que le temen constituyen el hombre completo,** varón y hembra. **Otra explicación. «Mas la misericordia del Eterno desde el siglo y hasta el siglo sobre los que le temen»** (Salmos 103:17)**, o sea aquellos sacerdotes que vienen del lado de la misericordia. Son los herederos de esa parte que va del mundo** (siglo) **de Arriba al mundo** (siglo) **de abajo. «Los que le temen» son los sacerdotes de abajo. Según está escrito: «**Y hará traer Aarón el novillo de la expiación, que era suyo, **y hará la reconciliación por sí y por su casa»** (Levítico 16:6) **a fin de incluirse en el secreto del hombre** completo**;** «Mas la misericordia del Eterno desde el siglo y hasta el siglo sobre los que le temen, **y su justicia sobre los hijos de los hijos»** (Salmos 103:17) **o sea sobre los nietos,** del sacerdote que mereció tener nietos**. Pero, ¿cuál es «su justicia»? Debería haber dicho «su misericordia».**

Rabbí Eleazar dijo: éste es el secreto de «ésta» (en hebreo *Zoth*). «Y dijo el hombre: Esta vez, hueso de mis huesos, y carne de mi carne; **ésta** será llamada Varona, **porque del Varón fue tomada»** (Génesis 2:23)**. También ha sido dicho «ésta será llamada Varona» y ésta** (en hebreo *Zoth*) **está incluida en el hombre, que corresponde a Hessed** (Misericordia)**. Por lo tanto el hombre que viene del lado de lo blanco es Hessed** (Misericordia)**,** (ya que el hombre tiene el semen que es de color blanco y la mujer no) **y Zoth** (ésta) **que viene del lado del rojo** (ya que la mujer tiene la menstruación y el hombre no)**, es la Justicia. Por eso es llamada «varona»** (femenino de «varón»)**. Por esta razón ha sido escrito: «su justicia sobre los hijos de los hijos»** (Salmos 103:17)**, y no está escrito «su misericordia». ¿Qué quiere decir «su justicia»? Es la justicia de la misericordia.**

Hemos aprendido que un sacerdote que no tiene mujer tiene prohibido efectuar el servicio, según está escrito: «y haya hecho la reconciliación por sí, y por su casa...» (Levítico 16:17).

Rabbí Isaac dijo: «así bendeciréis», o sea utilizando **la lengua sagrada** (el hebreo). **«Así bendeciréis» con temor. «Así bendeciréis» con humildad. Dijo Rabbí Abba: «Así bendeciréis». Hemos aprendido que la justicia es denominada *Koh*** («así»), **dado que todos los juicios vienen de *Koh*. Es lo que dijo Rabbí Eleazar: «una gran plaga** (*Makah*)**» es una plaga de *Koh*, está escrito: «y he aquí que hasta ahora** (*Koh*) **no has querido oír»** (Éxodo 7:16), **cuando Moisés amenazó al Faraón. A propósito de esto, está escrito: «En esto** (*Koh*) **conocerás que yo *soy* el Eterno**; he aquí, yo heriré con la vara que *tengo* en mi mano el agua que *está* en el río, y se volverá sangre» (Éxodo 7:17). **Y todo, *Koh* y *Zoth* es una misma cosa.** (146a) **También está escrito** «Y tornando *el* Faraón se volvió a su casa, **y aun con esto** (*Koh*) no se convirtió» (Éxodo 7:23). **Y está lista para arrasar su país. Y los juicios son despertados a partir de este *Koh*. Cuando se une con Hessed, se calma. Por esta razón, se le entrega a un sacerdote que viene de Hessed a fin de que este *Koh* sea bendecido y perfumado. Por esta razón está escrito: «Así** (*Koh*) **bendeciréis a los hijos de Israel, diciéndoles:»** (Números 6:23). **Esto quiere decir que bendeciréis a *Koh* por medio de Hessed y lo aplacaréis por amor a Israel, a fin de que no haya juicios** en Israel. **Por esta razón escrito: «Así** (*Koh*) **bendeciréis a los hijos de Israel, diciéndoles:»** (Números 6:23). **«Diciéndoles» está escrito en singular y no en plural como debería ser. Es para excluir. Cuando aquellos que transgreden las leyes aumentan, no conviene hacer publicidad de ello, pues no está permitido hacer conocido el nombre de *Koh*. Esto se deduce de la palabra «Diciéndoles», que está** escrita **singular. Otra explicación. «Diciéndoles». Está escrito «bendeciréis»** en plural. **¿Por qué no han escrito también «diciéndoles» en plural? Rabbí Iehuda enseñó: si lo merecen es «diciéndoles» si no lo merecen es «diciendo».**

Rabbí Isaac abrió el versículo **diciendo: «Y sólo yo, Daniel, vi aquella visión, y no la vieron los varones que *estaban* conmigo;**

146a

sino *que* cayó sobre ellos gran temor, y huyeron, y se escondieron» (Daniel 10:7). **«Y sólo yo, Daniel, vi». De esto podemos aprender que Daniel no era un profeta, aunque ahí había profetas. ¿Quiénes eran? Hagai, Zacarías y Malaquías. Si así fuera, el santo dejaría de ser santo y aquí no está escrito «vieron». ¿Por qué cayó sobre ellos un gran temor? Está escrito a propósito de Daniel: «Y sólo yo, Daniel, vi» y él no siente temor alguno a pesar de no ser un profeta, y aquí lo no santo es santo.**

Hemos aprendido que está escrito: «Aunque se asiente campamento contra mí, no temerá mi corazón; aunque contra mí se levante guerra, yo en esto (*Zoth*) **confío»** (Salmos 27:3). ***Zoth*** **es aquí lo que hemos dicho: es la parte de él y una parte de su destino, fortalecerse y vengarse. Hemos aprendido que el Santo, bendito sea, convirtió a David en una *Merkavah*** (carroza) **santa con los patriarcas, la más elevada de todas las coronas santas que los patriarcas dieron en herencia. También hemos aprendido que David y sus descendientes heredaron el reino en aquel momento. Era el lugar de la realeza más elevada y él fue fortalecido. Él y sus descendientes heredaron el reino para que en éste no hubieran rebeliones en muchas generaciones. Y hemos aprendido que la corona de la realeza** (*Keter Maljut*)**, fue despertada para los hijos de David que no podía alzarse contra ellos. «Y sólo yo, Daniel, vi aquella visión»** (Daniel 10:7)**, ya que Daniel era descendiente de David, según está escrito: «Y fueron entre ellos, de los hijos de Judá, Daniel, Ananías**, Misael y Azarías» (Daniel 1:6). Daniel **«vio» y se alegró en esta visión ya que pertenecía a la parte y la herencia de su antepasado. Y como le pertenecía, fue capaz de soportarla mientras que los demás no podían. Rabbí Shimon dijo: cuando *Koh* es despertado con sus juicios, nadie** (literalmente «los hijos del mundo») **puede permanecer en pie delante de él.**

Cuando los sacerdotes alzan sus manos a partir de Hessed, el Hessed de Arriba es despertado y se une con *Koh*, éste es aplacado y bendecido con los rostros resplandecientes de Israel. Se eliminan los juicios según está escrito: «Así (*Koh*) **bendeciréis a los hijos de Israel» y no a las demás naciones. Por esto ha de ser**

un sacerdote y no otra persona. Ha de ser un sacerdote para que a través de él se despierte la corona de Hessed, ya que se le llama «piadoso» (*Jasid*)**, según está escrito:** «Y a Leví dijo: tu Tumim y tu Urim *diste* a **tu buen** (*Jasid*) **varón**, al cual probaste en Masah; y le hiciste reñir en las aguas de Meriba» (Deuteronomio 33:8), por lo que viene del lado de Hessed. **También está escrito:** «Alábente, oh Eterno, todas tus obras; **y tus misericordiosos te bendigan**» (Salmos 145:10). **No pronuncies *Yebarjujah*** (te bendigan)**, sino *Yebarjú*** (bendecirán) **a *Koh* con el nombre haMeforash. «Así bendecirás» en lengua santa** (hebreo).

Hemos aprendido que Rabbí Iehuda dijo: en el momento en el que el sacerdote eleva y extiende sus manos, todas las coronas santas despiertan Arriba. Se ponen en orden a fin de ser bendecidas e iluminadas desde la profundidad del pozo que fluye desde la eternidad. Las bendiciones fluyen y no se acaban; son como manantiales para todos los mundos, a los que bendicen y riegan.

Aprendimos también que en ese momento la insinuación y el silencio están en todos los mundos. La cosa se parece a un rey que desea unirse con su reina y se le aproxima en secreto. Todos sus criados se despiertan y se dicen los unos a los otros: he aquí que el rey va a unirse con su reina. ¿Quién es la reina? Es la asamblea de Israel. ¿Y quién es la asamblea de Israel? Es una asamblea de Israel, sin precisar.

Hemos aprendido que Rabbí Isaac ha dicho: el sacerdote ha de alzar su mano derecha por encima de su mano izquierda, según está escrito: «Después alzó Aarón sus manos hacia el pueblo y los bendijo; y descendió de hacer la expiación, y el holocausto, y el sacrificio de la paz» (Levítico 9:22). **«Sus manos»** (*Iadav*) **está escrito defectivamente** (sin la letra *Iod*)**. Esto es porque la mano derecha prevalece sobre la izquierda. Éste es un misterio porque está escrito** «A la mujer dijo: multiplicaré en gran manera tus dolores y tus preñeces; con dolor darás a luz los hijos; y a tu marido *será* tu deseo, **y él se enseñoreará de ti**» (Génesis 3:16).

Hemos aprendido que un sacerdote que va a alzar sus manos para bendecir**, debe añadir santidad a su santidad** (146b) **y ha de**

146b

santificar sus manos por medio de una mano santa. ¿Cuál es? Es la mano de un levita sobre quien está escrito: «Y a tus hermanos también, la tribu de Leví, la tribu de tu padre, hazlos llegar a ti, y se junten contigo, y te servirán; y tú y tus hijos contigo *serviréis* delante del tabernáculo del testimonio» (Números 18:2). **Es «la tribu de tu padre». De esto se deduce que el sacerdote no puede recibir la santificación de la ablución de manos de ningún hombre común que no haya sido santificado, para añadir santidad a la santidad.**

Hemos aprendido en el libro oculto (*Sifra Detzinuta*) (literalmente «recatado») **que el levita que va a santificar al sacerdote** también **ha de santificarse a sí mismo. Pero, ¿por qué ha de hacerse a través de un levita y no de** las manos de **otro sacerdote? Otro sacerdote no sería completo. Un sacerdote completo no puede ser mancillado por otro sacerdote que sea imperfecto. Sin embargo, el levita sí es completo y está cualificado para ascender a la plataforma y realizar las labores de la tienda de la reunión, por lo que es considerado completo y calificado de santo según está escrito «Oídme, levitas, y santificaos ahora**, y santificaréis la Casa del Eterno Dios de vuestros padres, y sacaréis del santuario la inmundicia» (2 Crónicas 29:5). **Rabbí Tanjum dijo: y él es llamado puro según está dicho: «**Toma a los levitas de entre los hijos de Israel, **y purifícalos»** (Números 8:6). **Por esta razón, el sacerdote ha de añadir santidad a su santidad.**

Hemos aprendido que el sacerdote que alza sus manos no ha de tener los dedos que se toquen para que cada una de las coronas santas sea bendecida, una a una, apropiadamente. Porque las letras del Nombre Santo han de ser mantenidas distintas y no mezclarse la una con la otra. Y él ha de meditar sobre estas cosas.

Rabbí Isaac dijo: el Santo, bendito sea, deseó que los seres de Arriba fueran bendecidos para que los grados de abajo fueran bendecidos. ¡Que los grados de Arriba que son santos en el grado más elevado sean bendecidos a través de los grados de abajo que son santos en el grado más elevado y más santos que cualquier cosa abajo! Esto es según está escrito: «Alábente, oh Eterno, todas tus obras; **y tus misericordiosos te bendigan»** (Salmos 145:10).

Dijo Rabbí Iehuda: si un sacerdote ignora este secreto o a quién va a bendecir o qué significado tiene esta bendición, su bendición es nula (literalmente «no es considerada bendición»). **Éste es el sentido de: «Porque los labios del sacerdote guardan el conocimiento, y de su boca buscarán la Torah**; porque ángel es del Eterno de los ejércitos» (Malaquías 2:7). **¿Qué es «conocimiento»** (*Daat*)**? Es sencillamente «conocimiento». «Y de su boca buscarán la Torah». Los seres de Arriba han de buscar la Torah en su boca, la Torah general, ya que hemos aprendido que la Torah escrita y la Toral oral son las dos coronas de Arriba llamadas por los mismos nombres. ¿Por qué? «... porque ángel es delel Eterno de los ejércitos»** (Malaquías 2:7). **Hemos aprendido que el sacerdote ha de meditar en estos temas a fin de unificar el Nombre Santo como es debido.**

Dijo Rabbí Shimon: hemos aprendido en el libro oculto (*Sifra Detzinuta*) (literalmente «recatado») **que el Nombre Santo tiene al mismo tiempo una forma oculta y otra revelada. La forma revelada se escribe con las letras *Iod-Vav-Dalet, He-Alef, Vav-Alef-Vav, He-Alef*. La forma oculta se escribe con otras letras y representa lo más recóndito de todo. Rabbí Iehuda dijo: incluso la forma revelada está ocultada por otras letras a fin de esconder lo más recóndito de todo. Porque el sacerdote ha de permutar** las letras d**el Nombre Santo a fin de atraer abajo misericordia, dado que todo está contenido en la pronunciación de las veintidós letras, que son las coronas de la misericordia. Las letras de este nombre ocultan las veintidós medidas de misericordia, las trece del Anciano Oculto, la que está sin revelar y las nueve de Zeir Anpin. Y todas se unen en una permutación del nombre completo en el cual se concentraba el sacerdote cuando levantaba sus manos, con veintidós letras grabadas.**

Hemos aprendido que cuando lo oculto (*Tzeniuta* significa «oculto», aunque se puede traducir como «modestia» o «recato») **dominaba en el mundo, este nombre estaba revelado para todos, pero cuando la inmundicia empezó a dominar, el nombre fue ocultado junto con sus letras. Cuando el nombre estaba revelado, el sacerdote meditaba en él y se volvía explícito. ¿En qué meditaba? En lo**

oculto que no estaba revelado para que fuera revelado. Cuando la inmundicia prevaleció en el mundo todo estaba escondido en las letras grabadas (*Véase* Talmud, tratado de *Kiddushin* 71a).

Ven y **ve: Moisés recitó en dos ocasiones estas veintidós letras** de misericordia (147a). **La primera vez dijo los trece atributos del Anciano de los Ancianos, del Oculto de los Ocultos, de modo a hacerlos bajar hasta la región donde domina el rigor, a fin de dominarlo** (*Véase* Éxodo 34:6). **La segunda vez enunció nueve atributos de misericordia que son inherentes al Zeir Anpin y reciben la luz del Anciano más oculto** (*Véase* Número 14:18). **Todo esto lo combinaba como una sola cosa el sacerdote cuando extendía sus manos para bendecir al pueblo, de modo que todos los mundos fueran bendecidos por el lado de la misericordia que emana del Anciano oculto y sin revelar. Todas las veintidós letras son atributos** (*midot*) **ocultos.** En las tres palabras **«El Eterno te bendiga y te guarde»** (Números 6:24). **Son tres versículos y tres nombres de las veintidós letras y sobre todas ellas ha de meditar el sacerdote, y todos los seres de Arriba y de abajo son apaciguados merced a estas veintidós letras que se ocultan en los tres versículos que corresponden a los 22 atributos de misericordia que lo incluyen todo. Por esta razón está escrito «diciendo» en singular en vez de en plural, como ya ha sido explicado. «Diciendo» significa que hay que meditar en todos estos secretos ocultos. Se refiere a los secreto ocultos Arriba y la guematria de esta palabra es doscientos cuarenta y ocho menos uno y corresponde a las doscientas cuarenta y ocho partes del cuerpo humano menos una. Porque todo es bendecido con esta bendición, como ya ha sido dicho. «A ellos» incluye a los seres de Arriba y a los seres de abajo.**

Hemos aprendido que Rabbí Iosi dijo: un día yo estaba sentado en presencia de Rabbí Eleazar, el hijo de Rabbí Shimon. Le pregunté por qué el rey David dijo: «Tu justicia como los montes de Dios, tus juicios abismo grande: **Oh el Eterno, al hombre y al animal conservas»** (Salmos 36:6). **«Hombre» es bastante claro, pero ¿por qué a la bestia? Me dijo: es una buena pregunta. Hay que tenerlo todo en cuenta. Si son considerados dignos, perte-**

necen a la categoría del hombre; si no, pertenecen a la categoría de **la bestia. Yo le dije: Rabbí, desearía conocer el secreto de este asunto. Me contestó: esto ya ha sido explicado. Ven** y **ve: el Santo, bendito sea, llamó «hombre» a Israel que corresponde a Arriba, y también lo llamó «bestia». Todo se encuentra en el versículo que dice: «Y vosotras, ovejas mías, ovejas de mi pasto**, hombres sois, y yo vuestro Dios, dijo el Señor Dios» (Ezequiel 34:31). **«Y vosotras, ovejas mías, ovejas de mi pasto» son hombres. Por qué Israel es llamado a veces «hombre» y a veces «oveja». Por esta razón, «Oh el Eterno, al hombre y al animal conservas»** (Salmos 36:6). **Pero en este asunto se oculta otro secreto: cuando son virtuosos, son «hombre» a imagen de Arriba. Si no son virtuosos, se los menciona como bestias. Todos ellos son bendecidos al mismo tiempo, los dos, el hombre Arriba y la bestia abajo. En Israel hay de todo. Ésta es la razón por la que fue dicho: «Oh el Eterno, al hombre y al animal conservas»** (Salmos 36:6).

Y ven y **ve: ninguna bendición se encuentra aquí abajo hasta que llega a existir Arriba** (*Véase* Zohar I 69 a). **Cuando está presente Arriba, también lo está abajo. Y todo esto es tanto para lo bueno como para lo malo. En cuanto a lo bueno, está escrito:** «Y será que en aquel tiempo responderé, dice elel Eterno, **yo responderé a los cielos, y ellos responderán a la tierra»** (Oseas 2:21). **Para lo malo está escrito:** «Y acontecerá en aquel día, que **el Eterno visitará sobre el ejército sublime en lo alto, y sobre los reyes de la tierra, sobre la tierra»** (Isaías 24:21).

Dijo Rabbí Iehuda: por esta razón está escrito simplemente «Diciéndoles», **por lo que los seres de Arriba y los seres de abajo han de ser bendecidos juntos. Al principio está escrito** «Habla a Aarón y a sus hijos, y diles: **así bendeciréis** a los hijos de Israel, diciéndoles:» (Números 6:23), **y después «los hijos de Israel, diciéndoles» de un modo general. Esto quiere decir que han de ser bendecidos juntos. «El Eterno te bendiga,** y te guarde» (Números 6:24) **Arriba, y te guarde abajo. «El Eterno haga resplandecer su rostro sobre ti**, y tenga de ti misericordia» (Números 6:23) **Arriba y «y tenga de ti misericordia» abajo.**

147a - 147b

Dijo Rabbí Abba: todos ellos son bendecidos junto con las veintidós letras grabadas en el Nombre Santo que está incluido y oculto aquí, en la bendición sacerdotal, **y todo es bendecido en veintidós letras. Son misericordia dentro de misericordia, y en ellas no existe el rigor. Pero esto no es exactamente así ya que está escrito: «El Eterno levante su rostro». Rabbí Abba dijo: «Levante» también se puede traducir como «retire» y se refiere a que el Eterno retire su ira de modo a que no haya rigor en absoluto.**

Hemos aprendido que Rabbí Iosi dijo: cuando el sacerdote extiende sus manos, está prohibido mirarlas, ya que la Shekinah descansa sobre sus manos. Rabbí Isaac dijo: no importa pues no la pueden ver. ¿En qué puede dañarlos? Es porque está escrito: «Dijo más: No podrás ver mi faz; **porque no me verá hombre, y vivirá»** (Éxodo 33:20). **Es decir, mientras la persona esté viva y no cuando haya muerto. Cuando mueren, ven. Es porque el Nombre Santo, está evocado en las manos y hay que tener temor. A pesar de que no se puede ver a la Shekinah, no hay que mirar hacia las manos del sacerdote porque sería ser irreverente hacia la Shekinah.**

Hemos aprendido que en el momento en que el sacerdote alza las manos para bendecir, la gente ha de sentarse con temor y temblor, y comprender que en ese momento un tiempo favorable prevalece a través de los mundos. Los seres de Arriba y los seres de abajo son bendecidos y entre ellos no hay rigor. Es un momento en el que el Anciano Oculto es revelado en Zeir Anpin y la paz prevalece en todo.

Dijo Rabbí Shimon: al principio de estos tres versículos (147b) **aparecen tres letras *Iod. Ievarejeja*** (te bendiga). ***Iaer*** (haga resplandecer). ***Isah*** (alce). **Todo esto es para manifestar la fe total sean bendecidos el Anciano y el Zeir Anpin por el Anciano de los Ancianos. Por esta razón, «que el Eterno te bendiga» Arriba y «te guarde» abajo, y esto en todo. Un maestro enseñó en presencia de Rabbí Shimon: cualquiera que se encuentre afligido en el transcurso de un sueño ha de recitar «Oh Señor del mundo, yo soy Tuyo y mis sueños son Tuyos» durante el tiempo en que**

los sacerdotes extienden sus manos. ¿Por qué? Porque ese es el momento propicio, ya que la misericordia prevalece en todos los mundos. Y si entonces uno ofrece una plegaria en su aflicción, el Rigor se convierte para él en Misericordia.

«Y pondrán mi nombre...» (Números 6:27). **¿Cuál es el significado de estas palabras? Dijo Rabbí Iehuda, según está escrito:** «Aarón y sus hijos vendrán y **los pondrán a cada uno en su ministerio, y en su cargo»** (Números 4:19). **Los sacerdotes están invitados a ordenar con sus bendiciones las coronas de la derecha a la derecha y las coronas de la izquierda a la izquierda, sin confundirlas. Es preciso no cometer ningún error con esto de modo que los seres de Arriba y los seres de abajo reciban la bendición.**

Si así lo hacen, está escrito: «Y yo los bendeciré». ¿A quién? A los sacerdotes, según está escrito: «malditos los que te maldijeren, **y benditos los que te bendijeren»** (Génesis 27:29). **También está escrito «Y bendeciré a los que te bendijeren,** y a los que te maldijeren maldeciré; y serán benditas en ti todas las familias de la tierra» (Génesis 12:3). **Los sacerdotes bendicen al pueblo y yo los bendigo a ellos, por lo que está escrito «Y pondrán mi nombre...»** (Números 6:27) **en vez de «y dirán» o de «y recordarán».**

Hemos aprendido que un sacerdote no querido por el pueblo no debe extender sus manos para bendecirlo. **Se cuenta que un sacerdote** no querido **que se levantó y extendió sus manos, antes de finalizar la bendición fue convertido en un montón de huesos. ¿Por qué? Porque no bendecía con amor** entre él y el pueblo. **Y se levantó otro sacerdote y pronunció la bendición y el día se arregló. Un sacerdote que no ama al pueblo o a quien el pueblo no ama, no puede pronunciar la bendición, ya que está escrito:** «**El ojo misericordioso será bendecido**, porque dio de su pan al menesteroso» (Proverbios 22:9). **No digas «bendecido»** (*Ievorak*), **sino «bendecirá»** (*Ievarek*).

Hemos aprendido que Rabbí Isaac dijo: ven y **ve lo que está escrito acerca del perverso Bilam. Cuando se le confió la tarea de bendecir a Israel, lo hizo con el mal ojo a fin de que la bendición no se cumpliera. Y con ese mal ojo fijaba sus palabras, según**

147b

está escrito: «Entonces tomó su parábola, y dijo: **dijo Bilam hijo de Beor**, y dijo el varón de ojos abiertos;» (Números 24:3)**. ¿Qué significa «hijo de Beor»? Significa que odiaba** a Israel **más que nadie en el mundo. «El varón de ojos abiertos», significa que cerró el buen ojo para ellos a fin de que la bendición no tuviera efecto.**

Dijo Rabbí Iehuda: esto seguramente es así, porque una bendición verdadera está asociada con la apertura del ojo, según está escrito: «abre tus ojos» (Daniel 9:18)**, para bendecir. Así, Rabbí Amnuna el anciano acostumbraba a decir en sus bendiciones: ¡que el Santo, bendito sea abra sus ojos sobre ti! Esto era así, para que no fueran bendecidos por él,** sino por el Santo, bendito sea. **Rabbí Isaac dijo por esta razón, la bendición pronunciada por el sacerdote de ojo bondadoso** (literalmente «buen ojo») **es una bendición que se mantiene, pero sobre la bendición de aquel que no bendice con ojo bondadoso** (literalmente «buen ojo»)**, está escrito: «No comas pan de *hombre* de mal ojo, ni codicies sus manjares»** (Proverbios 23:6)**, lo cual quiere decir que de ninguna manera hay que buscar una bendición de un hombre así** (*Véase* Talmud, tratado de Sotah 38b y Zohar I-144a).

Rabbí Iosi dijo: ven y **ve lo que está escrito: «Mas no quiso el Eterno tu Dios oír a Bilam;** y el Eterno tu Dios te volvió la maldición en bendición, porque el Eterno tu Dios te amaba» (Deuteronomio 23:5)**. «¿Oír a Bilam?» Debería haber dicho «A Balak», ya que fue Balak el que lo hizo todo. ¿Por qué «Bilam»? La razón por la que dijo «Bilam» es porque él estaba cerrando sus ojos para que su bendición no tuviera efecto. Dijo Rabbí Iosi: el Santo, bendito sea, dijo a Bilam: «¡miserable! Cerraste tus ojos para que mis hijos no recibieran bendición alguna. Yo abriré mis ojos y así convertiré todas las cosas que dices en bendiciones». Éste es el sentido de: «y el Eterno tu Dios te volvió la maldición en bendición, porque el Eterno tu Dios te amaba»** (Deuteronomio 23:5)**. A propósito de esto está escrito: «El ojo misericordioso será bendecido**, porque dio de su pan al menesteroso» (Proverbios 22:9)**. ¿Qué significa «pan»? La cosa es según está escrito: «El pan de su Dios, de lo santísimo y de las cosas santificadas, comerá»** (Levítico 21:22). **Es que el pan de su Dios emana del Santo de los Santos, «porque dio de su pan al menesteroso». Hemos aprendido cómo es amado Israel delante del Santo, bendito sea y que los seres de Arriba son bendecidos por amor a Israel.**

También hemos aprendido que en nombre de Rabbí Jía, en nombre de Rabbí Yose, Rabbí Iehuda dijo: el Santo bendito sea, juró que no entraría en la Jerusalén celestial sino después de que Israel hubiera entrado en la Jerusalén terrenal, según está escrito: «No ejecutaré el furor de mi ira, no volveré para destruir a Efraín; porque Dios soy, y no hombre; *el* Santo en medio de ti; y no entraré en la ciudad» (Oseas 11:9). **Mientras que la Shekinah se halla en el exilio, el nombre Arriba no está completo, y eso es como si el Nombre Santo** (148a) **estuviera todo el rato deseando que todos los Tikunim sean efectuados apropiadamente.**

Rabbí Abba iba una vez camino de Lod cuando se encontró con Rabbí Zeira hijo de Rav. Le dijo: he visto el rostro de la Shekinah, y todo aquel que ve el rostro de la Shekinah ha de apresurar su paso y correr tras ella. Éste es el significado de: «Y conoceremos, y proseguiremos en conocer al Eterno, como el alba está aparejada su salida, y vendrá a nosotros como la lluvia, como la lluvia tardía *y* temprana a la tierra» (Oseas 6:3)**, y: «vendrán muchos pueblos, y dirán: venid, y subamos al Monte del Eterno,** a la Casa del Dios de Jacob; y nos enseñará en sus caminos, y caminaremos por sus sendas. **Porque de Sión saldrá la Torah**, y de Jerusalén la palabra delel Eterno» (Isaías 2:3). **Quiero seguirte y gustar algunas de las buenas cosas que a diario estudiáis en la Santa asamblea. ¿Qué significa el versículo «Y creyó al Eterno, y se lo contó por justicia»** (Génesis 15:6)**? ¿Acaso quiere decir que el Santo, bendito sea, contó a Abraham como justo, o viceversa? Yo no estaba convencido de esto. Entonces le dijo: esto ha sido explicado, pero en realidad no es así. Ven y ve: el texto dice «y se lo contó», pero en realidad no está escrito «lo contó», sino «se lo contó», indicando que Abraham se lo contó al Santo, bendito sea. Ya que aprendimos en el versículo** que dice: **«Y lo llevó afuera»** (Génesis 15:5)**, que Dios sacó a Abraham de su astrología ya**

148a

que éste no es el camino para adquirir el conocimiento de mi nombre. Tú ves en tu astrología, **y yo veo** más allá de tu astrología, **que no engendrarás hijos y** yo veo **que** sí **engendrarás hijos. A partir de ahora seguirás otra dirección ya que «así** (*Koh*) **será tu descendencia». ¿Y qué es *Koh*? Es la décima corona del rey por la que puede conocerse su nombre, es la corona que pone en movimiento los juicios.**

Hemos aprendido que «así (*Koh*) **será tu descendencia» concretamente. En aquel momento, Abraham se llenó de alegría observando su nombre ya que las buenas noticias le llegaron a través de *Koh*. Y a pesar de que se levantaron juicios de, Abraham la consideró como una corona de misericordia aunque fuera de juicio. Éste es el significado de «le fue tomado a ella». ¿Qué significa esto? Que está corona es de misericordia. Rabbí Isaac dijo: *Koh* es la última corona, llamada *Tzedek*, «justicia», ya que los juicios emanan de ella. Y aunque Abraham día que los juicios emanan de ella, de este *Tzedek*, el la consideró como *Tzedakah*, «limosna», que es misericordia y de ella no emanan juicios.**

Además dijo Rabbí Aba: según está escrito «Y Abraham *era ya* viejo, y bien entrado en días; **y elel Eterno había bendecido a Abraham en todo** (*Kol*)» (Génesis 24:1). **También está escrito:** «Tuya es, oh el Eterno, la magnificencia, y el poder, y la gloria, la victoria, y el honor; **porque todas** (*Kol*) **las cosas que están en los cielos y en la tierra** *son tuyas*. Tuyo, oh el Eterno, es el reino, y la altura sobre todos *los que están* por cabeza» (1 Crónicas 29:11). **También está escrito:** «Habla a Aarón y a sus hijos, y diles: **así** (*Koh*) **bendeciréis** a los hijos de Israel, diciéndoles» (Números 6:23). **Esto está dicho así en consideración a Israel y el mismo *Koh* ha de ser bendecido por el sacerdote para que Israel sea bendecido abajo y la bendición será difundida por todas partes. En cuanto al tiempo por venir, está escrito: «Bendígate el Eterno desde Sión**, el que hizo los cielos y la tierra» (Salmos 134:3) **y: «Bendito el Eterno de Sión, el que mora en Jerusalén»** (Salmos 135:21).

«Y aconteció, que cuando Moisés hubo acabado de levantar el tabernáculo, y lo *hubo* ungido y santificado, con todos sus vasos; *y* asimismo ungido y santificado el altar, con todos sus vasos» (Números 7:1). **Rabbí Iosi enseñó: fue en el día en que la novia** (*Kalah*) **entró bajo el palio nupcial. ¿Qué significa «cuando Moisés hubo acabado** (*Kalot*)**»? Es únicamente para enseñarnos que ella entró allí por la mano de Moisés. Dijo Rabbí Iehuda: ¿acaso la Shekinah estaba demorada y no en su lugar? Está escrito: «Y no podía Moisés entrar en el tabernáculo del testimonio,** porque la nube estaba sobre él, y la gloria del Eterno lo tenía lleno» (Éxodo 40:35). **Rabbí Isaac dijo: no hay antes y después en la Torah,** no está escrita en orden cronológico, como nos enseña el Talmud en el tratado de Pesajim, 6b. **«Y aconteció, que cuando Moisés hubo acabado** de levantar el tabernáculo, y lo *hubo* ungido y santificado, con todos sus vasos; *y* asimismo ungido y santificado el altar, con todos sus vasos;» (Números 7:1). **Seguramente, ella era la novia de Moisés. Hemos aprendido que Rabbí Shimon dijo que está escrito: «Subiste a lo alto, cautivaste *la* cautividad**, tomaste dones para los hombres, y también para los rebeldes, para que habite entre ellos Iah Dios» (Salmos 68:18). **Cuando el Santo, o sea le dijo** «no te llegues acá; **quita tus zapatos de tus pies**, porque el lugar en que tú estás, tierra santa *es*» (Éxodo 3:5), **el monte se sacudió. El ángel Mijael dijo delante del Santo, bendito sea: Señor del universo, ¿estás por aniquilar al hombre? He aquí que está dicho: «macho y hembra los creó; y los bendijo,** y llamó el nombre de ellos Adán, el día en que fueron creados» (Génesis 5:2). **Una bendición únicamente se aplica a aquel que es masculino y femenino, y tú estás diciéndole a Moisés que se separe de su mujer. El Santo, bendito sea, contestó a Moisés: «Moisés, ya has cumplido el mandamiento de ser fructífero y multiplicarte. Ahora deseo que te cases con la Shekinah y la Shekinah bajará a morar contigo. Éste es el significado de «Subiste a lo alto, cautivaste *la* cautividad». ¿Qué significa «cautivo»? Significa que la Shekinah se ha casado contigo. ¿Qué significa «tomaste dones para los hombres»? Aquí no está escrito «de los hombres» si no «para los hombres» lo cual indica al hombre de Arriba,** el Zeir Anpin. **El día en que la Shekinah descendió es el día en el que se casó con Moisés. Éste es el significa-**

148a

do de: «Moisés, ya has cumplido», hablando precisamente acerca de la esposa de Moisés.

A propósito de Josué, cuyo rostro brilló como el rostro de la luna, está escrito: «Y el Príncipe del ejército del Eterno respondió a Josué: **quita tus zapatos de tus pies**; porque el lugar donde estás es santo» (Josué 5:15)**, ya que él no se separó de su mujer más que en ciertos tiempos, y además, la Shekinah no estaba casada con él en el mismo grado, no siendo él tan merecedor de ella** como Moisés**, según está escrito** «postrándose sobre su rostro en tierra» (Josué 5:14)**. Porque aquí ella era la novia de Moisés en toda verdad. En «dones para los hombres», la palabra dones** (*Matanot*) **aparece escrita defectivamente** (*Matenat*)**,** en singular, por lo cual, según los comentaristas, se refiere a la Shekinah, que fue como una regalo (*Matán*) para Moisés. **«¡Dichosa la porción de Moisés cuyo Señor deseó su gloria por encima del resto de los mortales!**

«Y el Eterno dijo a Moisés: ofrecerán su ofrenda, **un príncipe un día**, y otro príncipe otro día, a la dedicación del altar» (Números 7:11)**. ¿Qué significa «un día»? Dijo Rabbí Iehuda se trata de los días Arriba que están preparados para ser bendecidos por las doce** áreas **delimitadas** (las doce permutaciones del Tetragrama)**, cada uno de ellos fue ordenado y dedicado por medio de una bendición a través de los días de aquí abajo. Hemos aprendido que todos son bendecidos para el altar Arriba y todo es bendecido en el mundo de abajo.**

Hemos aprendido que Rabbí Shimon dijo: si no fuera por los sacrificios ofrecidos por estos doce príncipes, el mundo no hubiera podido enfrentarse a los doce príncipes de Israel, según está escrito: «Estos son los hijos de Ismael, y estos *sus* nombres por sus villas y por sus palacios; **doce príncipes por sus familias**» (Génesis 25:16)**. Cuando fueron ofrecidos a los sacrificios se les retiró el dominio, por lo que está escrito: «un príncipe un día». Y todo lo ofrecido era similar a los que se ofreció Arriba, a fin de que todo fuera bendecido.** «Y todos los bueyes del sacrificio de la paz veinticuatro novillos, **sesenta *los* carneros, sesenta *los* machos cabríos**, sesenta *los* corderos de un año. Ésta fue la dedicación del altar, después que fue ungido» (Números 7:88) **se parece al versículo que dice:** «He aquí es la cama de Salomón; **sesenta fuertes la rodean**, de los fuertes de Israel» (Cantar de los cantares 3:7) que pertenecen al lado de Guevurah. **«Un cucharro de oro de diez *siclos*,** lleno de incienso» (Números 7:14), **como ya hemos aprendido. ¡Dichosa la parte de los justos ya que Santo, bendito sea, derrama bendiciones sobre ellos y escucha sus plegarias! A propósito de ellos está escrito: «habrá mirado a la oración de los solitarios y *menesterosos*, y no habrá desechado el ruego de ellos»** (Salmos 102:17).

¡Bendito sea el Eterno por siempre! ¡Amén y amén! ¡Que el Eterno reine por siempre! ¡Amén y amén!

BEHAALOTJÁ

NÚMEROS VIII, 1 — XII, 16

(148b) **«Y habló el Eterno a Moisés, diciendo: habla a Aarón, y dile: cuando encendieres las lámparas,** las siete lámparas arderán frente a la faz del candelero» (Números 8:1-2) **Rabbí Iehuda abrió el versículo diciendo: «Y él, como un novio que sale de su tálamo**; se alegra, como un gigante, para correr el camino» (Salmos 19:5). **Dijo: ¡dichosa la parte de Israel, porque el Santo, bendito sea los favoreció y les concedió la Torah de verdad, un árbol de Vida que otorga** vida **a todo el que se acerca a él; vida en este mundo y en el mundo por venir! Aquel que se esfuerza en** aprender **Torah y se apega a ella tiene vida. Aquel que abandona las palabras de la Torah y se aleja de ella, es como si abandonara la vida, porque la Torah es vida y todas sus palabras son vida, según está escrito: «porque será medicina a tu cuerpo**, y tuétano a tus huesos» (Proverbios 3:8).

Ven y **ve: el árbol de vida se extiende desde Arriba hasta abajo. La luz de este sol que lo ilumina todo comienza en la cima y se extiende hasta el tronco en una línea recta. Está compuesto de dos lados, uno al norte y uno al sur, uno a la derecha y uno a la izquierda. Cuando el sol brilla desde el tronco de este árbol, fortalece el lado derecho y resplandece con fuerza, como hemos aprendido. De esa fuerza toma su luz la izquierda. «Y él, como un novio que sale de su tálamo**; se alegra, como un gigante, para correr el camino» (Salmos 19:5). **¿Qué es el tálamo? Es** «Salid, oh doncellas de Sión, y ved al rey Salomón con **la corona con que le coronó su madre el día de su desposorio**, y el día del gozo de su corazón» (Cantar los cantares 3:11). **«Que sale de su tálamo» es la parte superior de la luz, según está escrito: «De un extremo de los cielos *es* su salida**, y su curso hasta la extremidad de ellos; y no hay quien se esconda de su calor» (Salmos 19:7). **Es el principio de todo lo denominado «extremo de los cielos». Entonces aparece como un novio que viene a recibir a su novia, la amada de su alma, a la que recibe estrechándola en sus brazos.**

La cosa se parece a «Y él, como un novio que sale de su tálamo; se alegra, como un gigante, para correr el camino» (Salmos 19:5). **El sol continúa y sigue su camino hacia occidente. Cuando se acerca al occidente, el lado norte es despertado y se adelanta para encontrarlo. Entonces se unen. Hemos aprendido que es según está escrito: «Su izquierda *esté* debajo de mi cabeza**, y su derecha me abrace» (Cantar de los cantares 2:6). **A continuación de esto está escrito: «y su derecha me abrace». Entonces: «se alegra, como un gigante, para correr el camino»** (Salmos 19:5), **a fin de iluminar a la luna. Y esto ya ha sido explicado.**

Ven y **ve: «cuando encendieres las lámparas». Se trata de una alusión a las lámparas de Arriba que resplandecen juntas en armonía con el sol.**

Rabbí Aba abrió el versículo **y dijo: «Dichoso el pueblo que sabe jubilar; andarán, oh el Eterno, a la luz de tu rostro»** (Salmos 89:15). **Éste versículo ya ha sido explicado. Ven** y **ve: dichosos son los de Israel a quienes el Santo, bendito sea, dio la santa Torah** (149a) **y enseñó sus caminos para adherirse a él y guardar los preceptos de la Torah a fin de alcanzar mérito a través de ellos en el mundo venidero. Los atrajo a sí cuando salieron de Egipto y los sacó de un dominio extraño unirlos a su nombre. Entonces los de Israel fueron llamados «hombres libres» en todo sentido. Ya no estuvieron más bajo la autoridad de los egipcios y los unió a su nombre, el cual es supremo sobre todo y tiene dominio sobre Arriba y abajo. Y debido a su amor por ellos, los llamó** «Y dirás al Faraón: el Eterno ha dicho así: **Israel *es* mi hijo, mi primogénito»** (Éxodo 4:22), **en se-**

mejanza a lo de Arriba. Él dio muerte a los primogénitos Arriba y abajo, y desató los nudos liberándolos totalmente. De este modo, el Santo, bendito sea, no envió a un ángel o un serafín, sino que él mismo lo hizo. Más aún, únicamente él podía distinguir y discernir y liberarlos, lo cual no estaba en el poder de ningún emisario, sino únicamente en su mano.

Ven y ve: en esa noche, cuando el Santo, bendito sea, deseó dar muerte a todos los primogénitos, como ya hemos aprendido, cuando cayó la noche los ángeles cantores vinieron delante de él para cantar su cántico de alabanza. Él les dijo que no era el momento adecuado, ya que los habitantes de la tierra estaban cantando otra canción. Más tarde, en la mitad de la noche, se desató el viento del norte y el Santo, bendito sea, estaba realizando venganza. Los de Israel cantaban su canción en alabanza y en ese momento él los liberó a todos. Los ángeles de Arriba y todos los campamentos juntos estaban escuchando las voces de Israel. Después de que los de Israel se circuncidaran y marcaran sus casas con esa sangre y con la sangre del cordero pascual con tres marcas: «Porque el Eterno pasará hiriendo a los egipcios y cuando vea la sangre sobre el dintel y los dos soportes laterales, pasará el Eterno aquella puerta y no dejará entrar al heridor en vuestras casas para herir» (Éxodo 12:23). Estas tres marcas son una alusión al nombre de Dios que a veces se escribe con tres letras *Iod*. ¿Por qué? Esto ya ha sido explicado. Es porque es una señal santa y cuando el ángel destructor pasó y la vio, tuvo compasión de Israel, según está escrito: «pasará el Eterno aquella puerta» (Éxodo 12:23). Y esto ha de ser examinado con mucho cuidado pues hay una dificultad. Si el Santo bendito sea, y no otro enviado, hubiera venido y dado muerte en la tierra de Egipto, ¿por qué está esta señal sobre el dintel de la puerta dado que todo está revelado delante de él? Además, ¿qué significa «y no dejará entrar al heridor»? Hubiéramos esperado que dijera «y él no destruirá». Pero la verdad es según está escrito: «el Eterno hirió a todo primogénito en la tierra de Egipto» (Éxodo 12:29). El Eterno se refiere a él junto con su tribunal. Este tribunal está aquí, presente. Corresponde siempre exhibir un acto aquí abajo

149a **para ser salvado. Esto es así con las ofrendas del altar, a fin de impedir que el** ángel **destructor entre durante el servicio. La cosa se realiza por medio de un acto** abajo. **Cuando no se necesita, por ejemplo el día de Rosh haShanah, que es el día del juicio, cuando los** acusadores **de la mala lengua se levantan** para denunciar a Israel. **Entonces son necesarias plegarias y súplicas y además actos exteriores, como ya ha sido explicado. Con el Shofar** de abajo **se invoca al Shofar** de Arriba. **Con esto hacemos que se ponga en acción la misericordia y el rigor unidos, tal como debe ser. Es como el Shofar de Arriba que emite un sonido combinado. Nuestro objetivo es despertar la misericordia y vencer a los** ángeles **acusadores de modo que sean impotentes en ese día. Cuando se despierta la misericordia, todas las lámparas de Arriba se encienden a ambos lados y entonces «En la luz del rostro del rey está la vida,** y su benevolencia es como nube de lluvia tardía» (Proverbios 16:15).

Ven y **ve: en el momento en que el** Sumo **sacerdote intentó encender las lámparas aquí abajo y ofrecer incienso perfumado, las velas de Arriba se encienden y todo es una misma cosa. La alegría y el gozo predominan en todos los mundos, según está escrito: «El ungüento y el incienso alegran el corazón;** así la dulzura del amigo con el consejo del alma» (Proverbios 27:9). **Por esta razón, «Cuando encendieres las lámparas,** las siete lámparas arderán frente a la faz del candelero» (Números 8:2).

Rabbí Eleazar, Rabbí Iosi y Rabbí Isaac iban por el camino y se acercaron a las montañas oscuras (probablemente el Kurdistán). **Rabbí Eleazar alzó sus ojos y vio que eran montañas elevadas, oscuras, temibles y pavorosas. Rabbí Eleazar les dijo a sus compañeros: si mi padre estuviera aquí, yo no tendría miedo. Pero como de todas maneras somos tres y estamos ocupados en palabras de Torah, no habrá rigor** que nos afecte. **Rabbí Eleazar abrió** el versículo **y dijo: «Y reposó el arca en el mes séptimo,** a diecisiete días del mes, **sobre los montes de Armenia** (literalmente «Ararat»)» (Génesis 8:4). **¡Cuán queridas son las palabras de la Torah! Porque en cada una de ellas se encuentran secretos sublimes y toda la Torah es un escrito** que procede **de Arriba! Hemos aprendido en los trece prin-**

cipios de exégesis de la Torah **que «Si una palabra está incluida en una proposición general y luego es el sujeto de una sentencia especial, lo que se predica de ella no ha de entenderse como limitado a ella solamente, sino que ha de aplicarse a la totalidad de la proposición general».** (149b) **Y puesto que la Torah es una proposición general, cualquier simple relato** que parezca **una excepción a la regla, no está ahí para relatarnos una historia sino más bien para enseñarnos los asuntos más elevados y los más grandes secretos. No se considera una excepción para enseñarnos algo acerca de sí misma, sino para enseñarnos una ley general pues esa palabra o ese relato, aunque se presente fuera de la Torah, no está ahí para enseñarnos sólo eso, sino también para enseñarnos una ley general de la Torah entera.** Por ejemplo está escrito: **«Y reposó el arca en el mes séptimo, a diecisiete días del mes, sobre los montes de Armenia** (literalmente «Ararat»)» (Génesis 8:4). **Muy probablemente este versículo es una excepción a la generalidad de la Torah y está ahí para narrar un simple relato. ¿Qué importa si reposó en una montaña o en otra? Tenía que reposar en algún lugar. Es únicamente para enseñarnos una generalidad. Bienaventurado es Israel a quien le fue entregada la Torah más elevada, la Torah de verdad. Aquel que sostiene que un relato de la Torah está únicamente para narrarnos una historia y no más, puede exhalar su último suspiro ya que esa no sería una Torah de Arriba, una Torah de verdad. Sin embargo, esta Torah de Arriba es una Torah de verdad.**

Ven y **ve: no es honorable para un rey de carne y de sangre** (de carne y hueso) **tener un hablar simple y escribir cosas** simples (palabras vanas y superficiales). **¿Es, pues, concebible que el Rey de arriba, el Santo, bendito sea, no tenga asuntos sagrados acerca de los cuales escribir para conformar con ellos la Torah, y que lo haga únicamente con cosas sencillas, como las palabras de Esaú, las palabras de Agar, las palabras de Labán a Jacob, las palabras del asna, las palabras de Bilam, las palabras de Balak y las palabras de Zimri? ¿Y que después reuniera todo esto, todas estas historias que fueron escritas, y haga con ellas una Torá? Si así fuera, ¿por qué es llamada «Torah de verdad»** (Malaquías 2:6)**?**

149b
«La ley del Eterno *es* perfecta, que convierte el alma; **el testimonio del Eterno *es* fiel**, que hace sabio al pequeño. **Los mandamientos del Eterno *son* rectos**, que alegran el corazón; **el precepto del Eterno *es* puro**, que alumbra los ojos. **El temor del Eterno *es* limpio**, que permanece para siempre; **los derechos del Eterno *son* verdad**, todos justos. **Deseables *son* más que el oro, y más que mucho oro afinado**; y dulces más que miel, y que licor de panales» (Salmos 19:8 a 11). **Estas palabras se aplican a los asuntos de la Torah. Realmente, la Torah de Arriba es una Torah de verdad, ya que «la Torah del Eterno es perfecta». Cada palabra viene a enseñarnos cosas elevadas pues el asunto concreto que podemos encontrar en una narración no está aquí únicamente para enseñarnos cosas acerca de esta narración, sino más bien para sugerir el aspecto total, como ya ha sido explicado.**

Ven y ve: «Y reposó el arca en el mes séptimo, a diecisiete días del mes, sobre los montes de Armenia (literalmente «Ararat»)» (Génesis 8:4). **Este versículo, como los demás, dice la verdad. En el momento en el que el rigor pende sobre el mundo y sus juicios prevalecen, el Santo, bendito sea, se sienta en el trono de juicio para juzgar el mundo. A través ese trono, ¿cuántas cosas son registradas en éste? ¿Cuántos veredictos se hallarán en el cofre del Rey? Todos los libros, registros y notas fueron almacenados allí, y por eso nada es olvidado por el Rey. Ese trono adquiere su plena significación únicamente en el séptimo mes, en el día del juicio, un día en el cual todo el mundo es contado y cada uno pasa ante él para ser examinado. Por esa razón «y reposó el arca», «en el séptimo mes» porque es en este mes cuando se juzga el mundo. «...sobre los montes de Armenia** (literalmente «Ararat», juego de palabras con *Arur*, «maldito»)» **en referencia a los Señores del rigor que gimen y se lamentan, y todos aquellos ejecutores que se movilizan en ese día y todos permanecen debajo del trono para participar en el juicio del mundo. Y en ese día, los de Israel ofrecen plegarias y súplicas delante de él, y hacen sonar el Shofar. Entonces, el Santo, bendito sea, tiene piedad de ellos y convierte el rigor en misericordia. Todos los seres de Arriba excla-**

man: «Dichoso el pueblo que sabe jubilar; andarán, oh el Eterno, a la luz de tu rostro» (Salmos 89:16). **Por esa razón, aquel que sople el Shofar aquel día ha de conocer los misterios de estos asuntos y ha de concentrarse en el soplo y hacerlo con sabiduría. Por esta razón está escrito: «dichoso el pueblo que sabe jubilar» y no «que entona una canción alegre». Y esto ya ha sido explicado.**

Caminaron durante todo el día y cuando anocheció se refugiaron en una cueva. Rabbí Eleazar dijo: que uno de nosotros entre en la cueva porque tal vez encuentre allí un lugar conveniente para descansar. **Rabbí Iosi entró y se dio cuenta de que había otra cueva dentro de la cueva, y en ella brillaba una lámpara. Escuchó una voz que decía: «Cuando encendieres las lámparas, las siete lámparas arderán frente a la faz del candelero»** (Números 8:2). **Aquí, dijo la voz, la comunidad de Israel recibe la luz y la madre de Arriba** (150a) **es coronada, y todas las lámparas brillan dentro y fuera de ella. En ella hay dos pequeñas llamas** que son las compañeras del rey **que encienden todas las luces de Arriba y de abajo. Cuando escuchó esto, Rabbí Iosi se alegró y se fue a informar a Rabbí Eleazar. Rabbí Eleazar le dijo: entremos, porque el Santo, bendito sea, se nos adelantó en este día para producir milagros para nosotros. Entraron. Nada más entrar, sus ojos encontraron allí dos hombres envueltos en el estudio de la Torah. Rabbí Eleazar dijo: «¡Cuán ilustre, oh Dios, es tu misericordia!** ***Por eso*** **los hijos de Adán se abrigan en la sombra de tus alas»** (Salmos 36:87). Los dos hombres **se levantaron** y los saludaron. **Todos se sentaron y estuvieron muy contentos. Rabbí Eleazar dijo «¡Cuán ilustre, oh Dios, es tu misericordia!». «¡Cuán ilustre es que yo te haya encontrado!». El Santo, bendito sea, nos ha mostrado bondad al permitir encontrarlo en este lugar. Ahora, encended las lámparas,** compartid vuestras enseñanzas.

Rabbí Iosi abrió el versículo diciendo: «Cuando encendieres las lámparas», o sea cuando vosotros iluminéis porque dos servicios fueron realizados por el sacerdote y forman una unidad, es decir los del aceite y del incienso, según está escrito «El ungüento y el incienso alegran el corazón; así la dulzura del amigo con

150a

el consejo del alma» (Proverbios 27:9), **y «Y quemará sobre él Aarón sahumerio de aroma** cada mañana, cuando aderezare las lámparas lo quemará. **Y cuando Aarón encienda las lámparas al anochecer, quemará el sahumerio continuamente delante del Eterno** por vuestras edades» (Éxodo 30:7 y 8). **¿Cuál es la diferencia entre «quemará» y «encienda»?**

Rabbí Iehuda dijo todo esto **es una sola cosa.**

Rabbí Iosi dijo: «prepara» según está escrito: «¡Oh!, si él me besara con besos de su boca! **Porque mejores *son* tus amores que el vino»** (Cantar de los cantares 1:2). **Porque aquellos que están llenos de vino** (o sea de sabiduría) **son mejores. Así está escrito:** «antes pondremos ciertamente por obra toda palabra que ha salido de nuestra boca, para ofrecer sahumerios a la reina del cielo, y derramándole libaciones, como hemos hecho nosotros y nuestros padres, nuestros reyes y nuestros príncipes, en las ciudades de Judá y en las plazas de Jerusalén, **y fuimos llenos de pan, y estuvimos alegres, y nunca vimos mal»** (Jeremías 44:17). **Dijo Rabbí Iehuda: esto es una mejora real, según está escrito: «pero el de corazón alegre** (literalmente «bueno») **tiene un festín continuo»** (Proverbios 15:15). **«Cuando encendieres las lámparas» señala la exaltación de los seres de Arriba después de haber bebido del agua corriente. Entonces son elevados y hay bendiciones y alegría sobre todos. Por esa razón está escrito «Cuando encendieres».**

Rabbí Aja dijo: cuando el Profundísimo brilla, lo hace sobre el río. La corriente fluye para iluminarlo todo y después está escrito «Cuando encendieres» ya que todo fluye desde lo más profundo. Viene de lo más profundo, que es denominado «pensamiento». Y todo es lo mismo. En ese momento la comunidad de Israel es bendecida y se difunden bendiciones a través de los mundos.

Rabbí Isaac abrió el versículo: «Yo he edificado casa por morada para ti, asiento en que tú habites para siempre» (1 Reyes 8:13). **«Casa por morada» definitiva. Cuando todos los tesoros del rey fueron confiados a sus manos, ella tiene potestad sobre ellos y es denominada «casa». Existe un firmamento** (*Rakia*) **llamado «casa»**

cuya función es recibir las bendiciones y ponerlo todo en orden. También es llamada «morada».

Ven y **ve: está escrito: «Y a Zabulón dijo: alégrate, Zabulón, cuando salieres; y tú Isacar, en tus tiendas»** (Deuteronomio 33:18) **a fin de enseñarnos eran compañeros** (*Véase* Zohar I-241b). **Uno fue e hizo la guerra y otro se sentó a estudiar la Torah. En la parte de Zabulón estaba el mar, y la asamblea de Israel es llamada «mar de Galilea» porque el** color **azul viene de allí. Han explicado que como es abajo así es Arriba. Hay un mar de Galilea Arriba y hay un mar de Galilea abajo y hay azul Arriba y hay azul abajo y todo es uno. Por esta razón, la parte de Zabulón era salir y guerrear. ¿Por qué? Porque está escrito: «Llamarán *los* pueblos al monte; allí sacrificarán sacrificios de justicia;** por lo cual chuparán la abundancia de los mares, y los tesoros escondidos de la arena» (Deuteronomio 38:19). **¿Por qué «sacrificios de justicia»? Porque «chuparán la abundancia de los mares». La parte de Isacar se encuentra en el estudio de la Torah y le entrega a Zabulón su parte en la Torah. Por esta razón estaban unidos como compañeros y Zabulón recibía las bendiciones** derivadas del estudio **de Isacar pues la bendición de la Torah es bendición de todos.**

Dijo Rabbí Abba: ciertamente la herencia de la Torah es así y éste es el sexto nivel que da la recompensa de la Torah a la asamblea de Israel. Da lo blanco al azul. Hemos aprendido a propósito de esto que se considera que es mañana cuando se puede distinguir entre el color blanco y el color azul. Por la mañana el blanco (la misericordia) **reina y el azul** (el rigor) **desaparece. Todas las armas del rey y todas las guerras del rey son confiadas en sus manos. Y esto ya ha sido explicado** (*Véase* Zohar II-139a).

«Pozo, el cual cavaron los príncipes; lo cavaron los príncipes del pueblo, y el legislador, con sus bordones. Del desierto *vinieron* a Matana. (Números 21:18). **El pozo es la asamblea de Israel, «el cual cavaron los príncipes» son el padre y la madre** (*Aba* e *Ima*), **que la hicieron nacer. «Lo cavaron los príncipes del pueblo» son los patriarcas, según está escrito: «Los príncipes de los pueblos se**

juntaron al pueblo del Dios de Abraham; porque de Dios *son* los escudos de la tierra» (Salmos 47:10) (150b) **para ser bendecido por ellos por un escalón que está encima. ¿Y quién es? El justo, porque cuando viaja, viaja ayudado por los patriarcas.**

Es llamada «pozo» y es llamada «mar». Es llamada «pozo» cuando Isaac sale armado del lado de la madre (*Ima*), **viniendo después a éste. Es llamada «pozo de Isaac» o «pozo de Miriam», como ya ha sido explicado. Y es llamada «mar» cuando es iluminada por el río de Arriba del padre** (*Aba*), **ya que los ríos van a él, según está escrito: «Los ríos todos van al mar, y el mar no se llena;** al lugar de donde los ríos vinieron, allí vuelven para correr de nuevo» (Eclesiastés 1:7). **A partir del día en que la asamblea de Israel partió al exilio, está escrito: «Las aguas del mar se fueron,** y se agotó el río, se secó» (Job 14:11). **Esto se aplica a la comunidad de Israel y «el río, se secó» se aplica al Justo. Por esta razón está escrito: «Perece el justo,** y no *hay* quien eche de ver; y los píos son recogidos, y no *hay* quien entienda que delante de la aflicción es recogido el justo» (Isaías 57:1) **cuando era el río más precioso que iba al mar. Reunió a todos estos ríos y corrientes que fluyen de ese río santo cuyas aguas son inagotables y que surge y emerge del Edén de Arriba. Penetra en ella y llena sus estanques y todos los mundos heredan bendiciones de allí.**

Ven y **ve: cuando la asamblea de Israel es bendecida, todos los mundos son bendecidos e Israel abajo es amamantado y bendecido por ella. Protege a Israel, como ya ha sido explicado, según está escrito: «Y el ángel de Dios que iba delante del campamento de Israel, se apartó,** e iba en pos de ellos; y asimismo la columna de nube que iba delante de ellos, se apartó, y se puso a sus espaldas» (Éxodo 14:19). **«El ángel de Dios» es la asamblea de Israel que, como ya ha sido explicado, se desplazaba con la ayuda de los patriarcas. Cuando están cerca de ella, todo está cerca de ella. Por esta razón, el Nombre Santo es transmitido en los versículos en los que están incorporados los patriarcas, como ya ha sido explicado. Un versículo en orden, un versículo en sentido contrario, un versículo en orden.**

150b

«Y el ángel de Dios que iba delante del campamento de Israel, se apartó, e iba en pos de ellos; y asimismo la columna de nube que iba delante de ellos, se apartó, y se puso a sus espaldas» (Éxodo 14:19). **Este versículo está en orden ya que Abraham está presente junto con todos aquellos que está a su lado. Por lo tanto, está en orden. Abraham está adornado con sus coronas y adorna a la asamblea de Israel y todas las letras están en orden durante el día, según está escrito: «De día mandará el Eterno su misericordia, y de noche su canción *será* conmigo,** oración al Dios de mi vida» (Salmos 42:9). **Por eso está escrito «y el ángel se apartó». ¿Cuándo? Durante el día cuando brilla el sol. Y este versículo está compuesto por setenta y dos letras.**

ויסע מלאך האלהים, ההלך לפני מחנה ישראל, וילך, מאחריהם; ויסע עמוד הענן, מפניהם, ויעמד, מאחריהם.

ו י ס ע מ ל א ך
ה א ל ה י מ ה ה
ל ך ל פ נ י מ ח
נ ה י ש ר א ל ו
י ל כ מ א ח ר י
ה מ ו י ס ע ע מ
ו ד ה ע נ נ מ פ
נ י ה מ ו י ע מ
ד מ א ח ר י ה מ

El segundo versículo se aplica a Isaac y también en él encontramos setenta y dos letras. Y hay rigor para los egipcios y misericordia para Israel. Por esta razón ha sido escrito en el versículo siguiente**: «E iba entre el campamento de los egipcios y el campamento de Israel**; y era nube y tinieblas *para aquellos,* y alumbraba la noche *a Israel;* y en toda aquella noche nunca llegaron los unos a los otros» (Éxodo 14:20)**, o sea los unos y los otros. «Y era nube y era tinieblas» porque el día de Isaac es un día nublado ya que la nube y la oscuridad provienen de él. Por esta razón las letras están en orden inverso.**

ויבא בין מחנה מצרים, ובין מחנה ישראל, ויהי הענן והחשך, ויאר את-הלילה;
ולא-קרב זה אל-זה, כל-הלילה

ה ל י ל ה כ ה
ז ל א ה ז ב ר ק
א ל ו ה ל י ל ה
ת א ר א י ו כ ש
ח ה ו נ נ ע ה י
ה י ו ל א ר ש י
ה נ ח מ נ י ב ו
מ י ר צ מ ה נ ח
מ נ י ב א ב י ו

Por esta razón todas las letras están en sentido inverso, según está escrito «Y era nube y era tinieblas». En cuanto Isaac entró con sus juicios «nunca llegaron los unos a los otros», porque aquellos que venían del lado de Abraham no se acercan al otro. No podían porque ese pozo estaba unido a Isaac. También está escrito: «y alumbraba la noche *a Israel***». Cuando se unía a Isaac «nunca llegaron los unos a los otros» y no era capaz de acercarse. Estuvieron separados hasta que llegó Jacob y se unió a Abraham, tomó a Isaac y lo puso en medio. Entonces la fe fue conectada, una con otra, e Israel fue salvado.**

Y hemos aprendido que allí donde aparecen los patriarcas aparecen con ellos otros justos. Por lo tanto este nombre puede entenderse de otro modo, aunque sea en la misma dirección. Cuando este pozo se ilumina del lado de Isaac y es atado a él, se convierte en el gran mar, y olas fuertes suben y bajan con rabia y enfado (151a) **mientras se estrellan. Abraham viene hacia aquí por culpa de la rabia y el enfado y no se acerca hasta que llega Jacob y subyuga la ira. Es lo que está escrito: «Y extendió Moisés su mano sobre el mar, e hizo el Eterno que el mar se retirase por recio viento oriental** toda aquella noche; y tornó el mar en seco, y las aguas quedaron divididas» (Éxodo 14:21). **¿Qué significa un viento** (*Ruaj*, literalmente «espíritu») **recio? Se trata del espíritu de Jacob, que**

es recio y poderoso para romper la ira. Y «tornó el mar en seco, y las aguas quedaron divididas» vaciando el mar de las aguas de la ira. Las aguas quedaron divididas a dos lados, al lado de Abraham, que corresponde a la sefirah de *Hessed*, **al lado de Jacob,** que corresponde a la sefirah de Tiferet, **según está escrito: «las aguas quedaron divididas», a un lado y a otro. Por esta razón las letras están en la dirección correcta.**

ויט משה את-ידו, על-הים, ויולך יהוה את-הים ברוח קדים עזה כל-הלילה,
וישם את-הים לחרבה; ויבקעו, המים

ו י ט מ ש ה א ת
י ד ו ע ל ה י מ
ו י ו ל כ י ה ו
ה א ת ה י מ ב ר
ו ח ק ד י מ ע ז
ה כ ל ה ל י ל ה
ו י ש מ א ת ה י
מ ל ח ר ב ה ו י
ב ק ע ו ה מ י מ

Todas estas letras están en el sentido correcto, el de Jacob, como todos aquellos que vienen de su lado. Cuando llegó Jacob, se unió a Abraham y tomó a Isaac y lo puso en medio de ellos dos. De este modo la fe estuvo unida al uno y al otro. De este modo, el trabajo de la rectificación del Nombre Santo se realiza por medio de la unión de los dos patriarcas haciendo un único nudo. Es el nudo de la fe que se convertirá en una carroza completa. Uniendo a los patriarcas como si fueran uno todo se realiza. Los compañeros saben cómo hay que proceder de la manera correcta, para hacerlo convenientemente. Y por medio de este nombre, que es el nudo de los patriarcas, se descubren caminos para el juicio, para la misericordia, para la ayuda, para el amor, para el sobrecogimiento, para la Torah, para la vida, para la muerte, para el bien y el mal. ¡Dichosos aquellos virtuosos que conocen los caminos de la Torah y saben cómo caminar por

151a

estos caminos junto con el Rey Santo! Dichosos son en este mundo y en el mundo venidero.

כהת	אכא	ללה	מהש	עלם	סיט	ילי	והו
הקם	הרי	מבה	יזל	ההע	לאו	אלד	הזי
חהו	מלה	ייי	נלך	פהל	לוו	כלי	לאו
ושר	לכב	אום	רײ	שאה	ירת	האא	נתה
ייז	רהע	חעם	אני	מנד	כוק	להח	יחו
מיה	עשל	ערי	סאל	ילה	ול	מיכ	ההה
פוי	מבה	נית	ננא	עמם	החש	דני	והו
מחי	ענו	יהה	ומב	מצר	הרח	ייל	נמם
מום	היי	יבמ	ראה	חבו	איע	מנק	דמב

He aquí a los patriarcas en sus viajes, en acción, en nudos, uniéndose los unos con los otros. Cuando están unidos, nadie se puede enfrentar a ellos. Hemos aprendido que allí donde están los patriarcas siempre están junto a ellos los demás justos. Todo esto va en los caminos explicados. Hay siete nudos que corresponden a los tres patriarcas que están unidos con los otros cuatro y están atados en uno. Cabeza y centro de un único nudo son aquellos que cavaron el pozo de agua. El segundo nudo es «los unos a los otros» (Éxodo 14:20), **y es un nudo que tiene tres** letras ***Iod.*** **El tercer nudo es la consumación de la fe completa. El cuarto nudo un son dos pilares sobre los que está el cuerpo. El quinto nudo es el bien y el mal, un río que mana del árbol de la vida y de la muerte, el más profundo de todos. El sexto nudo es el juicio y la misericordia. El séptimo nudo fue mencionado al principio,**

pues es el centro de todo. Y como es el centro de todo, es denominado Ani (literalmente «yo»), **y sostiene todas las ramas que están unidas a su alrededor. Estos siete peldaños van de un nivel a otro nivel. En ellos hay una carroza conocida por todos los nombres que están unidos en ella, y todo sigue el nivel que le ha sido asignado. Y esto ya ha sido explicado.**

Ven y **ve: cuando están presentes estos peldaños, está presente la fe total. Son las siete nubes que rodeaban a Israel. Así, cuando la Shekinah está de viaje, está viajando junto con los patriarcas. Cuando ellos viajan, todos los peldaños viajan dentro de ellos y la asamblea de Israel es adornada apropiadamente.**

Ven y **ve: Zabulón, como ya lo hemos dicho, heredó el mar de Galilea, un mar no especificado. Si la cosa es así, ¿qué parte tiene Judá en ello? Sólo es porque Judá obtuvo el reino entero** que corresponde a la Shekinah, **uniendo las dos partes.**

Rabbi Eleazar dijo en esta parashah: todos los trabajos del candelabro y todas las preparaciones necesarias ya fueron mencionados en otra parashah. **¿Por qué esta repetición? La razón de esta repetición es la siguiente: una vez que los jefes han ofrecido sus ofrendas traídas al altar y han sido realizados todos los servicios requeridos, la Escritura registra la historia del candelabro que fue preparado por Aarón, dado que el candelabro de Arriba junto con todas sus lámparas brillan a través de Aarón.**

Ven y **ve: en el altar había doce príncipes para arreglarlo y para prepararlo, y ya fue explicado que estos doce representan a las doce tribus que estaban distribuidas en cuatro direcciones con cuatro estandartes, y entre todas eran doce. Todo esto era según la pauta de Arriba, es decir, el candelabro** (151b) **con sus siete lámparas para ser encendidas por el sacerdote, todo según Arriba. El candelabro se presenta mediante una señal y un milagro y esto ya ha sido explicado en relación a la fabricación del candelabro. El candelabro y el altar interior juntos proporcionan alegría a todos, según está escrito: «El ungüento y el incienso alegran el corazón**; así la dulzura del amigo con el consejo del alma» (Proverbios 27:9). **Ya hemos explicado que había dos altares, uno que es**

151b

interior donde se ofrendaba el incienso, irradiaba su fuerza hacia el exterior. Aquel que mide y observa, enciende y conoce la sabiduría de Arriba sabe que está oculto en las palabras *Adonai Iod He Vav He*, porque el incienso sólo se ofrecía cuando se había vertido el aceite en las lámparas.

Descubrí lo siguiente en el libro del Rey Salomón: el incienso es para difundir la alegría y para apartar la muerte. ¿Por qué? Es porque cuando el juicio prevalece en el exterior, la alegría, la felicidad y la conexión con la luz procedente del interior donde toda alegría existe. Cuando éste se despierta, desaparece todo el juicio y no puede ser notado ningún juicio. Por esta razón, el trabajo con el incienso aparta la muerte, juego de palabras entre *Ketoret*, «incienso» y *Keter*, «unir», «conectar». **Por esta razón, el incienso es la conexión de todo y se ofrece en el altar interior. ¡Dichosos los hijos de Israel en este mundo y en el mundo venidero! A propósito de ellos ha sido escrito: «Y me dijo: mi siervo eres, oh Israel, que en ti me gloriaré»** (Isaías 49:3).

«Toma a los levitas de entre los hijos de Israel, y expíalos» (Números 8:6). **Ya ha sido explicado que era necesario purificarlos y atraerlos de modo que pudiesen ser ligados a su lugar propio, ya que ellos son del brazo izquierdo, en lado del juicio, y aquel que proviene del lado del juicio no debe dejar crecer su cabello, ya que éste fortalece al juicio en el mundo. Por la misma razón, una mujer no debe tener su cabello visible en el exterior y a descubrir su cabeza y velar su cabello. Esto ya fue explicado y ya lo hemos aprendido. Todos aquellos que provienen del lado del juicio son entonces bendecidos. Por esta razón está escrito a propósito de los levitas «Y así les harás para expiarlos**: rocía sobre ellos el agua de la expiación, **y haz pasar la navaja** sobre toda su carne, y lavarán sus vestidos, y serán expiados» (Números 8:7). **Más aún, hemos aprendido que los levitas no han de tomar su puesto hasta que el sacerdote se lo haya ofrecido, porque la derecha siempre ha de guiar a la izquierda.**

Dijo Rabbí Shimon: cuando los levitas entran en sus lugares asignados, han de traer como ofrenda dos toros (*parim*), **que sim-**

bolizan el lado izquierdo, pues ellos mismos pertenecían al lado izquierdo. ¿Por qué toros (*parim*)? **porque ellos mismos son como toros para recibir con la izquierda a esa vaca que es llamada «la vaca roja»** (*parah dumah*). **El poder y el ajuste dependen del sacerdote, pues el poder total del cuerpo se halla en el brazo derecho. Por esta razón el sacerdote era el brazo derecho de todo Israel, encargado de mantener recto a Israel y a todo el mundo. A pesar de todo esto, junto con el lado izquierdo que era la parte del cuerpo que es la esencia de todo.**

«Esto en cuanto a los levitas de veinticinco años arriba, entrarán *a* militar milicia en el servicio del tabernáculo del testimonio» (Números 8:24). **Ven** y **ve: el levita entra cuando tiene veinticinco años y permanece en su servicio otros veinticinco años hasta llegar a los cincuenta. Cuando alcanza esta edad el fuerte fuego** (la vitalidad) **en él disminuye y por esta razón no puede seguir ocupando su puesto. Además, la voz ya no le sirve tan bien para cantar. Es necesario que esa voz no se vaya perdiendo sino que se vaya incrementando ya que es un lugar de juicio fuerte y no puede permitirse que le afecte ninguna debilidad. Por esta razón, es importante no degradar este lugar porque se trata de un juicio poderoso y no uno débil. Es imprescindible no manifestar debilidad. ¡Dichoso el hombre que se ocupa de la Torah, conoce los senderos del Santo bendito sea, y no se desvía** de ellos **ni a la derecha ni a la izquierda! Esto es según está escrito:** «¿Quién es sabio para que entienda esto, y prudente para que lo sepa? **Porque los caminos del Eterno son derechos,** y los justos andarán por ellos; mas los rebeldes en ellos caerán» (Oseas 14:9).

«Y habló el Eterno a Moisés en el desierto de Sinaí, en el segundo año de su salida de la tierra de Egipto, en el mes primero, diciendo» (Números 9:1). **Dijo Rabí Abba: ¿Por qué se repite aquí el precepto referente a Pesaj? Ya se lo había dado cuando estaban en Egipto. Esto es así porque era el segundo año e Israel creía que fue dado únicamente para un año en Egipto y creían que ya no era necesario. Vino el Santo, bendito sea, y les enseñó que no se aplicaba sólo a Egipto. De ahí** (152a) **«en el desierto de Sinaí**

152a

en el segundo año» para renovar el precepto para las siguientes generaciones. Y a pesar de que les ordenó esto en Egipto, lo volvió a hacer en aquel lugar donde fueron entregados la Torah y los preceptos. Por esta razón, «en el segundo año de su salida de la tierra de Egipto, en el mes primero». ¿Qué quiere decir? Es un secreto de Arriba. Se habla de «año» y se habla de «mes». ¿Cuál es la diferencia? El mes es la luna y el año es el sol, que derrama sus rayos sobre a la luna. Esto ocurrió cuando fueron entregados a Israel todos los preceptos de la Torah.

Dijo Rabbí Shimon: ¡Ay del hombre que considera que la Torah es un libro de simples relatos y palabras ordinarias! Si así fuera, actualmente podríamos componer una Torah con palabras ordinarias acaso más agradable. Si la Torah vino para hablar de asuntos mundanos, incluso los potentados del mundo poseen libros de mayor valor que podríamos utilizar para componer una Torah. Pero todo lo que contiene la Torah son palabras de Arriba y misterios sublimes.

Ven y ve: el mundo de Arriba y el mundo de abajo son medidos por medio de una balanza. Israel aquí abajo está en correspondencia con los ángeles de Arriba. A propósito de ellos está escrito: «el que hace a sus ángeles espíritus, sus ministros fuego flameante» (Salmos 104:4). Porque cuando descienden a la tierra los ángeles se envuelven de vestiduras de este mundo. Si no vistieran vestiduras de este mundo, no podrían permanecer en él y él no podría resistirlos. Y si esto ocurre con los ángeles, cuánto más ha de ser así con la Torah que los creó y que creó todos los mundos que se mantienen gracias a ella. Cuando bajó a este mundo, si no se hubiera vestido con vestiduras de este mundo, la Torah, éste no habría podido soportarla. Por esta razón, los relatos de la Torah son únicamente sus vestiduras exteriores y aquel que piensa que tales vestiduras son la esencia real de la Torah y que no hay nada más, no tendrá su parte en el mundo venidero. Por esta razón el rey David dijo: «Destapa mis ojos, y miraré las maravillas de tu Torah» (Salmos 119:18), o sea las cosas que están ocultas debajo de la vestidura.

Ven y ve: existe una vestidura que todo el mundo puede ver. La gente insensata, cuando ve a una persona bien vestida, no van más allá (se quedan en las apariencias) **y confunden a la vestidura con el cuerpo del hombre y a su cuerpo con su alma. Algo parecido ocurre con la Torah. Tiene un cuerpo, compuesto por los preceptos de la Torah que son denominados «cuerpo de la Torah». Este cuerpo está envuelto en vestiduras, que son relatos de este mundo. La gente insensata se fija únicamente en estas vestiduras, que son el relato de la Torah, y no se percatan de nada más. No miran lo que está oculto debajo de estas vestiduras. Pero lo verdaderos conocedores** (los sabios cabalistas) **no miran las vestiduras sino el cuerpo que está debajo de ellas. Los sabios, servidores del rey altísimo, aquellos que estuvieron en el monte Sinaí, penetran directamente hasta el alma, que es la raíz de todo, la Torah de verdad. En el futuro mirarán el alma del alma de la Torah.**

Ven y **ve: es como Arriba. Hay una vestidura, y un cuerpo, y un alma, y un alma de un alma. Los cielos y sus huestes son la vestidura y la asamblea de Israel es el cuerpo que recibe al alma, que es el esplendor de Israel y el alma del alma es el Anciano Santo. Por eso es un cuerpo para un alma y el alma, que es el esplendor de Israel, es la Torah de verdad. Es el alma del alma que es el Anciano Santo y todo está unido. ¡Ay de los pecadores que sostienen que la Torah es únicamente un relato y nada más! ¡Bienaventurados los justos que fijan su mirada en la Torah misma! El vino** (la sabiduría) **únicamente puede mantenerse en una vasija** (*Kankan*)**; así, la Torah sólo permanece gracias a esta vestidura. Por eso hay que fijarse en lo que está dentro de la vestidura. Los temas y los relatos** de la Torah **son sólo su vestidura** (*Véase* Zohar I-263 a).

«Los hijos de Israel harán la pascua a su tiempo *determinado*» (Números 9:2). **¿Qué significa «harán»? Diojo Rabbí Iosi: ¿Acaso no aprendimos que aquel que realiza un acto apropiado abajo es como si lo hubiera realizado Arriba? Gracias a él** (el acto realizado abajo) **es despertado** Arriba, **y es como si lo hubiera hecho** Arriba, **como ya ha sido explicado** (152b).

152b

«Cualquier varón de vosotros o varón de vuestras generaciones, que fuere inmundo...» (Números 9:10). **¿Por qué dice dos veces «varón»? Es para enseñar que un hombre que es verdaderamente un hombre merece recibir un alma de Arriba, pero que si se ha dejado manchar, la Shekinah no puede morar con él. ¿Por qué? Él mismo se lo provocó al ensuciarse y por eso «hombre» está escrito dos veces. Pero al haberse ensuciado, la santidad de Arriba ya no puede estar con él. «**Cualquier varón de vosotros o de vuestras generaciones, que fuere inmundo por causa de muerto **o estuviere de viaje lejos,** hará pascua al Eterno» (Números 9:10). **Éste es uno de diez lugares de la Torah donde aparece un punto encima** de la letra *He* de la palabra *Rejokah,* «lejos». **Todos estos puntos están aquí para indicar algo. Esto nos indica que cuando una persona se mancha aquí** abajo, **también se mancha Arriba. Y cuando se mancha Arriba, se aparta del lugar recibe el camino que la simiente de Israel ha elegido. Se coloca en un camino *Rejokah,*** «lejos», **apartándose de la unión contigo.**

Rabbí Isaac dijo: ¿por qué está escrito: «que fuere inmundo por causa de muerto o estuviere de viaje lejos, hará pascua al Eterno»? (Números 9:10). **Nos hallamos ante dos casos distintos, lo cual se deriva de la palabra «o». Rabbí Iosi dijo: el primer caso habla de un hombre que aún no se ha impurificado Arriba, mientras que el segundo se refiere a alguien que sí se ha impurificado. Ni sobre el uno ni sobre el otro podrá residir la santidad, y no cumplían el precepto de Pesaj al mismo tiempo que el resto de Israel. Os podéis preguntar si lo cumplirá en el mes siguiente, incluso si no se corrige sí mismo, pero esto no es así. Únicamente después de haber sido purificado y reparado su defecto tendrá otro mes para ofrendar otro cordero pascual. De aquí aprendemos que cuando uno se purifica sí mismo, también es purificado** desde Arriba (*Véase* Talmud Iomá 38b). **Y si alguien se atreviera a decir que este hombre se encontrará a un nivel más elevado en el segundo mes, ciertamente no es así. Israel, el pueblo santo que prepara el cordero pascual en el tiempo señalado, se encuentran en un lugar más elevado en cuanto que reciben la luna y el sol,**

unidos como uno. Aquel que primero recibe el fundamento (*Iesoda*)**, después recibe el edificio sobre** éste. **¿Qué fundamento? El fundamento de una piedra preciosa, según está escrito: «La piedra** *que* **desecharon los edificadores, ha venido a ser cabeza del ángulo»** (Salmos 118:22). **Sobre esta piedra descansa algo.**

Dijo Rabbí Iehuda: ciertamente lo recibe todo, incluso en el segundo mes. Pero no es exactamente como en el caso de aquel que ofrece el cordero pascual en el período adecuado. ¿Por qué? Porque aquel que ofrece el cordero pascual en el período adecuado recibe de abajo hacia Arriba y no retrocede, ascendiendo a un grado más elevado de santidad. Aquel que ofrece el cordero pascual fuera del período adecuado, no va de Arriba a abajo. Por esta razón, aunque se parezca no es igual ya que uno se eleva y el otro desciende. Por lo tanto, aquel que ofrece el cordero pascual en el período adecuado es más merecedor. ¡Dichosos los de Israel porque merecen la Torah y aquel que merece la Torah merece el Nombre Santo! ¡Dichosos ellos en este mundo y en el mundo venidero! (153a).

RAIA MEHEMNA

Es una mitzvah celebrar un segundo Pesaj para aquellos que no pudieron hacerlo **o estaban impuros. Dado que el secreto de Pesaj, que es el secreto de la fe en la que entró Israel, domina en el mes de Nissan, un tiempo para alegrarse, ¿cómo podían aquellos que no lo hicieron a tiempo o que estaban impuros hacerlo al mes siguiente** cuando ya no era el mes de Nissan? **Cuando la asamblea de Israel es adornada con sus coronas en el mes de Nissan, no se las quita durante treinta** días. Y durante todos estos **treinta** días la Matronita está sobre estos adornos comenzando el día del éxodo de Israel en Pesaj, **y todas sus huestes se hallan en un estado de gran alegría. Aquel que desea ver a la matronita puede mirarla. Y se proclama: ¡aquel que no pudo ver la matronita puede venir y**

153a
mirar antes de que sean cerradas las puertas! ¿Cuándo se realiza esta proclamación? En el decimocuarto día del segundo mes ya que las puertas están abiertas desde entonces durante siete días más. Después de esto las puertas son cerradas y es el segundo Pesaj. Esta mitzvah se refiere al sacrificio del cordero pascual en el período adecuado. La siguiente se refiere a la primera fecha del cordero pascual y al segundo cordero pascual y nos dice que hemos de consumirlos de acuerdo con sus leyes. Aquel que está impuro ha de esperar hasta la fecha del segundo cordero pascual. Ahora una tercera mitzvah. Los Tanaitas y los Amoraitas dicen: algunas personas se parecen a objetos de este mundo parecidos al ángel Mijael y otras parecen objetos de este mundo que pertenecen a santidad como, por ejemplo, la carne sagrada, que tiene el aspecto de Gabriel, el sacerdote y el levita. Y algunas personas se parecen a los días festivos y son como el Santo de los Santos.

La Shekinah corresponde al primer Pesaj del lado derecho y al segundo Pesaj del lado izquierdo. Porque el primer Pesaj está vinculado con la derecha, donde prevalece Jojmá, mientras que el segundo Pesaj está vinculado con la izquierda donde prevalece Binah. En Guevurah, la sefirah siguiente, **desaparecen todos los fuegos extraños, que son como paja y cascajos en relación con el fuego de Guevurah, por lo que los impuros quedan retrasados hasta el segundo Pesaj. Y todas las impurezas, como por ejemplo la de una** ***Metzorah*** (una mujer que tiene la regla)**, un leproso o un hombre o una mujer que tienen blenorragia o una mujer que está pariendo, son consumidas por el fuego de Guevurah. El alma es el recipiente del Santo, bendito sea y éste no mora en ella hasta que es purificada en el fuego de Guevurah, según está escrito «¿Por ventura mi palabra no es como el fuego, dice el Eterno**, y como martillo *que* quebranta la piedra?» (Jeremías 23:29). **Si es como el hierro, en este fuelle fuego estalla, si es como la piedra, se disuelve. Y de la derecha es el nombre de la Torah escrita, denominada «agua».** Juego de palabras entre *deVeiamin* «de la derecha» y *vebaMaim* «de agua», ambas corresponden al atributo de misericordia. **Mediante ella son limpiados el leproso, aquel impuro que tuvo contacto con un ca-**

dáver, el enfermo de blenorragia y aquel que se ha impurificado a través del contacto con cualquier tipo de insecto. Éste es el sentido de: «Y esparciré sobre vosotros agua limpia, y seréis limpiados de todas vuestras inmundicias; y de todos vuestros ídolos os limpiaré» (Ezequiel 36:25).

En la columna central, el recipiente está unido con su marido, tras santificarse en la izquierda y purificarse en la derecha. A propósito de los recipientes de Pesaj se ha dicho que estos recipientes fueron usados para servir cosas frías, y por lo tanto fueron sumergidos en agua fría y limpiados. Puesto que fueron las almas que llegaron del lado de la misericordia, son misericordiosas, llenas piedad. Y amor por lo que no necesitan ser purificadas en aguas calientes como la gente mediocre. Porque ciertamente no son purificadas Aguas calientes que son aquellas a través de las cuales se purifican a sí mismos los perversos, aquellos que se calientan con el fuego de la Mala Inclinación. Acerca de ellos está escrito: «todo lo que resiste el fuego, por fuego lo haréis pasar, y será limpio, bien que en las aguas de expiación habrá de purificarse; mas haréis pasar por agua todo lo que no aguanta el fuego» (Números 31:23), **dado que son muy impuros. Por otra parte, aquellos que son completamente justos, son purificados con agua fría ya que a propósito de ellos se ha dicho «aquellos que ponen espacio entre los que se adhieren, el infierno es enfriado para ellos». Cuando el alma de un hombre es material, como los son los recipientes de barro, se purifica quebrándose, según ha sido dicho: «Los sacrificios de Dios *son* el espíritu quebrantado;** al corazón contrito y humillado no despreciarás tú, oh Dios» (Salmos 51:17). **Pero aquellos que se envuelven en el estudio de la Torah escrita y oral, que se comparan con el fuego y con el agua, y los que se esfuerzan en el estudio de los secretos de la Torah, que es luz, según está escrito: «y la Torah es luz...»** (Proverbios 6:23), **la misma Torah los purifica. Y también en el capítulo acerca de «ver»** (*Véase* Talmud *Berajoth* cap. 9), **«cuando alguien ve dátiles en su sueño, significa que han acabado sus iniquidades», según está escrito: «Cumplido es tu castigo, oh hija de Sión: nunca más**

153a

te hará transportar. Visitará tu iniquidad, oh hija de Edom; descubrirá tus pecados» (Lamentaciones 4:22). **Porque es el nivel de Jacob a propósito de quien se ha escrito «Jacob era un hombre íntegro»** (Génesis 25:27). Juego de palabras entre *Tam*, «íntegro» y *Marim*, «amargos», refiriéndose a los pecados y *Temarim* «dátiles». **Aquí está aludido que «las aguas se endulzaron«, según está escrito:** «Y Moisés clamó al Señor; y el Señor **le mostró un árbol**, el cual cuando *lo* metió dentro de las aguas, **las aguas se endulzaron**. Allí les dio estatutos y derechos, y allí los probó» (Éxodo 15:25). **Porque aquel que se esfuerza en** el estudio de **la Torah, que es un árbol de vida, se puede aplicar a sus pecados «amargaron su vida con dura servidumbre**, en *hacer* barro y ladrillo, y en toda labor del campo, y en todo su servicio, al cual los obligaban con dureza» (Éxodo 1:14). **Pero el Santo, bendito sea, los perdona y los dulcifica.**

Como ocurrió **en la época del** éxodo de Egipto, llegarán días **en que ocurrirá que «Y murió José, y todos sus hermanos, y toda aquella generación»** (Éxodo 1:6). **Porque en los días del exilio final no habrá muerte sino pobreza, ya que un pobre es considerado como un muerto** (*Véase* Talmud *Nedarim*, 64). **Y el versículo: «Y dejaré en medio de ti *un* pueblo humilde y pobre, los cuales esperarán en el nombre del Señor»** (Sofonías 3:12). **Y también «Y tú salvas al pueblo pobre;** mas tus ojos *están* sobre los altivos, para abatirlos» (2 Samuel 22:28) **y a propósito de los ricos que sobrevivan, está dicho:** «Estáis ociosos, *sí*, ociosos,» (Éxodo 5:17). **Porque son ociosos en el estudio de la Torah, lentos en generosidad para con el pueblo de la Torah y a las gentes virtuosas que vayan de ciudad en ciudad no las recibirán con amabilidad. Son ociosos en la dura servidumbre. Y alguien podría decir que por eso no hacen buenas obras, y que «Agrávese la servidumbre sobre ellos, para que se ocupen en ella,** y no atiendan a palabras de mentira» (Éxodo 5:9), **y provoquen que su carga sea de verdad y «no atiendan a palabras de mentira» porque mienten y se quejan de que la carga es pesada y no hacen buenas obras. Mienten cuando dicen que la carga es tan pesada porque «no se da paja a los siervos»** (Éxodo 5:16). **Ésta es la mentira de Mamón** (que representa al dinero), **que los ha llevado a pecar delante del Santo, bendito sea, pues no le prestan atención ni tampoco confían en el nombre del Eterno. Y «no se da paja a los siervos»** (Éxodo 5:16). **Aquellos que disponen** de paja **esconden su dinero** (Mamón) **en su interior en medio de un cofre o una caja** de caudales. **A propósito de ellos:** «Id pues ahora, y trabajad. No se os dará paja, **y habéis de dar la tarea del ladrillo** (*levenim*)» (Éxodo 5:16). **Es el dinero** (literalmente «plata») **que es como ladrillos en esa generación.** Se considera que la plata es blanca y la palabra *Levenim* se asocia fonéticamente con *Laban* «blanco».

En esa época «Y Moisés clamó al Señor; y el Señor le mostró un árbol, el cual cuando *lo* metió dentro de las aguas, las aguas se endulzaron. **Allí les dio estatutos y derechos, y allí los probó»** (Éxodo 5:25), **en referencia a los sabios de la Mishnah. De nuevo la Torah oral será amarga para ellos, con pobreza y angustia y «amargaron su vida con dura servidumbre**, en *hacer* barro y ladrillo, y en toda labor del campo, y en todo su servicio, al cual los obligaban con dureza» (Éxodo 1:14), **con trabajos pesados. «Barro»** (en hebreo *Jomer*) **se refiere a la deducción del más débil al más fuerte** (*Kal va-Jomer*) **y con ladrillos** (*Levenim*) **se refiere al conocimento** (*Binah*) **de las leyes** (*Halajoth*). **«En toda labor del campo» se refiere a la *Baraita*** (*Halajah* no incluida en la Mishnah). **«En todo su servicio, al cual los obligaban con dureza» se refiere a aquellos problemas y aquellas preguntas que no tienen respuesta.**

Y tú, Pastor fiel, para ti se hará realidad allí «Allí les dio estatutos y derechos, y allí los probó» (Éxodo 15:25) **con el árbol del conocimiento del bien y del mal, que es prohibición y autorización, y por medio de esos secretos que serán revelados a través de ti «las aguas se endulzaron». Es como la sal que endulza la carne, así serán endulzados a través de ti por medio de esos secretos que serán revelados a través de ti. Todos esos problemas y todas esas preguntas de las aguas amargas de la Torah oral volverán a ser aguas dulces de la Torah. Esos sufrimientos se endulzarán a través de los secretos que serán revelados a través de ti y todos sus pesares pasarán como sueños que pasan. El sueño es como la sal**

(ambas palabras están compuestas por las mismas letras y tienen la misma guematria) **que dulcifica la carne y así también los sueños se dulcifican, como ya ha sido explicado. Y el sufrimiento será como la sal de Sodoma que ciega los ojos de los malvados como indica la verdad del versículo: «Mas los ojos de los malvados se consumirán**, y no tendrán refugio; y su esperanza *será* agonía del alma» (Job 11:20). **Se trata de las multitudes mezcladas** (*Erev Rav*) **malvadas sobre quienes se hará verdad. «Muchos serán limpios, y emblanquecidos, y purgados. Y** *los* **impíos se empeorarán**, y ninguno de los impíos entenderá, pero entenderán los entendidos» (Daniel 12:10). **«Emblanquecidos» hace referencia a los que estudian la Mishnah. «Purgados» hace referencia a los descendientes santos del resto de la nación, según está dicho:** «Y meteré en el fuego la tercera parte, **y los fundiré como se funde la plata**, y los probaré como se prueba el oro. El invocará mi nombre, y yo le oiré, y diré: pueblo mío; y él dirá: El Señor *es* mi Dios» (Zacarías 13:9). **«Mas los ojos de los malvados se consumirán» son las multitudes mezcladas** (*Erev Rav*) (153b). **«Pero entenderán los entendidos»** (Daniel 12:10). **Se trata de los Señores de la Cábala a propósito de quienes está dicho: «Y los entendidos resplandecerán como el resplandor del firmamento;** y los que enseñan la justicia *a* la multitud, como las estrellas a perpetua eternidad» (Daniel 12:3). **Son aquellos que se esfuerzan** en el estudio **del esplendor del libro llamado «Zohar», comparable al arca de Noé, donde son reunidos dos de una ciudad y siete de un reino. A veces uno de una ciudad y dos de una familia a través de quienes se vuelve verdad:** «Entonces *el* Faraón mandó a todo su pueblo, diciendo: **echad en el río todo hijo que naciere**, y a toda hija dad la vida» (Éxodo 1:22). **«Echarán»** (*Tashlijú*, que se parece a *Taskilú* «enseñarán»). **Ésta es la luz del Zohar, y todo gracias a vosotros. ¿Y quién provocó todo esto? El cuervo. Porque tú serás en ese tiempo como la paloma. Hubo otro mensajero como el cuervo que se fue del arca y no volvió y se entregó a inmundicias, por lo que está dicho que los ignorantes son inmundos** y se pueden comparar con los cuervos. **Hizo dinero y no se esforzó en que los justos se arrepintieran, y es como si no hu-**

biera cumplido el encargo de su Señor. Y el secreto de la paloma que penetró en las profundidades del mar, secreto que pueda asociarse al episodio del profeta Jonás, en hebreo *Ionah*, «paloma»**, ha de hacerse realidad en vosotros y así vosotros entraréis en los profundos abismos de la Torah. Y es lo que está escrito por el profeta Jonás: «Me echaste en lo profundo, en medio de los mares**, y la corriente me rodeó; todas tus ondas y tus olas pasaron sobre mí» (Jonás 2:3). **Entonces** las sefirot de **Jojmá, Hessed y Netzaj estarán a la derecha, y dijo** el rey **David:** «Voz de júbilo y de salud *hay* en las tiendas de los justos, **la diestra del Señor hace valentías. La diestra del Señor** *es* **sublime, la diestra del Señor hace valentías»** (Salmos 118:15 y 16). **Las tres sefirot de la izquierda están conectadas y son Binah, Guevurah y Hod, y las tres sefirot el centro, son Keter, Tiferet y Iesod y están unidas a la derecha y a la izquierda.**

Dado que el profeta vio que uniste a estos tres en el centro, dijo sobre ti este versículo: «He aquí, que mi siervo será prosperado, será engrandecido, y ensalzado, y será muy sublimado» (Isaías 52:13). **Estaréis conectados y unidos con los dos mesías. David habló de los tres de la derecha del mesías, hijo de David, y la derecha del Eterno tres veces. A propósito de los tres de la izquierda, a las que está unido el mesías, hijo de Efraín, dijo: «No moriré, sino que viviré»** (Salmos 118:17), **del de la izquierda, que es Hod. A propósito de esto ha sido dicho que él dio Hod a Moisés, y esto os es dado desde el lado de Binah. Y por eso seréis secos y áridos en todo a causa del mesías, hijo de Efraín, en la Torah, en la profecía y en el cuerpo donde habéis padecido tantas agonías para que él no muera, pues rogasteis pidiendo misericordia por él. «Sino que viviré» es del lado de Binah y por ello «no moriré», que es del lado de Guevurah. «Sino que viviré» es el árbol de la vida que prevalece en el rezo de Shajarit** (de la mañana), **y está unido a Abraham** (el instaurador de la oración de la mañana) **por medio del nudo de las filacterias.** «No moriré, sino que viviré, **y contaré las obras de Iah»** (Salmos 118:17) **es del lado de Hod. «Me castigó gravemente Iah**, mas no me entregó a la muerte» (Salmos 118:18) **es Jojmá y Binah, la derecha y la izquierda compues-**

153b

tas por tres derechas y tres izquierdas. «Mas no me entregó a la muerte» (Salmos 118:18) **es la columna del centro compuesta por tres, la corona, el Justo y el hijo de Iah** (las sefiroth de Keter, Iesod y Tiferet)**. Y enseguida la** letra ***Vav*** **elevará a** la letra ***Iod*** **hasta *Iod-He*** **en la derecha y en la izquierda con misericordia y oraciones. Es lo que está escrito: «En aquel día yo levantaré el Tabernáculo de David, caído**, y cerraré sus portillos, y levantaré sus ruinas, y lo edificaré como en el tiempo pasado» (Amós 9:11)**. Por lo que el profeta dijo: «Irán con lloro, mas con misericordias los haré volver**, y los haré andar junto a arroyos de aguas, por camino derecho en el cual no tropezarán; porque seré a Israel por Padre, y Efraín será mi primogénito» (Jeremías 31:9).

El Pastor fiel se levantó, lo besó y lo bendijo. Dijo: sin duda eres un enviado de tu Señor que viene a nosotros. Los tanaitas y los amoraitas exclamaron: ¡Pastor fiel, lo sabes todo y todo es revelado a través de ti, pero eres muy humilde, como se ha dicho de Moisés «Y era Moisés muy humilde» (Números 12:3) **y no te quieres atribuir ningún mérito! Por eso el Santo bendito sea nos ha pedido que actuemos como si fuéramos tus manos y tu boca delante de la Lámpara sagrada.**

Fin del Raia Mehemna

«Y el día que el tabernáculo fue levantado, la nube cubrió el tabernáculo sobre la tienda del testimonio; y a la tarde había sobre el tabernáculo como una apariencia de fuego, hasta la mañana» (Números 9:15)**. Rabbí Jía abrió** el versículo: **«Esparce libremente, da a los pobres, su justicia permanece para siempre; su cuerno será ensalzado en gloria»** (Salmos 112:9)**. «Esparce libremente, da a los pobres». ¿Qué quiere decir «esparce libremente»? Es según está dicho «Hay *quienes* reparten libremente, y *les* es añadido más**; y *hay quienes* retienen más de lo que es justo, mas vienen a pobreza» (Proverbios 11:24)**. Pero podemos decir que esto es cierto para cualquiera que de libremente, por eso «Esparce libremente, da a**

los pobres». Y porque da a los pobres «su cuerno será ensalzado». ¿Qué quiere decir «y ***les*** **es añadido** (*nosaf*) **más»? Que se le añaden riqueza y** días de **vida. Este versículo tendría que leerse así: «Esparce libremente y sin embargo le es añadido». ¿Qué quiere decir ¿Qué quiere decir «y** ***les*** **es añadido** (*nosaf*) **más»? Es el lugar donde está la muerte. Provoca un incremento de vida Arriba.** (154a) **Dijo Rabbí Iehuda en nombre de Rabbí Jía: el versículo nos enseña que aquel que da a los pobres despierta al árbol de la vida para que añada vida al árbol de la muerte. Entonces hay alegría y vida Arriba y el árbol de la vida se alza sobre el hombre que provocó esto cuando está en necesidad. Lo protege el árbol de la muerte y por eso se dice: «y** ***le*** **es añadido». Es como si dijeras «Su justicia permanece para siempre»** (Salmos 112:9). **Porque ella permanece para siempre. La justicia permanece para proveerle con vida y fuerza, del mismo modo que él da** a los pobres **y la vida es despertada para él. Los dos árboles están juntos para protegerlo y acrecentar su vida.**

«Su cuerno será ensalzado en gloria» (Salmos 112:9). **Ven** y **ve: observa que el cuerno será ensalzado en gloria. ¿Cómo? Con la gloria de Arriba** (*Véase* Zohar I-237a). **Esa persona provocó la unión y que descendieran bendiciones de Arriba abajo.**

Dijo Rabbí Abba: todo el tiempo en que el tabernáculo era erigido por las manos de los hombres, era un tiempo de alegría para todos. El aceite santo de la unción era derramado en lámparas que emitían luz. Aquel que atrae esto obtiene la redención para sí mismo en este mundo y tendrá vida en el mundo venidero. Por esta razón ha sido escrito: «No aprovecharán las riquezas en el día de la ira; **mas la justicia librará de la muerte»** (Proverbios 11:4) **y «Mas la vereda de los justos** ***es*** **como la luz del lucero, que va en aumento hasta que el día es perfecto»** (Proverbios 4:18).

«Hazte dos trompetas de plata; de obra de martillo las harás, las cuales te servirán para convocar la congregación, y para hacer mover el campamento» (Números 10:2). **Rabbí Shimon abrió** el versículo: **«Y cuando los animales andaban, las ruedas andaban junto a ellos; y cuando los animales se levantaban de la tierra, las rue-**

154a

das se levantaban» (Ezequiel 1:19). **«Y cuando los animales andaban», lo hacían con una fuerza de Arriba. Pero si dijeras que Arriba es superior, no es así, como el que está delante de las caras y el que está detrás de las caras. Un espíritu** (*Ruaj,* literalmente «viento») **de los cuatro espíritus en cuatro direcciones y cuatro lados en el resplandor que fue creado, que sostiene los rostros luminosos. Por eso, son como la apariencia de seres vivientes, que corresponden a las cuatro esquinas en las que fueron puestos los** cuatro **estandartes, el león, el águila, el toro y el hombre. Abarcan a los cuatro ángeles de las caras que lo gobiernan y abarcan todo.**

El primer estandarte es un campamento armado, el león, Miguel, inscrito en el estandarte desplegado que se encuentra en el lado derecho. Es el este, o sea el principio del sol que viajar con su luz. Iofel y Tzedakiel están debajo de él, uno para la Torah y otro para ir a la plaza del mercado. Cuando están viajando, ¡cuántos campamentos armados se mueven del lado derecho! Y son como uno. A la izquierda, el sol avanza brillante y los corona. Mil y cientos de miles están debajo de él y todos con temor y temblor, temblando y estremeciéndose. El león extiende su mano derecha reuniendo todas las huestes y trescientos setenta mil leones rodean a este león que está en el centro de todos ellos. Cuando el león ruge, los firmamentos tiemblan y todas las legiones de ángeles **se estremecen asustadas. Con este sonido el río Dinur** (*najar Dinur,* un río de fuego) **asciende y desciende los mil quinientos escalones que hay hacia abajo, hacia el infierno. Por esta razón, todos los malvados que se hallan en el infierno tiemblan y arden en el fuego. A propósito de esto está escrito: «Bramando el león, ¿quién no temerá?»** (Amós 3:8).

El león ruge de nuevo y los trescientos setenta mil leones que lo rodean también **rugen.** Entonces **extiende su mano izquierda y todos los ángeles acusadores son dominados por él y doblados debajo de esa mano, según está dicho:** «Judá, te alabarán tus hermanos: **tu mano en la cerviz de tus enemigos**; los hijos de tu padre se inclinarán a ti» (Génesis 49:8).

Hay cuatro alas en cada uno y otro, y todas ellas resplandecen con fuego blanco. El cáliz (la granada) **y la flor** (*Véase* Éxodo 25:33) **están impresas en la blancura de ese fuego. Cada individuo tiene cuatro rostros, cuatro lados, y todos brillan con la blancura del sol. Uno de ellos, hacia el oriente, brillando con una luz alegre. Aquel que está hacia el occidente reúne su luz. Aquel que está hacia el norte es oscuro y carece de luz alguna, como la sombra del sol en relación al sol. La sombra es oscura y el sol es brillante porque el sol y la sombra son la derecha y la izquierda, y están ocultos. Todos aquellos que son oscuros caminan junto con éste, llevando armas de guerra. Y todos ellos tienen tres cabezas cada una de las cuales contiene setenta y cuatro mil seiscientas. Estas huestes obedecen a la mano derecha que se alzó sobre ellas junto con las designadas abajo, con cuatro gobernantes, y eran las más elevadas**

La segunda cabeza que está junto a la primera cabeza tiene cincuenta y cuatro mil cuatrocientos además de grados inferiores que son innumerables que proceden de las cuatro direcciones del mundo. **La tercera cabeza tiene cincuenta y siete mil cuatrocientos. La izquierda viaja como la derecha, como la que está delante y como la que está detrás** (154b).

En cuanto el primer estandarte se mueve, el tabernáculo es bajado y todos los levitas cantan himnos junto con aquellos que cantan alabanzas. Entonces está escrito: «Hacia donde el espíritu diera que anduviesen, andaban; hacia donde diera el espíritu que anduviesen, las ruedas también se levantaban tras ellos; **porque el espíritu de los animales estaba en las ruedas»** (Ezequiel 1:20). **El segundo estandarte es un campamento armado que llevaba el águila, símbolo del** ángel **Uriel y estaba en el sur. Dos capitanes lo acompañaban, Shamshiel y Jasdiel. Cuando el águila se levanta, todas las fuerzas aladas van al frente. En todas direcciones se levantan campamentos, cada uno y uno con la fuerza del sol. El espíritu del espíritu interior** también **se alza, alcanza al águila y levanta sus alas cubriendo su cuerpo, según está dicho: «¿Por ventura vuela el gavilán por tu industria, y extiende hacia el me-**

154b
diodía sus alas?» (Job 39:26). **El águila lucha contra la paloma y el halcón, y todas las aves están alegres. Varias aves bajan y entran, trinando alegremente. Van y vienen. Cuando el águila emprende el vuelo, extiende su ala derecha y reúne debajo suyo a todas sus huestes hasta el número de trescientos cincuenta mil, en dos cuerpos formados por el águila y el león juntos. Cuando alza su voz, ascienden y descienden todos los demás, silbando. En estos campamentos se encuentran juntas tres cabezas: una cabeza de cuarenta y seis mil quinientos, otra de cincuenta y nueve mil trescientos y una tercera de cuarenta y cinco mil seiscientos cincuenta. Desde los dos lados salen dos heraldos de los campamentos, al frente de todas estas huestes. A su proclamación se reúnen todas las huestes y legiones, criaturas vivientes, grandes y pequeñas. ¡Qué bello contemplar el viaje de todos los firmamentos delante del tabernáculo! Cuando uno de ellos, aquel que procede del lado del león, alza la voz, todos los campamentos se agrupan. Luego mientras que el otro llama, el sonido se rompe propagándolo sin problemas. Entonces los campamentos de esta águila se reúnen para viajar, correspondiendo a las dos trompetas de plata de abajo. Ven** y **ve: cuando estos están viajando, ¿qué está escrito»: «Y cuando los animales andaban, las ruedas andaban junto a ellos**; y cuando los animales se levantaban de la tierra, las ruedas se levantaban» (Ezequiel 1:19) **lo que quiere decir que se agrupan y, la cabeza observa.**

El tercer estandarte es un toro y corresponde al ángel **Gabriel. Con él están designados dos capitanes, Kaftziel y Jizquiel. Este toro, siendo del lado izquierdo, tiene cuernos entre sus dos ojos y observa descaradamente mientras los ojos brillan con un fuego ardiente. Cornea y pisa con sus patas sin misericordia. Cuando éste toro muge, emergen del hueco del gran abismo muchos batallones de seres dañinos que gritan y vagan enfrente de él, y el archivo** (*sifrá*) **donde están escritos todos los pecados cuelga enfrente de él, pues todos los pecados del mundo están escritos en un libro** (*sefer*). **Siete ríos de fuego fluyen frente a él, y cuando está sediento va al río Dinur y se lo bebe de un solo sorbo. Entonces**

el río se vuelve a llenar. Todas las huestes bebieron de ese fuego que consume al fuego. Si no fuera porque emerge un río de agua de la región del león, que apaga los carbones de fuego, el mundo no podría permanecer.

Se trata de una región donde el sol no sale nunca y donde hay pero no hay luz, y muchos ángeles acusadores vagan y merodean en la oscuridad y el fuego del río ardiente es oscuro y negro. Podríais pensar que aquí no hay un fuego blanco, fuego negro, fuego rojo y fuego de colores. Y efectivamente así es. Hemos aprendido que la Torah es fuego blanco en fuego negro, escrito sobre fuego blanco. Y la Torah existe en ambos fuegos. Ven y ve: hay un fuego que se divide en cuatro, hay un agua (155a) que se divide en cuatro, hay un viento que se divide en cuatro.

Las tres cabezas están en estos tres campamentos. Una cabeza, sesenta y dos mil setecientos, la segunda cabeza cuarenta y un mil quinientos, la tercera cabeza cincuenta y tres mil cuatrocientos y todo esto además de todos los otros grados diseminados alrededor de ellos, grados sobre grados excepto algunos ángeles acusadores que tienen la impudicia de un perro y que muerden como un asno. ¡Desdichado aquel que está con ellos y cuyo juicio está en el cuarto lado!

En el cuarto lado, el cuarto estandarte está hacia occidente y tenía como símbolo a un hombre, el ángel Refael, con el que hay curación (*refuah*) y en el que está incluido el juicio de Arriba. Agarra los cuernos del toro cuando éste desea arrastrarlo al gran abismo y los dobla a fin de que no consuman el mundo. Luego una voz tenue permanece. Todo está en silencio. Aquí no hay ningún sonido (*véase* 1 Reyes 7:2), ninguna palabra, ninguna sílaba. ¿Por qué? Porque domina del lado norte, que es la parte trasera.

Ven y ve: hay dos trompetas (Números 10:2), porque están en los dos lados que hemos mencionado, en el este y en el sur. Están preparadas para romper los juicios y dominar sobre ellos. Porque están hechas de plata. Ésta es la razón de que: «También en el día de vuestra alegría, y en vuestras solemnidades, y en los principios de vuestros meses, tocaréis las trompetas sobre vuestros

155a
holocaustos, y sobre los sacrificios de vuestra paz, y os serán por memoria delante de vuestro Dios: Yo *soy* el Señor vuestro Dios» (Números 10:10). **Y esto ocurre tanto Arriba como abajo. ¡Dichoso Israel a quienes el Santo, bendito sea, desea honor y asignó una parte por encima de las demás naciones! El Santo bendito sea, se glorifica a sí mismo en sus alabanzas, según está escrito: «Y me dijo: mi siervo eres, oh Israel,** que en ti me gloriaré» (Isaías 49:3). **«Y fue, que al mover el arca, Moisés decía:** levántate, *oh* Señor, y sean disipados tus enemigos, y huyan delante de tu rostro los que te aborrecen» (Números 10:35). **Dijo Rabbí Eleazar: vemos aquí que la** letra ***Nun*** **está al revés, de cara y de espaldas. ¿Por qué? Podemos pensar en una** letra ***Nun*** **invertida ya que sabemos que una** letra ***Nun*** **invertida señala el femenino, y la** letra ***Nun*** **derecha (נ) incluye al masculino y al femenino. Lo explicamos así: «Y fue, que al mover el arca» en cuanto el arca se puso en marcha, la** letra ***Nun*** **la acompañó. ¿Pero por qué está así (נ)? Ven** y **ve: en el salmo «Dichosos los que habitan en tu Casa;** perpetuamente te alabarán» (Salmos 84:4) **no aparece ninguna** letra ***Nun*,** **ya que está en el exilio. Los compañeros cabalistas han dado una explicación acerca de esto: «Cayó la virgen de Israel,** no más podrá levantarse; dejada fue sobre su tierra, no hay quien la levante» (Amós 5:2). **Pero arriba está escrito:** «Así partieron del monte del Señor, camino de tres días; **y el arca del pacto del Señor fue delante de ellos camino de tres días, buscándoles reposo»** (Números 10:33). **Cuando el arca viajaba, la** letra ***Nun*** **iba encima de ella, ya que la Shekinah residía en el arca. Ven** y **ve cuán grande es el amor del Santo, bendito sea, hacia Israel. Aunque se apartaran de la senda recta, el Santo bendito sea no los abandonaba, sino que siempre dirigía su rostro hacia ellos, porque si no hubiera sido así, no habrían podido subsistir en el mundo.**

Ven y **ve: «el arca del pacto del Señor fue delante de ellos camino de tres días». La** letra ***Nun*,** **viajaba junto a ella y no se separaba de ella. Debido a su amor por qué Israel, el apartaba su rostro del arca y lo dirigía hacia Israel como un cervatillo que, cuando avanza, gira de cuando en cuando rostro hacia atrás. Por**

esta razón, cuando el arca iba delante de ellos, la letra ***Nun*** **daba la vuelta a su cara hacia Israel y los hombros de su cuerpo hacia el arca. Así, cuando Moisés dijo: «levanta, oh Eterno»,** en realidad quería decir **«no nos abandones, dirige tu rostro hacia nosotros». Entonces la** letra ***Nun*** **giró su frente hacia atrás hacia nosotros de este modo: (נ) como alguien que vuelve su rostro hacia la persona amada. Y cuando ella se asentaba, giraba su rostro de Israel hacia el arca. Y se daba la vuelta completamente.**

Dijo Rabbí Shimon: Eleazar, ciertamente, así es. Pero en este caso no está volviendo su rostro hacia Israel. Si hubiera sido así, la letra ***Nun*** **tendría que estar invertida junto con otra** letra ***Nun*.** **Y esta** letra Nun **está hacia atrás alineada con el arca. Y así es y no volvió su rostro** (155b). **¿Qué hizo cuando «Y cuando el arca descansaba**...» (Números 10:36)? **Moisés dijo: «Vuelve,** ***oh*** **Eterno,** a los millares de millares de Israel» (Números 10:36)**, y entonces el arca descansaba y la Shekinah se quedaba a su lado y volvía su rostro hacia Israel y hacia el arca. Todo está contenido** en la Shekinah**, el arca e Israel.**

Pero los hijos **de Israel provocaron que la Shekinah se apartara de ellos, según está escrito: «Y aconteció que el pueblo se quejó a oídos del Señor**; y lo oyó el Señor, y se enardeció su furor, y se encendió en ellos fuego del Señor y consumió en el extremo del campamento» (Números 11:1).

Dijo Rabbí Eleazar: lo que he dicho lo encontré en el libro de Rabbí Ieba el anciano quien dijo que la letra *Nun* **está girada en ambos lados del versículo. Lo que él dijo está dicho muy apropiadamente, y encontraréis mi exposición en el libro de Rabbí Amnuna el anciano, y ésta es ciertamente la exposición correcta. «Y era el maná como semilla de cilantro**, y su color como color de bedelio» (Números 11:7). **Dijo Rabbí Iosi: para establecer semilla y ejércitos en la tierra, según está escrito: «Gad, ejército lo acometerá; mas él acometerá al fin»** (Génesis 49:19). Nos encontramos con un juego de palabras entre *Gad,* «cilantro» y *Guedud,* «ejército». **Cuando los descendientes de Gad tomaron su parte entonces el maná descendió para posarse en Israel fuera de la tierra Santa,** o sea en el desierto.

155b

Otra explicación: **«Y era el maná como semilla de cilantro**, y su color como color de bedelio» (Números 11:7). **La semilla de cilantro es blanca y se coagula cuando desciende a través del aire y es absorbida en el cuerpo. Los compañeros** cabalistas **ya lo han explicado: «y su color como color de bedelio»** (Números 11:7) **que se parece a ese cristal blanco que es el color de la derecha Arriba. Dijo Rabbí Isaac: ¿cuál es la diferencia? ¿Por qué Moisés usó la forma femenina *at* en vez de la masculina *atah*, como si se refiriera a una mujer? Es según está escrito: «Y si así lo haces tú conmigo,** yo te ruego que me mates de repente, si he hallado gracia en tus ojos; y que *yo* no vea mi mal» (Números 11:15). **Tenía que haber usado un pronombre masculino, pero se refería a aquel lugar donde prevalece la muerte y es el lugar de lo femenino. Por esta razón, dijo:** «Y si así lo haces tú conmigo, **yo te ruego que me mates de repente**, si he hallado gracia en tus ojos; y que *yo* no vea mi mal» (Números 11:15) **ya que se trata del árbol de la muerte y ya ha sido explicado que no hay muerte en el árbol de la vida. Por consiguiente habló al árbol de la muerte diciendo: «te** (en femenino) **ruego...» y no usó el género masculino.**

Y después: «el Eterno dijo a Moisés: júntame setenta varones de los ancianos de Israel, que *tú* sabes que son ancianos del pueblo y sus príncipes; y tráelos a la puerta del tabernáculo del testimonio, y esperen allí contigo» (Números 11:16). **El Santo, bendito sea, le dijo: «ya que pides la muerte, ahí la tienes».** «Y *yo* descenderé y hablaré allí contigo; **y tomaré del espíritu que está en ti, y pondré en ellos**; y llevarán contigo la carga del pueblo, y no la llevarás tú solo». **Ven** y **ve: Moisés se dio cuenta de que iba a morir y que no podría entrar en la tierra Santa, ya que esto ya fue profetizado por Eldad y Meidad. Por esta razón, no es bueno que un hombre se maldiga a sí mismo en momentos de enojo ya que hay muchos** ángeles malvados **que están prestos a aceptar esas expresiones. En la otra ocasión, cuando Moisés rogó por la muerte de sí mismo, no fue aceptado porque todo era para beneficio de Israel. Lo hizo enfadado y angustiado y por esta razón sus palabras fueron aceptadas. Por lo tanto, Eldad y Meidad, que permanecían en el**

campo, dijeron que Moisés sería reunido con su gente y Josué llevaría a Israel a la tierra prometida. **Por esta razón: Josué fue a Moisés y era un gran admirador, pero Moisés no estaba interesado acerca de su honor. Por consiguiente, dijo: «Señor mío Moisés, impídelos»** (Números 11 28). **¿Qué significa «Señor mío Moisés, impídelos»? Significa que hay que retener las palabras, según está dicho:** «Entonces Moisés mandó pregonar por el campo, diciendo: ningún hombre ni mujer haga más obra para ofrecer para el santuario. **Y así fue el pueblo detenido de ofrecer»** (Éxodo 36:6) **y también** «Y se cerraron las fuentes del abismo, y las ventanas de los cielos» (Génesis 8:2). **Pero Moisés no quiso a causa de su gran humildad. Está escrito:** «Y Moisés le respondió: **¿Tienes tú celos por mí?** Mas quién diese que todo el pueblo del Señor *fuese* profeta, que el Señor diese su espíritu sobre ellos» (Números 11:29). **¡Dichosa la parte de Moisés, que ascendió por encima de todos los profetas elevados! Rabbí Iehuda dijo: todos los demás profetas son en relación con Moisés como la luna es en relación con el sol.**

Una noche Rabbí Aba estaba sentado estudiando la Torah. Rabbí Iosi y Rabbí y Izquia estaban a su lado. Rabbí Iosi dijo: ¡cuán duras de corazón son aquellas personas que en nada consideran las cosas del otro mundo! (el mundo venidero) **Rabbí Aba dijo: eso se debe a la maldad de su corazón que se extiende por todos los demás miembros del cuerpo. Abrió** el versículo **y dijo: «Hay *otro* mal que he visto debajo del cielo, y muy común entre los hombres»** (Eclesiastés 6:1). **«Hay otro mal». Esa es la fuerza de la maldad del corazón que quiere dominar los asuntos. Y no presta atención a los del otro mundo.** ¿Por qué es malo corazón? La respuesta se encuentra el versículo siguiente: «***El del*** **hombre a quien Dios dio riquezas**, y hacienda, y honra, y nada le falta de todo lo que su alma desea; mas Dios no le dio facultad de comer de ello, sino que los extraños se lo comen. Esto vanidad es, y enfermedad maligna» (Eclesiastés 6.2). **La comprensión de este versículo es difícil, pues dice: «nada le falta de todo lo que su alma desea». ¿Por qué dice a continuación «mas Dios no le dio facultad de comer de ello»? Nos encontramos ante un secreto ya que todos los di-**

chos del rey Salomón están vestidos con otras palabras, y son como los dichos de la Torah que están vestidos con palabras de este mundo.

Ven y ve: es necesario considerar las vestiduras y ahora este versículo se explica como sigue: hay un hombre que está en este mundo y a quien el Santo, Bendito Sea, concede cierta riqueza (156a) que él puede gozar en el mundo futuro y que puede quedar con él como un capital. ¿Cuál es ese capital? Es un lugar donde dejar el alma. Se le pide que deje atrás ese capital y lo recibirá después de que haya dejado este mundo. Este capital es efectivamente el Árbol de Vida que pertenece al otro mundo y no está presente en este mundo, excepto los frutos que salen de él. Por eso come en este mundo los frutos que merece pero guarda el capital para disfrutarlo en el otro mundo, donde obtiene la vida de Arriba.

Pero aquel que se impurifica y sigue sus deseos egoístas, ese árbol está ahí pero no lo reconocerá Arriba ya que «mas Dios no le dio facultad de comer de ello, sino que los extraños se lo comen. Esto vanidad es, y enfermedad maligna» (Eclesiastés 6.2) y disfrutar de esa riqueza. Ciertamente «los extraños se lo comen», según está escrito: «la habrá preparado él, mas el justo se vestirá, y el inocente repartirá la plata» (Job 27:17). Por esta razón, un hombre ha de merecer en el otro mundo de lo que el Santo, bendito sea, le da en este mundo. Entonces comerá en este mundo y tendrá el capital reservado en el mundo venidero y permanecerá atado en el manojo de vida. Rabbí Iosi dijo: ciertamente es así. Rabbí Iosi dijo, además: está escrito: «Y si así lo haces tú conmigo, yo te ruego que me mates de repente, si he hallado gracia en tus ojos; y que *yo* no vea mi mal» (Números 11:15). ¿Acaso se permitió que Moisés, que era el más humilde de los hombres, hallara la muerte únicamente porque los de Israel pedían alimento? ¿Por qué? Rabbí Aba dijo: he profundizado en este asunto, que encubre un gran secreto. Moisés no se enfadó por sí mismo y no pidió morir porque los de Israel pedían alimento.

Ven y ve: Moisés estaba unido Arriba y alcanzó cosas que ningún otro profeta alcanzaría. Cuando el Santo, bendito sea le dijo:

156a
«He aquí yo os lloveré pan del cielo; y el pueblo saldrá, y cogerá para cada día, para que *yo* le pruebe si anda en mi ley, o no» (Éxodo 16:4), **Moisés se alegró y pensó: «Ciertamente, hay en mí completitud, dado que en mérito a mí habrá maná para Israel». Cuando Moisés se dio cuenta de que bajaban a otro grado y pedían carne diciendo** «Y habló el pueblo contra Dios y *contra* Moisés: ¿Por qué nos hiciste venir de Egipto para que muramos en este desierto? Que no *hay* pan, ni agua, y **nuestra alma tiene fastidio de este pan tan liviano** (Números 21:5), **Moisés pensó «Si es así, mi propio grado está deteriorado, pues es en consideración a mí que los israelitas tienen el maná en el desierto. Ahora yo estoy manchado, Aarón está manchado y Najshon, hijo de Aminadab está manchado». Por eso dijo: «yo te ruego que me mates de repente» ya que me he comportado de un modo pasivo en lo referente a su alimento. Bajé del cielo, que es el grado más elevado al nivel femenino inferior** en el que se consume carne**. Pero yo estoy por encima de los demás profetas del mundo, por eso** «que *yo* no vea mi mal» (Números 11:15)**. Porque bajar de nivel es comparable a la muerte. «Entonces el Señor dijo a Moisés: júntame setenta varones de los ancianos de Israel,** que *tú* sabes que son ancianos del pueblo y sus príncipes; y tráelos a la puerta del tabernáculo del testimonio, y esperen allí contigo»(Números 11:16)**. Yo les daré un alimento que no será desagradable para su lengua y así mi nivel no será manchado. Por eso:** «Y *yo* descenderé y hablaré allí contigo; **y tomaré del espíritu que está en ti, y pondré en ellos;** y llevarán contigo la carga del pueblo, y no la llevarás tú solo» (Números 11:17)**. ¿Por qué? Porque se unieron a**l grado de **la luna y necesitan del sol para que los ilumine. Por esta razón, «pondré en ellos», a fin de que resplandezcan con la luz del sol, como la luna** que recibe la luz del sol. **Por lo tanto, este alimento no llegó por medio de Moisés para que él no se manchara. ¡Dichosa la parte de Moisés porque el Santo, bendito sea, deseó su honor. A propósito de él ha sido escrito: «Alégrense tu padre y tu madre**, y gócese la que te dio a luz» (Proverbios 23:25). **«Tu padre» es el Santo, bendito sea. «Y tu madre» es la asamblea de Israel. «Gócese la que te dio a luz» es su madre**

en este mundo. El Santo, bendito sea lo amaba más que a ningún otro profeta en este mundo porque no tenía intermediario alguno, según está escrito: «Boca a boca hablaré con él, y de vista; él no verá al Señor por figuras o semejanza; ¿por qué, pues, no tuvisteis temor de hablar contra mi siervo Moisés?» (Números 12:8). **Y esto ya ha sido explicado en varios lugares** (*Véase* Zohar II-82b y III-174a).

«Entonces Moisés clamó al Señor, diciendo: te ruego, oh Dios, que la sanes ahora *El na refa na lah*» (Números 12:13). **Esto ya fue explicado** y se refiere a la hermana de Moisés afectada por una enfermedad de la piel. **Se trata del misterio del nombre de once letras** (*Véase* Berajoth 34 a y Zohar II-244b). **Y Moisés no quiso seguir rezando a fin de no molestar al rey** (156b). **Por esta razón, el Santo bendito sea se deleitaba en la gloria de Moisés y cada vez que el Santo, bendito sea busca el honor** (o la gloria) **de un justo lo prefiere al suyo propio. En el mundo venidero el Santo, bendito sea, vengará la humillación de Israel por parte de las demás naciones y los hará felices con la alegría de Sión, según ha sido escrito:** «Y vendrá *el* Redentor a Sión, y a los que se volvieren de la iniquidad en Jacob, dijo el Señor» (Isaías 59:20).

¡Bendito sea el Eterno por la eternidad! ¡Amén! ¡Que el eterno reine por siempre! ¡Amén y amén!

APÉNDICE

INTRODUCCIÓN AL IDRA RABBAH KADDISHA

El *Idra Rabbah Kaddisha* o Gran Asamblea Santa (Zohar III-127 b a 145 a), considerado como un segundo Zohar, es un texto que aparece insertado en la parashah *Nasó,* en la tercera parte del Sefer haZohar. De alguna manera este texto es un desarrollo del *Sifra Detzinuta* (literalmente «recatado»), conocido como «el libro oculto» (*Véase* tomo 14 de esta colección, II-176 b a 179 a). En el texto que hoy presentamos, Rabbí Shimon, conocido también como «la lámpara santa», confiesa a sus compañeros de estudio que se halla ante una problemática disyuntiva: revelar o no revelar:

«¡Ay de mí si revelo *mis secretos* **y ay de mí si no** *los* **revelo!»**

Esta idea, que ya aparecía en el Talmud (*Baba Batra* 89 b), nos la encontramos en el Zohar (II-100 b) donde un misterioso anciano exclama:

«¿Qué haré? Si digo este misterio oculto, *en realidad* **no corresponde revelarlo. Si no lo digo, estos justos permanecerán huérfanos de este misterio».**

¿Qué hace que Rabbí Shimon tome finalmente la decisión de revelar? Unas palabras del libro de los Salmos (119:126):

«Tiempo *es* de actuar, oh Eterno; han disipado tu Torah».

La palabra que utiliza el salmista para decir «disipado» *haParú*, procede de la raíz *parar* que significa «romper», «quebrar». Nos hallamos, pues, en una situación que presenta un cierto paralelismo con el pecado del Becerro de Oro. Sin duda por ello en el folio 144 (a) podemos leer:

«… a través de nosotros ha sido revelado lo que no fue revelado desde que Moisés estuvo en el monte Sinaí».

¿Por qué es «Tiempo de actuar»?, se preguntará Rabbi Shimon, y la respuesta nos la dará el mismo salmo: porque «han disipado tu Torah». La han roto y hay que repararla. Éste es el sentido de los Tikunim o reparaciones con los que nos obsequiará el Idra.

Hay que reparar la Torah, hay que reactualizarla, pero, ¿es atinado hacerlo? Ha sido dicho que la prudencia del sabio consiste en instruir únicamente a aquellos que se lo piden y esto es lo que va a hacer Rabbí Aba en nombre de los compañeros: se lo va a pedir invocando su misericordia. «Revelar o no revelar» es lo mismo que decir «misericordia o rigor», un motivo que va a ser constante a lo largo de todo el Idra. Pero hay momentos en los que toda prudencia se ha vuelto inútil y lo que antaño únicamente se susurraba al oído de algunos es expuesto públicamente sin que la mayoría de los hombres ni siquiera repare en ello. Sólo unos pocos están dispuestos, están preparados, y en este caso son sus nueve discípulos. Rabbí Shimon se halla en una situación de emergencia y, como dice el salmo, «tiempo es de actuar». Movido por el atributo de misericordia, Rabbí Shimon revelará.

Se ha dicho que si bien el Zohar se apoya en la estructura de las sefirot o emanaciones divinas, el *Idra Rabbah Kaddisha* va más allá e intenta esbozar la naturaleza del rostro y de la barba de Dios, del Anciano de los Días. Sin embargo, leemos en él (III-127 b):

«Hemos aprendido que los compañeros que estaban en presencia de Rabbí Shimon fueron enumerados. Estaban presentes

Rabbí Eleazar, su hijo; Rabbí Aba, Rabbí Iehuda, Rabbí Iosi hijo de Jacob; Rabbí Isaac, Rabbí Izquia hijo de Rav, Rabbí Jía, Rabbí Iosi y Rabbí Iesa. Extendieron sus manos hacia Rabbí Shimon con los dedos hacia arriba *(o sea las manos abiertas en situación de recibir)*, **entraron en el campo donde hay árboles y se sentaron».**

De alguna manera Rabbí Shimon comparte con nueve de sus compañeros de estudio, incluido su propio hijo, los misterios más profundos de la cábala del mismo modo que la sefirah de Keter comparte su luz con las nueve sefirot inferiores. El esquema sefirótico está, pues, presente desde el principio. Los diez rabinos forman, pues, un *minian*.

Es obvio que Rabbí Shimon actúa movido únicamente por la misericordia y por la urgencia, como podemos ver en el folio 144 (a):

«... es obvio ante el Anciano de los Ancianos, el Oculto de los Ocultos que no he obrado ni por mi propia gloria ni por la gloria de mi padre, ni por la gloria de estos compañeros sino con el único objetivo de que estos compañeros no se aparten de sus caminos y no se vean obligados a entrar avergonzados en las puertas de su palacio...».

Las palabras del *Idra Rabbah Kaddisha* son oscuras. Acaso más que las del resto del Zohar. Los Tikunim que nos propone lo son mucho más.

La concepción de la divinidad con la que nos hallamos aquí es altamente antropomórfica: una especie de hombre andrógino de dimensiones gigantescas que se apoya en Génesis (1:27), aunque también en el Cantar de los Cantares, donde el «macho y hembra los creó» acabarán asociados con las letras *Iod* y *He* del Tetragrama:

«Macho del lado de la *letra* **Iod y hembra del lado de la** *letra* **He. Y las dos letras despiertan al hombre a la Torah y al precepto».**

Podemos ver a la «Torah rota» en la separación de estas dos letras que hay que unir de nuevo por medio de un tikún, y si hay uno particularmente adecuado es el que se realiza con la pronunciación el Shemá. Esto nos permite ver a la principal oración del judaísmo desde un ángulo insólito. Hacer que Dios sea uno, *Ejad,* sería unir la letra *Iod* con la letra *He,* el macho con la hembra. No es casualidad que la guematria de *Ejad,* «uno», sea la misma que la de *Ahavah,* «amor», 13. Uno de los pocos autores que se han atrevido a comentar el *Idra Rabbah Kaddisha,* el cabalista José Ibn Teboul, discípulo de Isaac Luria, el Arí, declaraba que el secreto de la unificación del Shemá era la unión del esposo con la esposa: «ésta, escribe, es la santificación del nombre». Y santificar el nombre es como reparar la Torah que ha sido quebrada porque, como también nos enseña el Zohar (III-89 b):

> **«Aquel que se ocupa de la Torah es como si se ocupara del Santo, bendito, sea, ya que toda la Torah es un nombre del Santo, bendito sea».**

EL EDITOR

GLOSARIO

En el presente glosario aparecen las definiciones puntuales de las palabras, los términos y los conceptos principales, ya que los más generales fueron incluidos en la Introducción del Volumen I. También, debido a la complejidad y profundidad de ciertos temas, en el glosario simplemente se describe el tópico de modo extremamente resumido, el cual muchas veces aparece luego explicado por el mismo texto de El Zohar. De todos modos, esperamos que resulte de ayuda para el lector.

- A -

Aba: Uno de los cinco Rostros o Partzufim, en este caso identificado con la sefirá de Jojmá. *Véase* página 36 en la Introducción del Volumen I.

Academia Celestial: En el lenguaje de los sabios cabalistas se refiere al lugar espiritual al que ascienden los justos tras su muerte para continuar estudiando Torá y completar sus niveles espirituales.

Adam Kadmón: Lit.: Hombre Primordial. Se refiere a uno de los estados principales y esenciales de la concatenación y creación de los Cuatro Mundos. *Véase* página 63 en la Introducción del Volumen I.

Adonai: Nombre divino relacionado con la sefirá de Maljut y la letra Tav. Es uno de los diez Nombres divinos sobre los que recae la prohibición de ser borrado.

Ain: Una de las veintidós letras del abecedario hebreo. Su valor numérico es 70. Los sabios cabalistas la asocian con el signo de Capricornio, el enojo y el mes hebreo de Tevet.

Alef: Primera letra del abecedario hebreo. Su valor numérico es 1.

Alef Hei Iud Hei: Nombre divino relacionado con la sefirá de Keter. Es uno de los diez Nombres divinos sobre los que recae la prohibición de ser borrado.

Amá: Medida de longitud equivalente, aproximadamente, a medio metro.

Amalek: El primer pueblo que atacó por la espalda a Israel al salir de Egipto. Archienemigo espiritual de Israel, se considera que el Nombre de El Eterno no estará completo hasta que el recuerdo de este pueblo sea borrado, lo cual constituye un precepto bíblico. En el lenguaje de los sabios cabalistas, representa a la klipá que se opone al nivel de Daat de Santidad.

Amidá: Conjunto de Dieciocho bendiciones que se pronuncia tres veces al día, mañana, tarde y noche, las cuales resumen los pedidos tanto del individuo como los de la comunidad en general. En el lenguaje de los sabios este rezo también es denominado simplemente como «el rezo». Sus otros nombres son Amidá y Shmona Esré.

Arameo: Lengua relativamente cercana al hebreo. Hasta el exilio en Babilonia el arameo era conocido sólo por los sabios, mas allí el pueblo aprendió el idioma popular y casi olvidó el hebreo. El arameo del Talmud es coloquial, a diferencia del arameo literario que aparece en la Biblia (Daniel, Ezra).

Arij Anpín: Uno de los cinco Rostros o Partzufim, en este caso identificado con la sefirá de Keter. *Véase* pág. 76 en la Introducción del Volumen I.

Arvat Haminim: Lit: Cuatro especies. Una de las cuatro especies que se bendicen la fiesta de Sukot, la fiesta de las Cabañas: *etrog* –cidra–, *lulav* –rama de palmera–, *hadás* –mirto– y *aravá* –sauce.

Arvit: Rezo nocturno, uno de los tres rezos que se pronuncian a diario. De acuerdo con la enseñanza de los sabios del Talmud, este rezo fue establecido por el patriarca Jacob.

Atik Iomin: Uno de los Rostros o Partzufim. *Véanse* pág. 75 y ss. en la Introducción del Volumen I.

Aza y Azael: *Véanse* págs. 156, 243, 273-274, 296 en el Volumen I.

– B –

«Baraita»: Del arameo «externa». Se trata de enseñanzas que no fueron incluidas dentro de la recopilación de la Mishná. Estas mishnaiot fueron compiladas por separado y en parte son citadas en el Talmud.

Bet: Segunda letra del abecedario hebreo. Su valor numérico es 2.

Bein Hashmashot: Tiempo comprendido entre la puesta del Sol y el momento en el que se divisan en el cielo tres estrellas. Es un período en el que dudamos si es de día o de noche y existen distintas opiniones acerca de su duración.

Biná: Lit.: Entendimiento. Una de las tres sefirot más elevadas, junto con el Keter y la Jojmá. Si establecemos un paralelismo con el cuerpo humano, corresponde al cerebro, el hemisferio izquierdo, y el corazón.

Birkat Hamazón: Bendición posterior a las comidas ordenada por la Torá. Está compuesta por otras cuatro bendiciones: la bendición por la comida, la bendición y agradecimiento por la Tierra de Israel, la bendición por la reconstrucción de Jerusalén y la bendición por el bien recibido de Dios.

Birkot Hashajar: Lit.: Bendiciones de la mañana. Se refiere a las primeras bendiciones que se pronuncian al levantarse, y que constituyen un corpus dentro del Sidur o libro de oraciones.

Brit Milá: Circuncisión. Se realiza a todo hijo varón de Israel al octavo día de su nacimiento. Es realizado por un Mohel, persona especialmente preparada para efectuarlo, y se considera que libera al niño de importantes grados de impureza ritual.

Buen Instinto: *Véase*: Ietzer Hatov.

– D –

Daat: Lit.: Conocimiento. Una de las diez sefirot, la cual es contada y nombrada en el caso de no incluirse al Keter entre las sefirot. Está asociada con la letra hebrea Bet y el candelabro del Tabernáculo. *Véase* pág. 39 en la Introducción del Volumen I.

Dalet: Cuarta letra del abecedario hebreo. Su valor numérico es 4.

Día del Perdón: Llamado en hebreo Iom Kipur, se trata de uno de los días más sagrados del año judío. En este día –el 10 del mes de Tishrei– Moisés alcanzó el perdón divino para el pueblo tras el pecado del becerro de oro. Es un día dedicado por completo al ayuno, al arrepentimiento y al rezo.

Diez locuciones: Se refiere a las diez veces que durante los seis días de Creación aparece escrito «Y dijo Dios». De aquí se aprende también que el mundo fue creado a partir de la Palabra divina. El primer versículo bíblico es considerado por los sabios del Talmud como la primera de las locuciones.

– E –

Ein Sof: Lit.: Sin límite o Infinito. Expresión que refiere a la Voluntad ilimitada del Creador, antes del Tzimtzum y del comienzo del proceso de Creación. *Véanse* pág. 14 y ss. en la Introducción del Volumen I.

Elohim: El primero de los Nombres divinos que aparece en la Torá, el cual está asociado con la Gevurá, el Juicio y el Rigor divinos, con la vocal de shvá, el brazo y mano izquierdos, la letra Guimel, y con la mesa del Tabernáculo. Es uno de los diez Nombres divinos sobre los que recae la prohibición de ser borrado.

Elohim Tzevakot: Nombre divino relacionado con la sefirá de Hod. Es uno de los diez Nombres divinos sobre los que recae la prohibición de ser borrado.

Erev rav: Referente a la Mixtura de gente que, sin pertenecer al Pueblo de Israel, salió junto a sus integrantes cuando éste se liberó de Egipto, tal como lo relata la Torá en el libro del Éxodo. Los sabios cabalistas nos enseñan que los miembros de esta Mixtura afectan a Israel durante el exilio, y debido a esta razón Moisés debe reencarnarse en cada generación para ayudar y salvar a su pueblo de la influencia dañina de estas almas. En el lenguaje de los sabios cabalistas también tal Mixtura de gente aparece asociada con todos aquellos entes que aún no pudieron ser rectificados y que son afectados por la klipá o cáscara de Noga.

- F -

Femenino: En el lenguaje de los sabios cabalistas la idea de lo femenino no se reduce a mujer o hembra, sino a la energía receptiva y a la materia que busca su forma. Todo, a su vez, en todos los planos, está conformado por su aspecto masculino y por su aspecto femenino. Lo femenino está relacionado con la Biná.

- G -

Gabriel: Una de las principales divisiones entre los campamentos de ángeles celestiales es en cuatro, encabezados por cuatro ángeles más importantes: Mijael, Gabriel, Uriel y Refael.

Gan Eden: Lit.: Jardín del Edén. Se refiere al paraíso bíblico en el que habitaban Adam y Eva, pero también al lugar celestial, espiritual, compuesto por habitaciones e hileras, una más interna que la otra, y en la más interior de las cuales se encuentra el Mesías, luego los justos, los piadosos, etc.

Gezeirá shavá: Uno de los métodos utilizados para interpretar la Torá, basado en palabras similares o repetidas que figuran en dos versículos distintos. En estos casos los sabios aplican leyes de un versículo respecto al otro en base a este método comparativo.

Gimel: Tercera letra del abecedario hebreo. Su valor numérico es 3.

Gog y Magog: Si bien los exegetas divergen en la identidad de este o estos pueblos, y su rey o reyes, todos están de acuerdo en que la guerra de Gog y Magog se refiere a que las naciones del mundo se enfrentarán a Israel en Jerusalén y que se trata de un hito relacionado con la llegada del Mesías y el final de los seis mil años del mundo.

Guehenóm: Lit.: Infierno. Lugar espiritual en el que se expían las transgresiones realizadas en este mundo. Todo lo descrito acerca del Infierno, tal como el fuego, los castigos, el sufrimiento, etc., se refiere a niveles espirituales de corrección, siempre con el objetivo de que el alma alcance la perfección absoluta.

Guematria: Sabiduría basada en el valor numérico de las letras hebreas, según la cual dos palabras que comparten el mismo valor numérico están conectadas de modo esencial.

Gevurá: Lit.: Juicio o Rigor. Una de las diez sefirot. Si establecemos un paralelismo con el cuerpo humano, corresponde con el brazo izquierdo y la mano. *Véanse* págs. 33, 41 y 43 en la Introducción del Volumen I.

– H –

Havdalá: Bendición que se pronuncia al finalizar el Shabat y las festividades, para indicar la separación entre la Santidad de ese día y el resto de los días de la semana. Se realiza sobre el vino, las especias aromáticas y el fuego.

Hei: Quinta letra del abecedario hebreo. Su valor numérico es 5. Los sabios cabalistas la asocian con el signo de Aries, la fuerza del habla y el mes hebreo de Nisán.

Hei Vav Iud Hei Tzevakot: Nombre divino relacionado con la sefirá de Netzaj. Es uno de los diez Nombres divinos sobre los que recae la prohibición de ser borrado.

Heijal: Generalmente traducido como Palacio. Refiere al Maljut, y sobre él se escribe en el Sefer Ietzirá «que está orientado hacia el centro»

(Capítulo 4, Mishná 4). También, en el lenguaje de El Zohar, los heijalot o palacios son los pasadizos espirituales de cada mundo, por los que asciende la plegaria de los hombres en dirección a lo Alto.

Hod: Lit.: Esplendor. Una de las diez sefirot. Si establecemos un paralelismo con el cuerpo humano, corresponde a la pierna izquierda, el riñón y el testículo. *Véase* pág. 38 en la Introducción del Volumen I.

Holej: Uno de los signos musicales que se utilizan para leer la Torá y que encierra misterios muy profundos.

– I –

Iejidá: Una de las cinco partes que conforman el concepto judío del Alma. En este caso, nos referimos a la parte más elevada, la cual también, como la Jaiá, se encuentra por encima de la persona. Los sabios cabalistas la asocian también con el Keter.

Iesod: Lit.: Fundamento. Una de las diez sefirot. Si establecemos un paralelismo con el cuerpo humano, se corresponde con el órgano sexual. *Véase* pág. 38 en la Introducción del Volumen I.

Ietzer Hará: Lit.: Mal Instinto: en el lenguaje de los sabios cabalistas alude a la fuerza espiritual que intenta desviar a la persona del camino correcto. Junto con el Buen Instinto –Ietzer Hatov– son los responsables de establecer un equilibrio permanente para que el hombre pueda ejercer su libre albedrío, elegir, y recibir su recompensa o su castigo.

Ijudim: El término se relaciona en el lenguaje de los sabios cabalistas con la palabra hebrea *ejad*, uno, lo mismo que hace referencia a la unión, la asociación, y a la cercanía. En acto, significa unir, asociar y acercar algo a su fuente y raíz, con el objeto de que ambos se transformen en uno. El hombre, a través de su servicio espiritual, es capaz de generar ijudim, por ejemplo, entre dos Rostros o Partzufim y también entre dos Nombres divinos.

Ima: Uno de los cinco Rostros o Partzufim, en este caso identificado con la sefirá de Biná. *Véase* pág. 75 en la Introducción del Volumen I.

Iom Kipur: *Véase*: Día del Perdón.

Ishim: De acuerdo con Maimónides (Iesodei Hatorá 2:7) la diferencia de nombres entre los ángeles está en relación con los diferentes niveles que ocupan, y según esto se los denomina: «Jaiot Hakodesh», cuyo nivel es el superior, y «Ofanim», «Erelim», «Jashmalim», «Serafim», «Malajim», «Elohim», «Benei Elohim», «Kerubim» e «Ishim». Estos últimos son los ángeles que hablan con los profetas y que son vistos por ellos en una visión.

Itapja: *Véanse* págs. 294-295 en el Volumen I.

Itkafia: *Véanse* págs. 294-295 en el Volumen I.

Iud: Décima letra del abecedario hebreo. Su valor numérico es 10. Los sabios cabalistas la asocian con el signo de Virgo, la fuerza de la acción y el mes hebreo de Elul.

Iud Hei: Nombre divino relacionado con la sefirá de Jojmá. Es uno de los diez Nombres divinos sobre los que recae la prohibición de ser borrado.

Iud Hei Vav Hei (con la vocalización de Elohim): Nombre divino relacionando con la sefirá de Biná. Es uno de los diez Nombres divinos sobre los que recae la prohibición de ser borrado.

– J –

Jaiá: Una de las cinco partes que conforman el concepto judío del Alma. En este caso, nos referimos a la parte asociada con las fuerzas espirituales externas y superiores a la persona. Los sabios cabalistas la asocian también con la Jojmá. *Véase* pág. 23 en la Introducción del Volumen I.

Jaiot Hakodesh: De acuerdo con Maimónides (Iesodei Hatorá 2:7) la diferencia de nombres entre los ángeles está en relación con los diferentes niveles que ocupan, y según esto se los denomina: «Jaiot Hakodesh», cuyo nivel es el superior, y «Ofanim», «Erelim», «Jashmalim», «Serafim», «Malajim», «Elohim», «Benei Elohim», «Kerubim» e «Ishim». Estos últimos son los ángeles que hablan con los profetas y que son vistos por ellos en una visión.

Jesed: Primera de las consideradas «las siete sefirot inferiores». Si establecemos un paralelismo con el cuerpo humano, se corresponde con el brazo derecho y la mano. *Véanse* págs. 38 y 41 en la Introducción del Volumen I.

Jet: Octava letra del abecedario hebreo. Su valor numérico es 8. Los sabios cabalistas la asocian con el signo de Cáncer, la fuerza de la vista y el mes hebreo de Tamuz.

Jirik: Vocal relacionada por los sabios cabalistas con la sefirá de Netzaj y la letra Kaf.

Jojmá: Lit.: sabiduría. Es una de las tres sefirot más elevadas, junto al Keter y la Biná. Si establecemos un paralelismo con el cuerpo humano, se corresponde con el cerebro y el hemisferio derecho. *Véase* pág. 36 en la Introducción del Volumen I.

Jolam: Vocal relacionada por los sabios cabalistas con la sefirá de Tiferet y la letra Dalet.

Jubileo: En hebreo: Novel. El quincuagésimo año que llega tras completar siete veces los siete años de Remisión –Shemitá–. Es un año de descanso para la tierra y de liberación de esclavos (Levítico 25).

– K –

Kadish: Plegaria que se pronuncia tanto en el rezo diario como en otras ocasiones, tales como después de estudiar la Torá, o para la elevación del alma de un fallecido. Existen distintos tipos de esta misma oración, tal como el kadish de los Rabinos o el kadish de duelo, todos los cuales solo pueden ser pronunciados en comunidad. El contenido de la oración está escrito en idioma arameo.

Kaf: Una de las veintidós letras del abecedario hebreo. Su valor numérico es 20.

Kal vajomer: Inferencia del más débil al más fuerte: uno de los trece métodos utilizados para interpretar la Torá. El mismo indica que si tenemos dos asuntos, uno grave y uno leve, y se trata el caso leve con rigor, inferimos que se aplicará rigor también al caso grave. Por ejemplo, si un acto determinado se permite en Shabat, día de máxima Santidad, seguramente estará permitido en un día festivo.

Kamatz: Uno de los signos de puntuación o vocales. Los sabios cabalistas lo asocian con el Nombre divino Alef, Hei, Iud, Hei, la sefirá de Keter, la letra Alef, y los Querubines del Tabernáculo.

Karet: Castigo que señala la desconexión del alma de su raíz espiritual superior. Según algunas opiniones, la vida de la persona castigada con *karet* es cortada y esta no alcanza su ancianidad, no logra tener descendencia y tampoco entra al Mundo Venidero.

Kasher: Cuando el término se aplica a un alimento, se refiere a uno que cumple con las normas y las leyes de la Halajá, la Ley de la Torá, tal como los animales puros sacrificados de acuerdo con las normas rituales, etc. Cuando el término recae sobre un individuo, significa que tal persona es idónea y apta.

Kedushá: Lit.: Santificación: Bendición de máxima Santidad perteneciente al rezo de Amidá o Shmoná Esré.

Kel: Nombre relacionado con la sefirá de Jesed. Es uno de los diez Nombres divinos sobre los que recae la prohibición de ser borrado.

Keter: Lit: Corona. Es la primera y la más elevada de todas las sefirot. Si establecemos un paralelismo con el cuerpo humano, corresponde al cráneo. *Véase* pág. 34 en la Introducción del Volumen I.

Kidush: Oración de santificación que se pronuncia sobre el vino, en el Shabat y las festividades, lo cual constituye un precepto. El vino encierra misterios muy profundos, y los mismos son sugeridos a menudo por los sabios cabalistas.

Klipot: Cáscaras espirituales. Los sabios cabalistas explican que debido a que El Eterno quiso conducir al mundo con justicia (Deuteronomio 32:4), se establecieron fuerzas malignas que determinaran un equilibrio entre el Lado del Bien y el Lado del Mal. Las fuerzas espirituales malignas que buscan castigar a los pecadores en este mundo o en el Infierno, son denominadas *Sitra Ajra* y también Klipot, ya que la Santidad, la Kedushá, es denominada «fruto», y estas fuerzas actúan como cáscaras del fruto. Los sabios determinan que hay cuatro tipos de Klipot, tres completamente malignas, y la cuarta, Noga, a veces actúa para el Bien y a veces para el Mal.

Kuf: Una de las veintidós letras del abecedario hebreo. Su valor numérico es 100. Los sabios cabalistas la asocian con el signo de Piscis, la risa y el mes hebreo de Adar.

– L –

Lamed: Una de las veintidós letras del abecedario hebreo. Su valor numérico es 30. Los sabios cabalistas la asocian con el signo de Libra, el coito y el mes hebreo de Tishrei.

Lea: Matriarca, una de las esposas de Jacob. En el lenguaje de los sabios cabalistas se refiere a una de las partes en las que se divide el Rostro femenino denominado Nukva. Corresponde a la parte que va desde el pecho hacia arriba y es considerado «el mundo oculto» o alma deitkasia.

Leviatán: Animal marítimo de grandísimas proporciones. En el lenguaje de los sabios se describe una pareja, macho y hembra, que fueron creados por El Eterno, pero se mató a la hembra para evitar su reproducción, lo cual representa un gran peligro para el mundo. Este misterio también indica que la hembra fue salada y reservada para los justos en el Mundo Venidero. También se enseña que ante la llegada del Mesías, El Creador alimentará a los justos con la carne del Leviatán y con su piel les construirá una Suká, una cabaña.

Lilit: Adán estuvo separado de su mujer, Java, por espacio de 130 años, durante los cuales se unió con espíritus femeninos, y engendró una especie mixta de humano y demonio. Algunos suponen a Lilit como la madre de buena parte de estas criaturas. Otro midrash (Otzar hamidrashim 34:4) nos cuenta que Lilit fue la primera criatura femenina humana, creada junto a Adán, pero que no lograban armonizar, disputando constantemente –en especial en lo referente a la sexualidad– en busca del poder. Hasta que ella utilizó el Nombre Inefable para evaporarse en el aire y convertirse en un ente no denso. Dios se apiadó por el sufrimiento causado por la soledad del varón, y envió tres emisarios para que hicieran entrar en razón a la rebelde Lilit. Ella se enfrentó rudamente a los mensajeros de Dios, y decidió que el objetivo de su existencia sería el de dañar a los recién nacidos descendientes de Adán. En el cuerpo humano el bazo representa a Lilit, la «esposa» de Satán, el Ángel de la Muerte. Ella es también considerada como la «madre» de la Mixtura de gente (Éxodo 12:38). Ella atrapa a la gente con la riqueza y luego la mata (Tikunei Zohar, 140a).

Límite de desplazamiento: Dos mil amot alrededor de los cuales se encuentra la persona asentada en Shabat. Está prohibido en Shabat salir fuera de la ciudad dos mil amot, en cualquier dirección.

Lulav: *Véase*: Arvat Haminim. También el nombre *lulav* suele referirse a las cuatro especies unidas.

– M –

Maasé Bereshit: Lit.: Obra de Creación. Término que los sabios utilizan para hacer referencia a la Creación del Mundo Físico, durante los primeros seis días de Creación, en oposición a Maasé Merkavá, que se refiere a los Mundos espirituales superiores.

Maasé Merkavá: Lit.: Obra del Carruaje. Se refiere a la visión del profeta Ezequiel cuando se abrieron los Cielos (Ezequiel 1; 8:3). El término «Carruaje» no aparece en el texto del profeta Ezequiel sino en el primer libro de Crónicas (28:18). Según Maimónides, este concepto se ocupa de todo lo referente a lo trascendente a la naturaleza. Algunos sabios cabalistas lo entienden como una de las ramas de estudio de la mística hebrea.

Mal Instinto: *Véase*: Ietzer Hará.

Masculino: En el lenguaje de los sabios cabalistas la idea de lo masculino no se reduce a hombre o macho, sino a la energía que influye y a la forma que busca la materia para expresarse. Todo, a su vez, en todos los planos, está conformado por su aspecto masculino y por su aspecto femenino. Lo masculino está relacionado con la Jojmá.

Makaf: Uno de los signos musicales que se utilizan para leer la Torá y que encierra misterios muy profundos.

Maljut: Lit.: Reinado. Una de las diez sefirot. Si establecemos un paralelismo con el cuerpo humano, corresponde a los pies y la corona del órgano sexual. *Véase* pág. 38 en la Introducción del Volumen I.

Matronita: En idioma arameo: madre. En el lenguaje de los sabios cabalistas, el Mundo de Creación –Ietzirá– es denominado Matronita por tratarse del primer mundo superior que incluye entes separados y escindidos del Creador. Este mundo es considerado femenino en relación al Mundo de Emanación –Atzilut–, y por eso, cuando Adam transgredió, se considera que la consecuencia fue que la Matronita se separó de su Esposo.

Mazal: Término que comúnmente se relaciona con la suerte o el destino de la persona, aunque en realidad, y de un modo más preciso, tal vez convendría asociarlo con las tendencias personales a determinadas acciones, o a ciertas inclinaciones de personalidad, que tienen que ver con el momento del nacimiento de una persona determinada. Los sabios enseñan, por ejemplo, que una persona que nace con un mazal que lo lleva a derramar sangre, podrá elegir a través de su libre albedrío, si ser asesino, cirujano, shojet (matarife de acuerdo con las leyes rituales de la Torá) o moel (encargado de realizar la circuncisión).

Mem: Una de las veintidós letras del abecedario hebreo. Su valor numérico es 40.

Merkavá: *Véase*: Maasé Merkavá.

Metatrón: Ángel principal, considerado como el Gran Sacerdote espiritual, el cual puede ingresar al Sanctasanctórum en lo Alto ante el Trono de Gloria divino. Es considerado el representante de los ángeles, y es el que reúne a las plegarias y las presenta ante la Presencia divina. También aparece asociado con el Mundo de Formación, que es el Mundo de los ángeles. El valor numérico de su nombre es similar al del Nombre divino: Shakai.

Mijael: Una de las principales divisiones entre los campamentos de ángeles celestiales es en cuatro, encabezados por los cuatro ángeles más importantes: Mijael, Gabriel, Uriel y Refael.

Modé Aní: Primera oración que pronuncia la persona al despertarse, en la que agradece al Creador que le devuelva su alma, la cual, según las enseñanzas de los sabios, asciende a los mundos superiores mientras el hombre duerme.

Mojín: Se refiere principalmente al «alma» que habita en el interior de las tres primeras sefirot, Keter, Jojmá y Biná. En algunos casos las mismas sefirot son denominadas mojín. Además, toda influencia superior es denominada mojín.

Mundo de Atzilut: Lit.: Mundo de Emanación. *Véanse* pág. 27 y ss. en la Introducción del Volumen I.

Mundo de Briá: Lit.: Mundo de Creación. *Véanse* pág. 27 y ss. en la Introducción del Volumen I.

Mundo de Ietzirá: Lit.: Mundo de Formación. *Véanse* pág. 27 y ss. en la Introducción del Volumen I.

Mundo de Asiá: Lit.: Mundo de Acción. *Véanse* pág. 27 y ss. en la Introducción del Volumen I.

Musaf: El rezo adicional, tal como su nombre indica, se agrega a los rezos diarios de shajarit en Shabat, Rosh Jodesh y las festividades. Este rezo, corresponde a las ofrendas comunitarias especiales que se ofrecían en el templo en días festivos (Números 28 y 29).

– N –

Natlá: Recipiente con el que se realiza la ablución de las manos establecida por los sabios con fines de purificación. La ablución de las manos se realiza antes de comer de modo estable, antes de rezar, tras salir del retrete, y al despertarse por la mañana.

Nefesh: Una de las cinco partes que conforman el concepto judío del Alma. En este caso, nos referimos a la parte más baja, la cual está asociada con las fuerzas vitales del cuerpo. Los sabios cabalistas la asocian también con el Maljut.

Nefilat Hapaim: Rezo conocido con el nombre de Nefilat Hapaim o Tajanun –reclinar la cabeza– y que consta del salmo 6:2-11, precedido por otros dos versículos que reflejan el mismo espíritu de contrición. La fuente bíblica de esta oración es el libro de Números 16, cuando Moisés y Aharón se postran ante Dios. Se acostumbra a pronunciar este rezo sentados con la cabeza inclinada y reposando sobre el brazo izquierdo, salvo que se lleven puestas las filacterias –tefilín–, en cuyo caso reposa la cabeza sobre el brazo derecho.

Nehar dinur: Lit.: Río de fuego. Se relaciona con la Gevurá de cada Mundo, es puramente de fuego, y también es denominado Heijal Zejut, el cual es el Infierno Superior, ya que de él fluye: de debajo del Trono de Gloria. Los ángeles que se crean cada día, de este río son creados.

Nekudot: Uno de los componentes del texto de la Torá, junto con los signos musicales –taamim–, las coronas –taguin–, y las letras –otiot–. En este caso, los nekudot son las vocales que esconden misterios muy profundos.

Neshamá: Una de las cinco partes que conforman el concepto judío del Alma. En este caso nos referimos a la parte asociada con las fuerzas mentales de la persona. Los sabios cabalistas la asocian también con la Biná.

Nesirá: Lit.: corte o escisión. Refiere al corte que realizó el Creador para separar a los aspectos masculino y femenino que se encontraban apegados, espalda contra espalda, en el momento de ser creado el Hombre.

Netzaj: Lit.: Victoria. Una de las diez sefirot. Si establecemos un paralelismo con el cuerpo humano, corresponde a la pierna derecha, el riñón y el testículo. *Véanse* págs. 38 y 41 en la Introducción del Volumen I.

Nidá: Mujer en estado de impureza ritual debido a su período menstrual. Existen leyes de purificación que incluyen la cuenta de días de pureza y la inmersión en el baño ritual Mikve. El Talmud reúne el análisis de estas leyes en un tratado denominado Nidá.

Nitzotz: Lit.: Chispa. Tal como las chispas que salen del fuego son denominadas así para señalar que son sólo una parte muy pequeña que se separa de la fuente principal, el fuego, de igual modo, las chispas espirituales que descendieron con las vasijas rotas, son sólo una parte de la gran Luz general del Mundo de los Puntos o Nekudim.

Noga: Los sabios cabalistas determinan que hay cuatro tipos de Klipot, tres completamente malignas, y la cuarta, Noga, a veces actúa para el bien y a veces para el mal.

Nombre de 42 letras: *Véase* el Apéndice que se encuentra al final del Volumen I.

Notrikón: Se refiere al método de interpretación a partir de las iniciales de una palabra determinada. Ejemplo: la palabra Elul, nombre de uno de los meses, sugiere la expresión del Cantar de los Cantares: «Yo soy de mi Amado y mi Amado es mío», ya que cada palabra del versículo comienza con una de las iniciales del nombre.

Nun: Una de las veintidós letras del abecedario hebreo. Su valor numérico es 50. Los sabios cabalistas la asocian con el signo de Escorpio, el olfato y el mes hebreo de Jeshván.

Nukva: Uno de los cinco Rostros o Partzufim, en este caso identificado con la sefirá de Maljut. Representa el aspecto netamente femenino. *Véase* pág. 75 en la Introducción del Volumen I.

– O –

Ofanim: De acuerdo con Maimónides (Iesodei Hatorá 2:7) la diferencia de nombres entre los ángeles está en relación con los diferentes niveles que ocupan, y según esto se los denominan: «Jaiot Hakodesh», cuyo nivel es el superior, y «Ofanim», «Erelim», «Jashmalim», «Serafim», «Malajim», «Elohim», «Benei Elohim», «Kerubim» e «Ishim». Estos últimos son los ángeles que hablan con los profetas y que son vistos por ellos en una visión.

Or Haganuz: Luz guardada y ocultada. La primera luz creada en el relato bíblico, la cual es considerada de un altísimo nivel espiritual, y que permitía al Primer Hombre «ver desde un extremo al otro del mundo». Los sabios nos enseñan que la misma fue guardada y reservada para los hombres justos, para el Mundo Venidero. La luz que nosotros conocemos es la luz creada durante el cuarto día, a diferencia del Or Haganuz.

Oraita: En idioma arameo se refiere a la Torá, e incluye en su raíz la palabra luz –or– lo cual señala en particular a la Luz de la divinidad oculta en ella.

– P –

Pargod: Cortina celestial que señala la separación de los mundos inferiores con los mundos superiores. En el lenguaje de los sabios cabalistas, atravesar esta cortina o escuchar lo que sucede del otro lado del Pargod, representa el poder acceder a niveles espirituales y a secretos muy elevados.

Pardés: Lit.: Prado. De acuerdo con la enseñanza de los sabios cabalistas las iniciales de esta palabra señalan cuatro niveles o perspectivas a través de las cuales comprendemos la Torá. La primera inicial, la letra Pei, indica el nivel de Pshat, lo simple, el relato literal de la Torá. La segunda inicial, la letra Reish, alude al Remez –insinuación– que le da una dimensión más profunda al relato bíblico. La tercera inicial, la letra Dalet, nos indica el Drash que proviene del verbo exigir. Esta lectura encierra una búsqueda en la cual el hombre exige el significado interior que el texto quiere transmitir. La última inicial de la palabra, la letra Samej, indica el Sod, literalmente el secreto y el misterio.

Parsá: Medida de longitud equivalente a 4,6 metros.

Partzufim: Lit.: Rostros. Se refiere a los Cinco Rostros, cada uno compuesto por diez sefirot. *Véase* pág. 75 en la Introducción del Volumen I.

Pataj: Uno de los signos de puntuación o vocales. Los sabios cabalistas lo asocian con el Nombre divino Iud Hei, la sefirá de Jojmá, la letra Mem, y el Kaporet del Tabernáculo.

Pei: Una de las veintidós letras del abecedario hebreo. Su valor numérico es 80.

Pesaj: Fiesta que conmemora la salida de Egipto y la liberación del pueblo de Israel. Pesaj comienza el 15 del mes de Nisán y se celebra en Israel durante siete días. El precepto principal de esta festividad consiste en no comer levadura o productos que la contengan.

Pidión Habén: Ceremonia que se realiza a los 30 días del nacimiento del hijo varón primogénito por parte de la madre. De acuerdo con la Ley de la Torá, en un principio el primogénito pertenecía a El Eterno, lo cual significaba que debía servir como sacerdote –kohen–, mas una vez que toda la tribu de Leví fue consagrada a este fin, los primogénitos son rescatados del sacerdote a través de cinco monedas –selaim.

– R –

Rajel: Lit.: Raquel, la matriarca, una de las esposas de Jacob. En el lenguaje de los sabios cabalistas se refiere a una de las partes en las que se divide el Rostro femenino denominado Nukva. Se refiere a la parte que va desde el pecho hacia abajo y es considerado «el mundo revelado» o «alma deitgalia».

Refael: Una de las principales divisiones entre los campamentos de ángeles celestiales es en cuatro, encabezados por los cuatro ángeles más importantes: Mijael, Gabriel, Uriel y Refael.

Reish: Una de las veintidós letras del abecedario hebreo. Su valor numérico es 200.

Remisión: En hebreo: Shemitá. Refiere al séptimo año, en el cual no se trabaja la tierra y en el que todas las deudas quedan anuladas. Cuando transcurren siete años de Shemitá llega el año del Jubileo (Tratado de Moed Katán 2b y ss.)

Reshimo: Lit.: Marca o huella. Se refiere a la Luz divina que, tras realizarse el tzimtzum o la contracción, quedó en el jalal o espacio. En ningún caso podemos decir que este espacio quedó vacío de Luz de la divinidad, sino que a esta Luz que quedó la consideramos la marca o la huella de la anterior.

Resurrección de los muertos: Los sabios nos enseñan que existen dos etapas en la resurrección de los muertos: la primera sucederá al comienzo de la época mesiánica en la que Moisés, Aharón, sus hijos y todos los justos de Israel resucitarán para guiar al pueblo. Acerca de la segunda etapa de la resurrección, la general, existen distintas enseñanzas al respecto: hay entre los sabios quienes mantienen que sucederá al final del sexto milenio, otros cuarenta años tras la llegada del Mesías y otros setenta años tras la llegada del mismo.

Revii: Uno de los signos musicales que se utilizan para leer la Torá y que encierra misterios muy profundos.

Rosh Jodesh: Lit: Cabeza del mes. Día en el que comienza el mes hebreo, considerado como un día semifestivo. En la Torá y el Talmud es mencionado junto con las festividades y el Shabat. Antes de que se estableciera el calendario fijo, el Rosh Jodesh era establecido por el Tribunal, el Sanedrín, basándose en el testimonio de testigos que habían observado la luna nueva.

Rostro: En hebreo: Partzuf. *Véanse* pág. 75 y ss. en la Introducción del Volumen I.

Ruaj: Una de las cinco partes que conforman el concepto judío del Alma. En este caso, nos referimos a la parte asociada con las fuerzas emocionales de la persona. Los sabios cabalistas la asocian también con las seis sefirot, desde Jesed a Iesod.

– S –

Samael: Ministro espiritual de Edom, el cual actúa igualmente como el Ministro espiritual de los otros setenta ministros. Al caer Samael, todos los demás también caen. Los sabios lo citan también como «montado sobre la Serpiente».

Samej: Una de las veintidós letras del abecedario hebreo. Su valor numérico es 60. Los sabios cabalistas la asocian con el signo de Sagitario, el poder del sueño y el mes hebreo de Kislev.

Sefirot: *Véanse* pág. 31 y ss. en la Introducción del Volumen I.

Segol: Uno de los signos de puntuación o vocales. Los sabios cabalistas lo asocian con el Nombre divino Kel, la sefirá de Jesed, la letra Bet, y con el candelabro del Tabernáculo.

Segolta: Uno de los signos musicales que se utilizan para leer la Torá y que encierra misterios muy profundos.

Sela: Moneda de plata cuyo valor es equivalente a dos Shekalim o 4 Zuzim o Dinarim: 14,34 gramos.

Serafim: De acuerdo con Maimónides (Iesodei Hatorá 2:7) la diferencia de nombres entre los ángeles está en relación con los diferentes niveles que ocupan, y según esto se los denominan: «Jaiot Hakodesh», cuyo nivel es el superior, y «Ofanim», «Erelim», «Jashmalim», «Serafim», «Malajim», «Elohim», «Benei Elohim», «Kerubim» e «Ishim». Estos últimos son los ángeles que hablan con los profetas y que son vistos por ellos en una visión.

Shajarit: Uno de los tres rezos que se pronuncian a diario, el matutino. De acuerdo con la enseñanza de los sabios fue establecido por el patriarca Abraham.

Shakai: Uno de los Nombres divinos que aparece en la Torá, el cual está asociado con la sefirá de Iesod, Fundamento, la conducción divina que combina el Netzaj y el Hod, el órgano sexual y la letra Tav.

Shakai Kel Jai: Nombre divino relacionado con la sefirá de Iesod. Es uno de los diez Nombres divinos sobre los que recae la prohibición de ser borrado.

Shalshelet: Uno de los signos musicales que se utilizan para leer la Torá y que encierra misterios muy profundos.

Shavuot: Una de las tres fiestas de peregrinaje bíblicas, en la cual se celebra la recepción de la Torá en el Monte Sinaí. No posee una fecha propia sino que se conmemora a los 50 días de la salida de Egipto.

Shedim: Lit.: Demonios. El nombre hebreo está relacionado con el hecho de que engañan –shodedim– las mentes de los hombres o porque habitan en sitios destruidos o deshabitados –shadud. De acuerdo con los sabios sus almas fueron creadas el sexto día, antes de que entrara el Shabat, pero no alcanzó a crear sus cuerpos. Éstos habitan principalmente en sitios descampados y destruidos, y el objetivo de su creación fue generar sufrimiento y amonestar a los hombres alejados del camino de la verdad.

Shejiná: Presencia divina. La raíz hebrea de esta palabra –shin, kaf, nun– señala el acto de habitar, morar, residir. La Shejiná, de acuerdo con los actos de los hombres, se aleja del mundo o se aproxima, y el objetivo final de toda la Creación es que la Presencia divina se revele concretamente en el mundo.

Shemá Israel: Oración pronunciada dos veces cada día, por la mañana y por la noche. Está compuesta por tres secciones bíblicas: (Deuteronomio 6:4-9; 11:13-21; Números 15:37-41).

Shin: Una de las veintidós letras del abecedario hebreo. Su valor numérico es 300.

Shevarim: Tres voces entrecortadas que se soplan del shofar en Rosh Hashaná, largas, como las de un quejido, y desde el principio al fin se prolongan como las nueve teruot.

Shofar: a) Cuerno de animal, de preferencia carnero, con el que se cumple el precepto de escuchar la voz del shofar en la festividad de Rosh Hashaná. También se lo hace sonar con el fin de despertar espiritualmente a la comunidad durante el mes de Elul, mes de arrepentimiento, y al finalizar el Iom Kipur. En la Torá el shofar aparece relacionado con otros acontecimientos, tales como la entrega de la Torá, el año del Jubileo y la llegada del Mesías. b) Uno de los signos musicales que se utilizan para leer la Torá y que encierran profundos misterios.

Shuruk: Vocal relacionada por los sabios cabalistas con la sefirá de Hod, el muslo y pie izquierdos, y la letra Pei.

Shvá: Uno de los signos de puntuación o vocales. Los sabios cabalistas lo asocian con el Nombre divino Elohim, la sefirá de Gevurá, la letra Guimel, y la mesa del Tabernáculo.

Shvirat hakelim: Lit.: Ruptura de vasijas. Se refiere al momento del proceso de creación en que una Luz demasiado potente entró en las vasijas que simplemente no podían contenerla y se rompieron. En el ámbito de las sefirot, se considera que la ruptura afectó a las siete inferiores. De acuerdo con los sabios cabalistas la ruptura de las vasijas permite el surgimiento y la existencia del Mal. También esta ruptura es la raíz del libre albedrío. *Véase* pág. 67 en la Introducción del Volumen I.

Sitra Ajra: En arameo: el Otro Lado. Así como El Eterno creó los Mundos de Creación, Formación y Acción, para que sirvieran de base para la realización del Bien y la Santidad, de igual modo creó el lado opuesto, es decir, los encargados del Mal. El conjunto de estas criaturas encargadas del Mal en el mundo se denomina las «fuerzas del Otro Lado». El Mal, tal como es entendido por los sabios cabalistas, es sólo un medio para lograr y generar finalmente el máximo Bien, objetivo último de la creación del mundo.

Sucot: Fiesta que conmemora la protección divina de la que goza Israel durante su paso por el desierto, al salir de Egipto. La misma comienza el 15 del mes de Tishrei y se celebra en Israel durante siete días. El precepto principal de esta festividad es habitar en la suká, una cabaña, durante toda la festividad, y balancear las cuatro especies durante el rezo matutino.

Suká: Cabaña que se construye especialmente para la fiesta de Sucot, en la que se debe habitar durante los días de la festividad tal como se habita en la casa durante el resto de los días del año.

– T –

Taamim: Uno de los componentes del texto de la Torá, junto con las coronas –taguin–, las letras –otiot– y las vocales –nekudot–. En este caso, los taamim son los signos musicales que esconden misterios muy profundos.

Tagin: Uno de los componentes del texto de la Torá, junto con los signos musicales –taamim–, las vocales –nekudot–, y las letras –otiot–. En este caso, los tagin son las coronas o dibujos lineares que aparecen por encima de algunas letras de la Torá y que esconden misterios muy profundos.

Talit: Prenda superior, ancha, con la que las personas solían cubrirse todo el día. Cuando reúne las condiciones de poseer cuatro esquinas, el talit llevaba los tzitzit. En la actualidad el talit es utilizado para los rezos y para asistir a la sinagoga, aunque existe también el talit pequeño, que es utilizado permanentemente.

Tav: Una de las veintidós letras del abecedario hebreo. Su valor numérico es 400.

Tefilín: Filacterias, dos cajitas de cuero negro que contienen cuatro pergaminos con pasajes de la Torá: (Deuteronomio 6:4-9), (Deuteronomio 11:13-21), (Éxodo 13:1-10), (Éxodo 13:11-16). Se fijan en la frente y en el brazo izquierdo mediante unas correas de cuero negro que penden de las cajitas durante la oración matutina –shajarit– de cada día, a excepción de los días festivos y el Shabat.

Teshuvá: Término que expresa el retorno a la conexión espiritual con El Creador, tras haberse alejado de Él. Su raíz incluye la acepción de regreso –lashuv– y también la misma palabra puede, de modo sugerente, ser dividida en dos: teshu-va, es decir, volver o retornar a Dios.

Tet: Novena letra del abecedario hebreo. Su valor numérico es 9. Los sabios cabalistas la asocian con el signo de Leo, la fuerza de la audición y el mes hebreo de Av.

Tetragrama: El Nombre de las cuatro letras: Iud, Hei, Vav, Hei, el cual está asociado con la sefirá de Tiferet, con la vocal jolam, el cuerpo o el torso de persona, la letra Dalet, y con el altar de oro del Tabernáculo.

Tiferet: Lit.: Belleza o Armonía. Una de las diez sefirot. Si establecemos un paralelismo con el cuerpo humano, se corresponde con el torso. *Véanse* pág. 38 y ss. en la Introducción del Volumen I.

Tikún: Lit.: Rectificación. Se refiere al estadio en el que determinado ente o persona alcanza el objetivo divino y el sentido de su creación. Por ejemplo, el Mundo del Tikún es el estadio en el que la Presencia divina debe ya revelarse concretamente en la realidad, lo cual es considerado la rectificación o tikún del mundo.

Torah: Pentateuco o los Cinco libros de Moisés: Génesis, Éxodo, Levítico, Números y Deuteronomio. También es considerada la sabiduría escrita o Torá Escrita, en oposición a lo que se denomina Torá Oral. Los textos cabalísticos enseñan que la Torá representa el plano de todo lo creado: «Dios miró la Torá y creó el mundo».

Tikún Jatzot: Rezo que se pronuncia a medianoche, cuando es costumbre enunciar de modo individual o en una habitación secundaria de la sinagoga, sentándose en el suelo y llorando. Como de acuerdo con los sabios cabalistas la Shejiná incluye dos aspectos, uno denominado Rajel y el otro Lea, este rezo también está compuesto por dos tikunim o rectificaciones: Tikun Rajel, en el que se llora debido al exilio de la Shejiná, y Tikun Lea, basado en el estudio de la Torá.

Trece medidas de misericordia: También son denominadas «atributos» de misericordia. Aparecen en dos secciones bíblicas: en el libro del Éxodo (34:6-7) y Malaquías (7:18-20). En el Talmud, Tratado de Rosh Hashaná (17b) se enseña que El Eterno le reveló a Moisés esta súplica, la cual se considera que en todos los casos es respondida.

Treinta y dos senderos de sabiduría: La Jojmá –por ser el primer destello de revelación– incluye a todos los posteriores modos de conducción divina, incluyendo a los 32 senderos. Éstos son mencionados al comienzo del Sefer Ietzirá, y están conformados por las diez sefirot y las 22 letras del abecedario hebreo.

Treinta y nueve prohibiciones: Lo que la Torá prohibió fue la realización en Shabat de actos que impliquen una actividad creativa, actividades que surgen del precepto de construir el Tabernáculo (Mishkán) en el desierto del Sinaí (Éxodo 31:1-11), (Éxodo 35:1-3). Las actividades necesarias para la construcción del Tabernáculo eran treinta y nueve en total. Éstas se denominan Actividades Principales (Avot Melajot) que incluyen en sí mismas a todas las demás prohibiciones de Shabat que reciben el nombre de Actividades Derivadas (Toladot). Las actividades 1 al 11 están relacionadas con la preparación de los diversos tipos de alimento del ser humano: arar, plantar, cosechar, engavillar, trillar, aventar granos, seleccionar, tamizar, moler, amasar y hornear. Las actividades 12 a la 24 están ligadas con la preparación de la indumentaria del ser humano: esquilar, blanquear o lavar, cardar, teñir, hilar, introducir hilo en el ojal, actividad preparatoria para el tejido, tejer, deshebrar, anudar, desanudar, coser y desgarrar. Las actividades 25 a la 33 están relacionadas con la escritura o con la preparación de los materiales para la escritura: cazar, degollar, desollar, curtir, raspar, rayar, cortar, escribir y borrar. Las actividades 34 y 35 están ligadas con la construcción de la vivienda del ser humano, y son: construir y demoler. Las actividades 36 y 37 están ligadas al fuego, y son: encender y apagar el fuego. La actividad número 38 es la que completa una determinada actividad. La actividad número 39 es el transporte de objetos del dominio privado al público y viceversa.

Truá: Nueve voces entrecortadas que se soplan del shofar en Rosh Hashaná, cortas, como las de un hombre que solloza, y desde el principio al fin se prolongan como tres shevarim.

Tzadik: Una de las veintidós letras del abecedario hebreo. Su valor numérico es 90. Los sabios cabalistas la asocian con el signo de Acuario, el gusto y el mes hebreo de Shevat.

Tzimtzum: Lit.: Contracción. Se refiere a la contracción de la Luz inicial del Ein Sof, para dar lugar a otra existencia además de la Divinidad. La contracción también generó el Jalal y el Roshem. *Véase* pág. 58 en la Introducción del Volumen I.

– U –

Uriel: Una de las principales divisiones entre los campamentos de ángeles celestiales es en cuatro, encabezados por los cuatro ángeles más importantes: Mijael, Gabriel, Uriel y Refael.

– V –

Vav: Sexta letra del abecedario hebreo. Su valor numérico es 6. Los sabios cabalistas la asocian con el signo de Tauro, la fuerza de la meditación y el mes hebreo de Iyar.

– Z –

Zain: Séptima letra del abecedario hebreo. Su valor numérico es 7. Los sabios cabalistas la asocian con el signo de Géminis, la fuerza del movimiento y el mes hebreo de Siván.

Zarka: Uno de los signos musicales que se utilizan para leer la Torá y que encierran misterios muy profundos.

Zeir Anpín: Uno de los cinco Rostros o Partzufim, en este caso identificado con las sefirot de Jesed, Gevurá, Tiferet, Netzaj, Hod y Iesod. *Véase* pág. 75 en la Introducción del Volumen I.

Zun: Palabra compuesta por las iniciales de los nombres de dos Rostros –Zein Anpín y Nukva–, y que generalmente señala la relación entre ambos.

TABLA DE EQUIVALENCIAS DE LIBROS BÍBLICOS

Génesis	*Bereshit*
Éxodo	*Shemot*
Levítico	*Vaikrá*
Números	*Bamidbar*
Deuteronomio	*Devarim*
Josué	*Ieoshúa*
Jueces	*Shoftim*
Samuel	*Shmuel*
Reyes	*Melajim*
Isaías	*Ishaiahu*
Jeremías	*Irmiahu*
Ezequiel	*Iejezquel*
Oseas	*Hoshea*
Joel	*Ioel*
Amós	*Amós*
Abdías	*Ovadiá*
Jonás	*Ioná*
Miqueas	*Mijá*
Nahúm	*Najúm*
Habacuc	*Jabakuk*
Sofonías	*Tzfaniá*
Hageo	*Jagai*
Zacarías	*Zejariá*
Malaquías	*Malají*
Salmos	*Tehilim*
Proverbios	*Mishlei*
Job	*Iov*
Cantar de los Cantares	*ShirHashirim*
Rut	*Rut*
Lamentaciones	*Eijá*
Eclesiastés	*Kohelet*
Ester	*Ester*
Daniel	*Daniel*
Esdras	*Ezrá*
Nehemías	*Nejemiá*
Crónicas	*Divrei Haiamim*

ÍNDICE DE CITAS BÍBLICAS

E

G

H

I

J

L

M

N

R

S

Z

ÍNDICE

EL ZOHAR

PLAN GENERAL DE LA OBRA

Volumen 1: Hakdamat Hazohar - Bereshit (1)
Volumen 2: Bereshit (2)
Volumen 3: Noaj - Lej Lejá
Volumen 4: Vaierá - Jaiei Sará
Volumen 5: Toldot - Vaietzé
Volumen 6: Vaishlaj - Vaieshev
Volumen 7: Miketz - Vaigash
Volumen 8: Vaiejí

Volumen 9: Shemot - Vaera
Volumen 10: Bo - Beshalaj
Volumen 11: Itró
Volumen 12: Mishpatim
Volumen 13: Terumá (1)
Volumen 14: Terumá (2) (Sifra Detzniuta)
Volumen 15: Tetzave - Ki Tisá
Volumen 16: Vaiakel
Volumen 17: Pekude (1)
Volumen 18: Pekude (2)

Volumen 19: Vaikrá
Volumen 20: Tzav - Shminí - Tazria - Metzorá

Volumen 21: Ajarei Mot - Kedoshim
Volumen 22: Emor - Behar - Bejukotai - Bamidbar
Volumen 23: Nasó - Idra Rabbah - Behaalotjá
Volumen 24 Shelaj - Koraj - Jukat - Balak
Volumen 25: Pinjas (1) Pinjas (2)
Volumen 26: Matot - Devarim (1) Devarim (2) (Idra Zuta)

ESTIMADO LECTOR

Dado que los volúmenes de El Zohar se publicarán de modo progresivo a lo largo de varios años, Ediciones Obelisco se compromete, para su facilidad, a comunicarle la aparición de cada nuevo volumen publicado para que usted pueda adquirirlo en cualquier librería de su país. Para ello le agradeceríamos nos enviara sus datos por e-mail o por carta a:

EDICIONES OBELISCO

Collita, 23-25. Pol. Ind. Molí de la Bastida
08191 Rubí - Barcelona - España
Tel. (34) 93-309-85-25
Fax: (34) 93-309-85-23
e-mail: comercial@edicionesobelisco.com